단숨에 읽는 사기

단숨에 읽는

사기

시마자키 스스무 지음
전형배 옮김 _ 김영수 감수

사기 속 3천 년 역사를 한 권에 담다

창해

일러두기

- 감수자가 따로 설명을 덧붙인 곳은 약물(•)로 표시했다.
- 세로쓰기로 서술된 부분은 오른쪽에서 왼쪽으로 읽어나가는 것을 원칙으로 했다.
- 제왕과 국군들의 재위 연도는 전임자가 죽은 해부터 해당 제왕과 국군들이 죽은 해까지를 나타낸다. 그리고 즉위 원년은 그 이듬해를 가리킨다. 단 개국 군주의 경우 즉위년이 곧 원년이 된다.
- 태초력이 제정된 기원전 104년 이전에는 10월을 한 해의 시작으로 삼았다.

『사기』를 재밌게 즐기는 방법

'날지도 울지도 않는다(불비불명不飛不鳴).'

'요령을 얻지 못하다(부득요령不得要領).'

'오와 월이 한 배에 탔다(오월동주吳越同舟).'

　우리가 일상생활에서 흔히 사용하는 말들이다. 이는 모두 한 권의 고전에 나온다. 바로 약 2,100년 전 동아시아가 낳은 위대한 역사가 사마천司馬遷(기원전 145~90년경)이 지은 『사기史記』다.

　사마천의 『사기』는 인류의 지혜가 응축되어 있는 보물창고라 할 만하다. 동양사회에서 널리 쓰이는 수많은 고사성어가 이 책에서 비롯되었다. 이곳에는 인간의 희로애락, 생존을 위한 권모술수, 끝까지 명예를 지키려는 삶의 자세 등 인간의 모든 면이 묘사되어 있다.

　일반적으로 『사기』는 역사서로 알려져 있다. 물론 이를 문학서로 봐야 한다는 의견도 있다. 하지만 일반 독자들에게 이런 장르의 구분은 큰 의미가 없다. 단지 어떻게 받아들이는가가 관건일 뿐이다. 재미있을 뿐 아니라 인생을 살아나가는 데 도움이 된다고 판단했기 때문에 2천 년이 넘는 기간 동안 수많은 사람이 꾸준히 애독해온 것이다. 독자들에게 학문적 가치는 부차적인 문제이다.

『사기』는 옛날 한문으로 기록되어 있다. 과거의 교양인도 그랬겠지만, 한문 교육을 받지 않는 현대인이 그것을 읽기란 보통 어려운 일이 아니다. 수많은 번역본이 세상에 나온 이유가 바로 이 때문이다.

『사기』는 모두 130권에 이르는 방대한 저작물이다. 완역본의 경우 도저히 한 권의 책으로 묶기 어렵다. 따라서 각 출판사들이 발행한 완역본은 여러 권으로 구성되게 마련이다.

안 그래도 바쁘기 짝이 없는 현대인이 여러 권으로 이루어진 완역본을 독파하기란 쉽지 않다. 원전의 재미를 잃지 않으면서 『사기』가 다루는 전 시대를 한 권으로 정리해놓은 책이 있다면 얼마나 좋을까! 이렇게 생각하는 독자들이 있으리라 판단하고, 그에 안성맞춤인 책을 만들어보고 싶었다.

『사기』는 '본기本紀', '표表', '서書', '세가世家', '열전列傳'으로 구성되어 있다. 연도순으로 기사를 써놓은 편년체編年體 역사서가 아니다. 항우項羽와 유방劉邦의 시대에 대해 알고 싶다면 「항우본기」와 「유방본기」, 「여후본기」에 더해 군데군데 흩어져 있는 세가와 열전을 함께 읽어야 한다. 상당히 번거로운 작업을 거쳐야 파악이 가능한 역사서다.

이 책에서는 그런 수고를 덜 수 있다. 유방의 시대가 궁금하다면 유방이 등장하는 장만 읽으면 된다. 본기, 세가, 열전을 합해서 한 장만 읽어도 전체를 파악할 수 있도록 만들었다.

신화시대부터 은과 주의 시대, 춘추시대, 전국시대, 진의 시황제 시대, 항우와 유방의 시대, 문제와 경제의 시대, 무제의 시대, 이렇게 일곱 개 장으로 구성했다. 어디에서부터 읽어도 관계없고, 일부만 읽어도 된다. 독자 스스로 흥미롭게 여기는 부분을 시간이 날 때 읽으면 되는 것이다.

앞에서 말한 것처럼 『사기』는 명언과 고사성어의 보고다. 그 말의 유래가 어디인가, 본래 뜻은 무엇이었는가 등을 쉽게 알 수 있도록 따로 정리해두었다.

이 책은 중화서국中華書局에서 간행한 『사기』를 기본으로 삼고 그 밖의 번역서들을 참고해 집필했다.

시마자키 스스무

『사기』는 더 이상 중국만의
역사서가 아니다

나는 지난 15년여 동안 백여 차례 이상 중국 전역을 돌아다녔다. 무서운 속도로 변해가는 중국의 모습을 두 눈으로 확인하며 전율을 느끼는 한편 '이 변화의 힘은 어디서 오는 것인가', '변화의 방향은 어디를 향하고 있는가'에 대해 많은 생각을 가졌다.

1998년 처음 사마천의 고향 섬서성 한성시 서촌 마을을 방문한 이후 지금까지 꾸준히 그곳을 찾아가고 있다. 사마천의 고향 역시 빠르게 변화하는 중이다. 처음 방문했을 당시 한성시는 뿌연 황토와 매연으로 뒤덮인 그야말로 깡촌이었다. 소북경小北京이라는 명성과 전혀 어울리지 않는, 누가 보더라도 그냥 못사는 촌동네에 지나지 않았다. 사마천이 이곳에서 태어나지 않았더라면 누구도 거들떠보지 않을 그런 곳이었다. 2007년 무렵 서안에서 한성까지 고속도로가 뚫리기 전 한성은 마치 세월이 2천 년 전에 멈춰 있는 듯 아득한 상념만 자극하는 그런 곳이었다.

그런 깡촌 한성이 달라지기 시작했다.

　2008년에 밭으로 뒤덮여 있던 곳은 2011년 봄, 말끔한 광장으로 탈바꿈했고, 2천 년 넘게 남에게 들킬까 봐 몰래 혹은 작은 규모로 지속되어온 사마천의 제사가 그곳 광장에서 거행되었다. 그리고 1년 뒤인 2012년 봄, 사마천 광장 주변의 흙길이 모두 포장되고, 거대한 사마천 상틀이 우뚝 서 있었다. 곳곳에 조경사업이 진행되었거나 진행되고 있었고, 역시 이곳에서 국가급으로 승격한 사마천의 제사가 성대하게 거행되었다. 그로부터 정확히 1년 뒤인 2013년 이른 봄, 사마천 상은 드디어 완성되었고, 한쪽에선 사마천 박물관이 커다란 규모로 건립되고 있었다. 그리고 중국 국영 TV 방송인 CC-TV가 주관하는 사마천대제가 거행되었다.

　나는 다시 궁금하지 않을 수 없었다. 무엇이 사마천 사당과 무덤 주변의 모습을 이렇게 달라지게 했을까? 천 년이 넘는 긴 시간 동안 거의 아무런 변화 없이 유지돼온 이곳에 이처럼 거대한 변화의 바람이 불어온 까닭은 무엇일까? 그리고 이 변화는 어디를, 무엇을 향해 가고 있는 것일까?

　우선 G2로 급성장한 중국의 경제력이 변화의 원인일 것이다. 하지만 이걸로는 부족하다. 경제력이 커질수록 중국은 자국 문화에 대한 자부심을 고취시키기 위해 더 큰 노력을 기울일 것이다. 그런 점에서 사마천과 『사기』는 중국인의 정신적, 문화적 자부심을 한껏 높일 수 있는 대단한 자산임에 틀림없다. 더욱이 중국이 선택한 소프트파워softpower 전략의 핵심에 『사기』가 있기 때문에 앞으로 사마천과 『사기』에 대한 중국의 작업(?)은 계속될 것이다.

　여기에 더해 중국의 정치 현실이 크게 작용하고 있다. 사마천의 고향에서 남쪽으로 불과 1시간 30분 떨어진 거리에 현 중국 국가주석 시

2008년, 사마천 사당과 무덤에서 내려다본 사마천 광장의 모습이다. 오른쪽의 고가 고속도로 건너편은 황하이고, 황하를 건너면 산서성이다. 이때까지만 해도 광장은 조성되어 있지 않았다.

2011년 봄, 밭뿐이던 광장 터가 이렇게 변했다.

2012년 봄, 흙길이 포장되고 거대한 사마천 상이 아직 틀 모양만 갖춘 채 서 있다.

2013년 봄, 사마천 상이 완성되었고, 한쪽에서는 사마천 박물관이 성대하게 건설되고 있다.

진핑[習近平]의 고향이 있다. 최근에 삼성이 대규모 IT 관련 공장 시설을 서안西安에 건립한 것도 결코 이와 무관하지 않다. 시진핑이 국가주석으로 유력시되었던 2011년을 전후로 사마천의 고향에 상당한 투자가 이루어진 이유도 다 여기에 있다.

이런 투자와 동시에 대내외적으로 자국의 문화적 역량을 과시할 대상으로 사마천과 『사기』에 주목했고, 그 결과 사마천의 사당과 무덤 주변에 대한 대대적인 정비사업을 진행했던 것이다. 앞에서 본 사마천 광장의 변모가 이를 여실히 입증한다. 이제 사마천과 『사기』는 명실상부 중국인의 자부심으로 그 위상을 갖추어가고 있다. 우리로서는 사마천을 알고 『사기』를 읽어야 할 또 하나의 현실적인 이유가 생긴 셈이다. 이래저래 부담이 아닐 수 없다.

사마천과 『사기』로 향하는 문을 열어주다

시마자키 스스무의 『단숨에 읽는 사기』를 선뜻 감수하겠다고 나선 이유는 몇 년 사이에 사마천과 『사기』의 위상이 확 달라졌고, 그것이 중국의 국가 전략과 연계되어 있다는 현실을 뼈저리게 느꼈기 때문이다.

일반인들은 잘 모르지만 『사기』에는 우리 고대사와 직결되는 「조선열전」이 한 편 있다. 다름 아닌 고조선의 멸망사다. 사마천이 38세 때인 기원전 108년에 고조선이 멸망했으므로 「조선열전」은 당대사 기록이다. 즉 1차 사료로서 매우 중요한 의미를 갖는다는 말이다. 이 고조선 멸망사가 한국 고대사의 거의 모든 문제점을 함축하고 있기 때문에 『사기』는 말 그대로 뜨거운 감자와 마찬가지다.

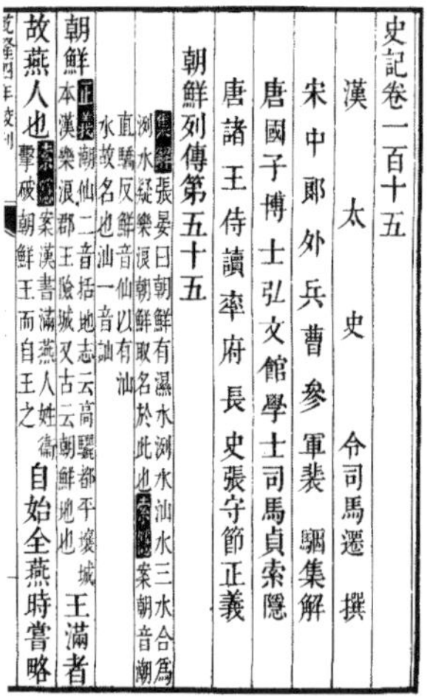
史記卷一百十五
漢 太 史 令司馬遷 撰
宋 中 郎 外 兵 曹 參 軍 裴 駰 集解
唐 國 子 博 士 弘 文 館 學 士 司 馬 貞 索隱
唐 諸 王 侍 讀 率 府 長 史 張 守 節 正義
朝鮮列傳第五十五
集解張晏曰朝鮮有濕水洌水汕水三水合爲洌水疑樂浪朝鮮取名於此也 索隱案朝音潮直驕反鮮音仙以有汕水故名也汕一音訕
朝鮮 正義潮仙二音括地志云高驪都平壤城本漢樂浪郡王險城又古云朝鮮地也 王滿者
故燕人也 索隱案漢書滿燕人姓衞擊破朝鮮王而自王之 自始全燕時嘗略

『사기』에는 우리 고대사와 직결되는 「조선열전」이 한 편 있다. 다름 아닌 고조선의 멸망사다. 사마천이 38세 때인 기원전 108년에 고조선이 멸망했으므로 「조선열전」은 당대사 기록으로써 매우 중요한 의미를 갖는다.

동북공정을 끝낸 중국 당국과 학계는 현재 '중화문명탐원공정中華文明探源工程'(중화민족과 주변 국가, 중국 소수민족의 시원을 밝히겠다는 목표 아래 진행되고 있는 연구•)에 열을 올리고 있다. 동북공정도 그러했지만 향후 한중관계에 적잖은 파장을 몰고 올 초국가급 프로젝트다. 문제는 이에 대한 우리의 대책이 속수무책이라는 사실이다. 중국의 역사 프로젝트에 대한 대응은 앞으로 심각한 논의가 필요할 것이다. 그러나 그에 앞서 또는 그와 동시에 우리에게는 『사기』라는 역사책에 주목해야 하는 현실적 당위성과 필요성이 코앞에 놓여 있다. 바로 앞까지 다가온 위기를 맞이해 적어도 마음의 준비 정도는 하고 있어야 하지 않을까?

그동안 나는 『사기』와 관련된 책을 다수 집필하여 국내에 소개했으며, 지금은 『사기』 완역 작업을 진행 중에 있다. 사마천과 『사기』를 한국에 알리고, 그 중요성을 설파하기 위해 많은 노력을 기울여왔다. 지금은 사마천과 『사기』에 대한 우리의 인식이 많이 달라졌지만 그래도 아직 부족하다. 혼자 동분서주하려니 빠뜨리는 부분이 많고, 힘에 부치기도 한다. 그런 점에서 『단숨에 읽는 사기』는 부족한 부분을 채워주고, 힘이 들 때 자극을 주는 고맙고 좋은 책이다.

『사기』는 세계의 고전으로 꼽힐 만큼 훌륭한 역사서다. 하지만 분량이 방대한 데다 그 내용 또한 파악하기가 쉽지 않아 난서難書라는 별명을 갖고 있기도 하다. 시간 순서대로 기록된 일반 편년체 역사서와 달리 '본기', '표', '서', '세가', '열전'으로 나뉜 기전체紀傳體 형식을 띠고 있어 모든

▌2012년 봄, 서안-한성 고속도로에서 내려다본 사마천 사당과 무덤의 모습이다.

내용을 한눈에 파악하기가 어렵다.

　『사기』의 중요한 사건을 시간 순서대로 일목요연하게 정리한 『단숨에 읽는 사기』는 우리가 지금까지 접하지 못한 새로운 방식으로 『사기』를 풀어놓는다. 이 책을 읽으며 독자는 '『사기』가 어렵다고 하더니 꼭 그런 것만은 아니잖아'라는 생각을 갖게 될 것이다. 『사기』를 연구하는 연구자로서 이처럼 새로운 모습의 『사기』를 만나면 반갑고 즐겁다. 이 책이 사마천과 『사기』 그리고 그것을 둘러싼 현실적인 상황을 독자에게 알리는 데 힘이 되길 바라며, 앞으로 우리 앞에 닥쳐올 위기상황에 대처하는 '마음의 준비' 역할을 충실히 하길 바라며 감수의 말을 마친다.

2014년 1월

김영수

3장 피도 눈물도 낭만도 사라진 곳, 전국시대

피로 써내려간 역사서

"『사기』는 체제와 내용이 완벽하게 결합된 유일무이한 통사通史다."

김영수

사마천은 친구 임안任安에게 보낸 편지에서 "천하에 잊힌 옛일들을 모조리 망라하고 그것을 비교·검토해 성공과 실패, 흥기와 파괴의 이치를 고증하고 싶었다"고 말했다. 이것이 바로 『사기』를 저술하게 된 출발점이다. 여기에 앞선 시대의 각종 기록과 역사 편찬법들을 종합적으로 흡수하고 활용해 130권 52만 6천5백 자에 이르는 방대한 역사책을 창조했다.

130권은 다시 본기·표·서·세가·열전의 다섯 부분으로 나누어진다. 나누어져 있기는 하지만 이 다섯 부분은 각각 서로 연계되어 보완하는 역할을 함으로써 엄격하면서 완벽에 가까운 체제를 이룬다. 말하자면 'one for all, all for one'(각각은 전체를 위하여, 전체는 각각을 위하여)인 유기적 체제의 전형인 것이다. 이 체제가 바로 역사학의 신기원을 이룬 '기전체'다.

먼저 본기는 주로 제왕의 역사를 담고 있다. '紀'는 '기록한다'는 '記'

와 같은 뜻이자 제왕의 책을 가리키는 단어이기에 '본기'라 한다. 전설시대의 황제黃帝부터 사마천이 살았던 한 무제武帝(재위 기원전 141~87년) 시기까지 역대 제왕의 흥망과 중대한 정치적 사건이 '기록'되어 있다.

모두 12권으로 이루어진 본기는 기본적으로 제왕의 기록이기는 하나 제왕이 아닌 인물들까지 포함하고 있다. 항우가 그 주인공이며, 파격적으로 여성인 여후呂后를 본기에 편입시키기도 했다. 누가 되었든 '시세'와 '대세'를 주도한 자의 기록, 이것이 바로 본기다.

본기는 전통적인 체제 위에 창의성이 덧붙여져 탄생한 탁월한 역사서 『사기』의 출발점이다. 그런데 후대의 수많은 정사가 형식상 『사기』를 표준으로 삼으면서도 그 정신은 잃어버리고 말았다. 이런 점에서 중국 역사학은 『사기』와 사마천을 기점으로 도리어 몇 걸음 후퇴했다는 비판을 감수해야 할 것이다.

두 번째로 표는 사건 위주의 본기를 알기 쉽게 정리한 부분이다. 사마천의 말에 따르면 시간과 세대가 다르면 연도가 불분명해지기 때문에 표를 만들었다. 표란 '밝힌다'는 뜻이다. 모두 10권이며 '세표世表'·'연표年表'·'월표月表'의 세 종류로 이루어져 있다. 표는 왕조 순서에 따라 역사를 단계별로 나누고, 이를 다시 세대·연·월로 나누어 큰 사건을 간명하게 나타내는 동시에 사건 전체를 서로서로 연계시켜 보완토록 했다. 많은 연구자들이 바로 이 표가 역사가로서 사마천의 천재성이 가장 돋보이는 부분이라고 말한다.

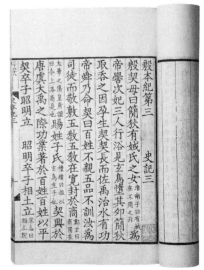

『사기』의 첫 체제인 본기 중 「은본기」의 일부분이다.

세 번째는 8권으로 된 서다. 서는 예의(「예서」)·음악(「악서」)·천문(「천
관서」)·달력(「역서」)·수리(「하거서」)·경제(「평준서」)·군사(「율서」)·종교(「봉
선서」)에 관한 당시 사회의 중요 제도를 전문적으로 논술한 부분이다. 당
나라 때의 역사학자 사마정司馬貞은 "국가의 대체大體에 관한 기록"이라고
표현했다.

네 번째 세가는 30권으로 이루어져 있다. 춘추전국에서 한대에 이
르는 주요한 제후들의 기록이 담겨 있다. 세가를 지은 의도는 본기와 비
슷하다. 제후가 아님에도 유학의 창시자인 공자와 농민 봉기군의 우두머
리였던 진승陳勝(진섭)을 세가에 포함시킨 의미심장한 파격이 눈에 띈다.
세가 30편에 관한 종래의 일반적인 인식은 '제후의 기록'이라는 것이었
다. 하지만 세가는 5체제 중에서 상당히 복잡한 편에 속한다. 사마천은
국가정치와 사회역사에서 천자(황제)가 차지
하는 중심적 지위를 인정함으로써 세가라
는 체제를 창안할 수 있었다.

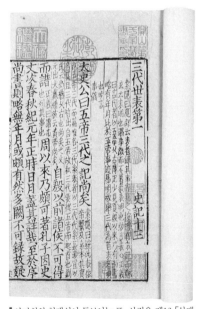

세가는 본기와 마찬가지로 사마천 역
사사상의 핵심이라 할 수 있는 '시대의 흐
름을 꿰뚫고 그 과정에서 변화를 읽어내
는' 이른바 '통변通變'사상을 잘 반영하고
있다. 따라서 세가가 열국들이 발전하고 쇠
퇴한 대세를 기록하고 있다는 점에 주목해
야 한다. 지금까지는 「공자세가」나 「진섭세
가」에만 관심을 기울인 채 30편 가운데 절
반을 넘게 차지하는 열국 16편을 소홀히
취급해왔다. 『사기』를 큰 통사라 한다면 이

▌사마천의 천재성이 돋보이는 표. 사진은 제13 「삼대
세표」의 서문이다.

열국들의 세가는 춘추전국시대 각국의 작은 통사라 부를 수 있다.

다섯 번째는 『사기』의 5체제 중에서도 백미라 할 수 있는 열전이다. 왕·제후 이외의 인물에 관한 기록인 열전은 모두 70권으로 그 분량이 방대하다. 사회 각 계층의 다양한 인물들을 독특한 시각으로 분석하고 평가하고 있어 사마천의 역사의식과 시대의식을 가장 잘 엿볼 수 있는 부분으로 꼽힌다.

열전은 인물을 서술하는 방식에 따라 일반적으로 다음과 같은 네 종류로 나뉜다. ①한 사람만의 전기를 말하는 '전전專傳'이라는 것으로 「위공자열전」 등이 대표적이다. ②생애나 사상, 처지가 비슷한 두 사람 이상의 전기를 한 편에 합쳐 같은 비중으로 서술하는 '합전合傳'은 초楚나라의 애국시인 굴원屈原과 한나라 초기의 학자 가의賈誼를 한데 묶은 「굴원가생열전」 등이 대표적이다. ③한 사람의

전기 뒤에다 그와 관련된 사적이나 가까운 인물의 전기를 덧붙인 '부전附傳'은 「위기무안후열전」 등이 대표적이다. 위기후 두영竇嬰과 무안후 전분田蚡의 사적을 주로 다루면서 중간에다 관부灌夫의 전기를 삽입시켰다. ④같은 부류의 인물들을 같은 전기에 거의 같은 비중으로 다룬 '유전類傳'은 '잡전雜傳' 또는 '휘전彙傳'이라 부르기도 한다. 「혹리열전」과 「자객열전」 등이 이 종류에 속한다.

이 밖에 '부견附見' 또는 '부출附出'이라 하여 다른 사람의 행적에다 그 사람의 공

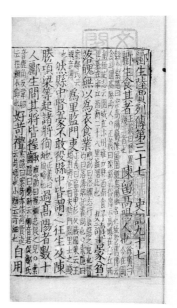

열전은 『사기』의 백미이다. 사진은 송나라 때의 판본 중 제97 「역생육고열전」의 첫 부분이다.

적과 과실 등을 갖다 붙이는 형식이 있는데, 그 사람을 위한 열전이 마련되어 있으면 부견이라 하고 열전 없이 남의 열전에 부분적으로 삽입되어 있으면 부출이라 하여 둘을 구별하기도 한다. 이 형식은 일반적으로 크게 주목받지 않는다. 예를 들어 서역 개척이란 큰 공적을 남긴 장건張騫의 행적은 위청衛靑과 곽거병郭去病 뒤에 아주 보잘것없이 딸려 있는데, 정작 그의 자세한 행적은 「대완열전」에 따로 나와 있다. 「흉노열전」, 「조선열전」 등 소수민족에 관한 기록은 '외국열전' 또는 '소수민족전'이라 하여 따로 분류하기도 한다.

마지막 권인 「자서」는 성격이나 특징으로 보아 별도의 열전 유형으로 분류할 수 있다. '자전自傳'이란 용어를 사용하는 게 적절할 것 같지만 형식이나 내용으로 보면 첫 번째 유형인 '전전'에 포함시켜도 무방하다. 다만 『사기』를 서술하게 된 동기와 취지 및 129편 전체의 핵심과 개략적 내용을 소개하고 있다는 점에서 별개의 유형으로 분류할 수도 있다. 사마천은 마지막 권인 「자서」에서 열전을 구상하게 된 취지에 대해 다음과 같이 말했다.

> 정의롭게 행동하고, 기개가 넘쳐 남에게 억눌리지 않으며, 세상에 처하여 기회를 놓치지 않고, 공명을 천하에 세운 사람들의 일을 내용으로 열전 70편을 지었다.

사마천의 이 진술은 열전을 구상한 취지뿐 아니라 열전에 소개된 인물들의 선정 기준 또한 밝히고 있다. 어떤 불의에도 굽히지 않을 정의와 기개를 갖춘 사람들, 시세를 잘 살펴 기회를 놓치지 않고 자신의 의지와 사상을 드러낸 사람들, 천하에 공명을 떨친 사람들을 골라 열전을 구성한 것이다. 요컨대 특정한 시대에 나름의 역사적 역할을 수행한 인물들에 대한 기록으로서 열전을 남겼다. 하지만 열전의 내용을 잘 살펴보면 사마천은 시대의 변화에 적응했는가, 역사가 던진 기회를 잡고 능동적으로 행동했는가에 더욱 비중을 두고 있음을 확인할 수 있다. 말하자면 열전은 역사라는 시·공간 속에서 한 인간의 행동을 추적하되, 그 행동이 시대의 요구와 변화의 흐름 속에서 얼마나 주동적이고 주체적이었느냐에 시종 초점을 맞추어 전개되고 있다 하겠다.

죽음보다 더한 치욕을 역사로 승화시키다

사마천은 한나라 조정에서 태사령太史令이란 벼슬을 지낸 사마담司馬談(기원전 ?~110년)의 아들이다. 사마천은 기원전 145년에 태어나 기원전 90년 쉰여섯 살을 전후로 세상을 떠난 것으로 추정된다. 사마천이 살았던 시대는 한나라의 전성기이자 중국 역사상 몇 안 되는 전성기였던 무제 때였다.

사마천은 어려서부터 고전을 공부했고, 스무 살 무렵에는 아버지 사마담의 권유로 중국 전역을 답사하며 역사가로서의 자질을 길러 나갔다. 그러다 서른여덟 살 때인 기원전 108년, 사마담이 세상을 떠난 지 3년 만에 사마천은 아버지의 뒤를 이어 사관에 임명된다.

사관 집안으로서의 자부심이 강했던 사마담은 죽기 전 아들 사마천에게 '자신이 시작했으나 마무리 짓지 못한 역사서를 완성하라'는 유언을 남긴다. 사마천은 아버지의 이 유언을 필생의 사명으로 여겼다. 사마담은 천문과 역학은 물론 도가道家까지 두루 섭렵한 뛰어난 학자였다.

음양가陰陽家 · 유가儒家 · 묵가墨家 · 명가名家 · 법가法家 · 도가 등 6대 학파의 특징과 득실을 논평한 「논육가요지論六家要指」는 사마담이 남긴 훌륭한 논문으로 아들 사마천에게 큰 영향을 미쳤다.

스무 살 무렵, 아버지의 권유로 전국을 답사했던 사마천은 벼슬살이를 시작한 후에도 무제를 수행하며 전국을 다녔다. 이러한 현장 경험은 『사기』 저술에 막대한 도움이 되었다. 초나라의 애국 시인 굴원이 자살한 멱라수汨羅水를 찾아 애도를 표하고, 한신韓信 · 소

■ 궁형으로 인해 수염이 없어진 사마천의 초상화는 역사상 가장 슬픈 초상화로 꼽힌다.

하蕭何 등 한나라를 세운 공신들의 고향을 찾아 현지에서만 들을 수 있는 그들의 과거 이야기를 모았다. 이 자료들은 고스란히 『사기』 속에 담겨 오늘날 우리에게까지 생생하게 전달되고 있다. 현장답사와 문헌기록을 변증법적으로 소화해낸 『사기』의 실증적 정신은 오늘날 역사가들이 본받아야 할 큰 장점이 아닐 수 없다(사마천의 여행에 대해서는 후지타 가츠히사의 『사기를 탄생시킨 사마천의 여행』을 참고하라).

40대에 접어든 사마천은 조정의 일과 『사기』 저술이라는 두 가지 임무를 열정적으로 해내며 정신없는 나날을 보냈다. 그는 친구 임안에게 보낸 편지에서 당시 자신의 생활을 이렇게 묘사했다.

'대야를 머리에 인 채 하늘을 볼(대분망천戴盆望天)' 수 없기에 빈객과의 사귐도 끊고 집안일도 돌보지 않은 채 밤낮없이 미미한 재능이나마 오로지 한마음으로 직무에 최선을 다해 주상의 눈에 들고자 했습니다.

하지만 가혹한 운명의 장난은 이런 사마천을 그냥 두지 않았다. 태사령에 임명된 지 10년째 되던 기원전 99년, 마흔일곱 살이 된 사마천은 자신의 인생에 중대한 전환점이 되는 뜻밖의 사건을 맞이한다. 이른바 '이릉李陵 변호 사건' 또는 '이릉의 화'라 불리는 바로 그 사건이었다.

이릉은 명장 이광李廣의 손자로, 흉노匈奴 토벌에 나서 빛나는 공을 세운 인물이었다. 그런데 이릉이 중과부적衆寡不敵으로 어쩔 수 없이 흉노에 항복하자 불과 얼마 전까지만 해도 이릉의 승리에 환호하던 조정 대신들이 하루아침에 안면을 바꿔 일제히 이릉을 성토하고 나섰다. 그들에게는 패배를 책임질 희생양이 필요했던 것이다.

답답했던 무제는 사마천에게 의견을 물었다. 사마천은 황제의 심기를 풀어주기 위해 나름대로 자신의 생각을 솔직하게 밝히며 이릉을 변호하고 나섰다. 그러나 사마천의 진심과 솔직한 변호가 역으로 무제의 심기를 건드리고 말았다. 사마천이 이릉을 변호하기 위해 언급한 작전상의 실수가 궁극적으로 대장군 이광리李廣利를 지목한 것이 아니냐는 오해를 샀기 때문이었다. 대장군 이광리는 다름 아닌 황제의 처남이었다.

화가 난 무제는 사마천을 옥에 가두었다. 사실 사마천은 이릉과 그리 친하지 않았다. 다만 이릉이 전쟁에서 승리할 때는 칭찬을 아끼지 않다가 흉노의 포로가 되자마자 무제의 비위를 맞추려고 입을 모아 이릉을 비난하는 조정 대신들의 행태가 못마땅해 그를 변호하며 자신의 견해를 밝혔던 것이다.

그런데 상황이 예상치 못한 방향으로 흘러가기 시작했다. 이릉이 흉노에서 벼슬을 받고 흉노 군대에 병법을 가르친다는 소문이 들려왔던 것이다. 소문을 들은 무제는 격노했다. 무제는 앞뒤 가리지 않고 이릉의 가족을 몰살시킨 뒤 역적을 옹호했다는 죄목으로 사마천에게 사형을 선고

했다.

　사마천은 앞이 캄캄했다. 억울함이 북받쳤다. 일이 왜 이렇게 되었는
지 답답했다. 더욱이 아버지의 간곡한 유언이자 필생의 사업인『사기』저
술에 박차를 가하고 있던 상황에서 그런 날벼락을 맞고 보니 어찌해야
할지 도무지 알 수 없었다. 사마천은 고뇌했다. 이 상황에 어떻게 대처할
것인가? 죽음의 그림자가 사마천을 사정없이 휘감아 들었다.

　사마천은 생각하고 또 생각했다. 이대로 억울하게 죽음을 맞이할 것
인가? 아니면 다른 방법을 찾아야 할까? 목숨을 부지할 방법은 없을까?
당시 한나라 법에 따르면 사형수가 죽음을 면하는 방법이 두 가지 있었
다. 하나는 50만 전이라는 거금을 내는 것이고, 또 하나는 궁형宮刑을 자
청하는 것이었다.

　그러나 사마천에게는 50만 전이 없었다. 누구에게 빌릴 처지도 아니
었다. 조정 대신 누구 하나 사마천을 변호하지 않는 상황에서 돈까지 내
가며 그를 구할 사람이 어디 있겠는가? 게다가 사마천은 황제의 심기를
건드리는 괘씸죄에 걸려 사형을 선고받은 자가 아니던가? 사마천은 암담
했다. 죽음을 면키 어려워 보였다. 그렇다면 궁형을 선택해야 할까? 하지
만 궁형이 어떤 형벌인가? 남성의 상징인 성기를 절단하는, 말 그대로 죽
음보다 더 치욕스러운 형벌이 아니던가? 많은 사람이 궁형을 당하느니
차라리 자결을 선택하지 않았던가?

　하지만 그에게는『사기』완성이라는 필생의 사명이 남아 있었다. 사
마천은 말할 수 없는 치욕을 감수하며 궁형을 자청했다. 그때 그의 나이
마흔아홉이었다. 이듬해 사마천은 사면을 받아 감옥에서 풀려났다. 친구
임안에게 보낸 편지에서 사마천은 당시 상황을 다음과 같이 고백했다.

모진 치욕을 당하기로는 궁형보다 더한 것이 없소이다. (……) 내가 화를 누르고 울분을 삼키며 옥에 갇힌 까닭은 차마 다하지 못한 말을 후세에 남기기 위해서였소.

치욕스러운 형벌을 받은 사마천은 "이것은 나의 죄로다, 이것은 나의 죄로다! 아무 쓸모없는 불구의 몸이 되었구나"라고 자책했다. 그의 마음은 온통 울분으로 가득 찼다. 어디 한곳에다 마음을 둘 수 없었다. 미친 사람처럼 쏘다니기도 했다. 이 모든 치욕과 울분도 그에게 마지막 남은 일, 『사기』의 완성이라는 대업을 막지는 못했다. 그가 궁형을 택한 것도 이를 위해서가 아니었던가? 그는 곧 마음을 다잡고 남은 힘을 모조리 『사기』 완성에 쏟아 부었다. 궁형은 치욕스러운 형벌이었지만 사마천의 선택은 위대했다.

이렇게 해서 『사기』는 완성되었다. 하지만 『사기』의 완성이라는 표면적 사실보다 더 중요한 것은 『사기』의 내용이 근본적으로 바뀌었다는 점에 있다. 사마천은 『사기』 곳곳에서 '세상의 부조리'를 개탄하며, "믿음을 보여도 의심하고 충성을 다해도 비방한다"고 자신의 억울한 심경을 솔직하게 표출했다. 부당한 억압을 딛고 통쾌하게 복수한 인물들을 대거 편입시켰고, 역사의 흐름에 영향을 주거나 대세를 바꾼 사람이면 누구든 기록에 넣어 그 역할과 작용을 확실하게 각인시켰다. 부당한 권력을 비판하고 약자를 옹호했다.

『사기』는 영원히 보통사람의 편이 되었고, 역사의 주역이 따로 없다는 참으로 소중한 역사 인식을 사람들 마음에 깊이 아로새겼다.

1 장

역사가 시작되다, 신화시대

중국의 탄생
중국 최초의 제왕 | 하나라의 출현 | 하나라의 몰락과 은나라의 부상

덕으로 일어나 공포로 무너지다
은나라의 부침 | 술을 담아 연못을 만들다 | 주나라의 흥망 | 태공 망과의 만남

천자의 나라
천명을 받은 천자 | 역시 술으로 사라지다

제후들이 받든 맹주 | 두 마리의 용

『사기』 문답

중국의 탄생

중국 최초의 제왕

황제黃帝는 이름이 헌원軒轅이다. 헌원은 태어나자마자 말을 했다. 어려서는 영리했고, 성장하면서는 성실하고 민첩했으며, 장성해서는 총명했다.

헌원 때 신농씨神農氏가 세상을 다스리고 있었는데, 차츰 덕이 쇠해 제후들이 서로 공격하는 사태가 벌어졌고, 백성의 삶은 곤궁했다. 신농씨에게는 이를 진정시킬 힘이 없었다. 그를 대신해 헌원이 조공하지 않는 제후들을 정벌하러 나섰다.

헌원의 정벌을 통해 대부분의 제후가 신농씨에게 복종하게 되었으나 오직 치우蚩尤만이 지속적으로 저항했다 이렇게 수란한 틈을 타 염제炎帝가 제후들의 영역을 침범했다.

헌원은 군대를 정비해 판천阪泉의 들판에서 염제를 격파하고, 이어

탁록涿鹿의 들판에서 치우를 사로잡아 죽였다.

중국의 사학자들은 황제 왕조가 건립된 연대를 기원전 2698년으로 추정하고 한때 황제를 중국의 정식 연호로 사용하려 했다. 황제에게는 25명의 아들이 있었는데, 그 가운데 정비正妃가 낳은 두 아들이 청양靑陽과 창의昌意이다. 창의에게는 고양高陽이라는 아들이 있었다. 황제가 죽자 고양이 뒤를 이었다. 그가 제전욱帝顓頊이다.

요는 성군의 대명사로 꼽힌다. 덕을 으뜸으로 삼는 선정을 베풀었기 때문에 천하가 평화를 누렸다.

전욱이 죽자 청양의 손자인 고신高辛이 뒤를 이었다. 그가 제곡帝嚳이다. 곡이 죽자 아들 지摯가 뒤를 이었다. 지가 죽자 동생 방훈放勳이 뒤를 이었다. 그가 바로 제요帝堯다.

요는 하늘처럼 인자하고 신처럼 지혜로웠다. 부귀하면서 교만하지 않고, 고귀하면서 게으르지 않았다. 덕을 으뜸으로 삼는 선정을 베풀었기 때문에 천하가 마음껏 평화를 누릴 수 있었다.

고사성어

배를 두드리며 땅을 친다
고복격양鼓腹擊壤

제요는 자신의 정치가 사람들에게 행복을 안겨주는지 그렇지 않은지 직접 확인하고 싶었다. 그리하여 남몰래 궁 밖으로 나갔다 한 노인이 먹을 것을 입에 문 채배를 두드리고 땅을 치며 노래 부르는 현장을 목격했다. 노인이 부르는 노래는 이랬다. "해가 뜨면 일하고 해가 지면 쉰다네. 우물을 파서 물을 마시고 밭을 일궈먹을 것을 구하니 천자가 내게 무슨 힘을 보태 주리오. 나와는 아무 관계도 없나니." 노래의 뜻인즉, 천자의 권력을 의식하지 않을 정도로 사회가 안정되어 있다는 뜻이었다. 이로부터 태평성대를 이를 때 '고복격양'이라는 표현을 쓰게 되었다. 이 고사는 『사기』에는 나오지 않고 『십팔사략十八史略』에 나온다.

즉위하고 나서 70년째 되던 해 체력의
한계를 깨달은 요는 누군가 덕스러운 인물
에게 정치를 보좌토록 해야겠다고 생각했
다. 물망에 오른 사람이 순舜이었다. 순에게
20년 동안 정치를 대행시켰는데, 대단히 훌륭했
다. 이에 요는 순을 섭정으로 임명했다. 그로
부터 8년 뒤에 요가 죽었다. 순은 3년상을
끝내고 요의 아들 단주丹朱에게 자리를 양
보했다. 하지만 단주가 불초한 아들이었기
때문에 천하의 인심은 순에게 돌아갔고, 순
이 정식으로 뒤를 잇게 되었다.

요와 함께 대표적인 성군으로 꼽히는 순. 요임금과
순임금은 아들이 아닌 덕스러운 자에게 제위를 물
려주는 선양禪讓을 행했다.

순의 아들 상균商均 또한 불초한 아들이었다. 그래서 순은 미리 우禹
를 후계자로 삼겠다고 하늘에 고해두었다. 역사가들은 이 시대를 대략 신
화시대로 추정하지만, 헌원에서 시작해 순에 이르기까지를 기원전 27세기
에서 기원전 23세기 초반까지로 추정하기도 한다.

_ 이상 제1 「오제본기」

하나라의 출현

우는 창의의 후예다. 아버지 곤鯀은 치수사업을 맡았지만 성공을 거두지
못해 유형流刑을 당하고 말았다. 우는 치수사업을 이어받아 훌륭하게 성
공시켰고, 그로 인해 사공司空으로 발탁되었다. 사공이란 치수를 포함한
토목사업 전반을 관리하는 요직이다. 우는 13년 동안 '집 앞을 세 번이

▌우는 아버지 곤이 맡았던 치수사업을 물려받아 훌륭하게 성공시켰다. 절강성 소흥시에 있는 그의 능묘이다.

나 지나면서도 들어가지 않고(삼과불입三過不入)' 오로지 직무에만 전념했다. 그런 보람이 있어 천하가 두루 평안해졌다.

　우는 제순帝舜이 죽고 3년상이 끝나자 제순의 맏아들 상균을 자리에 앉히려 했지만 천하의 인심이 우에게 돌아갔다. 이리하여 우가 정식으로 뒤를 잇게 되었다. 우는 나라 이름을 '하夏'라고 지었다(최근 중국 학계는 '하상주夏商周 단대공정斷代工程'이란 대형 프로젝트를 마쳤다. 이에 따르면 하왕조가 기원전 2070~1600년, 상 왕조가 기원전 1600~1046년, 주 왕조가 기원전 1046~771년으로 되어 있다. 물론 이 연도는 역사서와 다소 차이가 있지만, 향후 역사 연구에 깊은 영향을 미칠 것으로 보인다●)

　우는 자신의 후계자로 중신인 고요皐陶를 지명하려 했지만, 고요가 지명을 받기도 전에 죽고 말았다. 그 뒤 중신인 익益에게 정치를 맡겼다. 익이 정치한 지 10년 되던 해 우는 동방을 순수하다 회계會稽에서 죽었다. 3년상이 끝나고 나서 익은 우의 아들인 계啓를 제위에 추대했다. 계는 현명했다. 천하 사람들 모두 계에게 기대를 품었다. 익이 우를 보좌한 연수가 짧아 그 덕이 천하에 두루 미치지 않았기 때문에 인심이 계에게 기운 측면이 컸다. 이로부터 왕위가 세습되게 되었다.

　　우로부터 14대 왕이 공갑孔甲이다. 공갑은 황당하고 무책임한 성격으로 귀신을 섬기고 음란했다. 그 때문에 많은 제후의 마음이 떠나기 시작했다.

　　공갑으로부터 4대째 왕은 걸桀이다. 걸은 덕을 닦지 않고 제멋대로 행동하며 관리들을 죽였다. 은殷의 탕湯도 한때 감옥에 갇혀 지냈다.

_ 이상 제2 「하본기」

하나라의 몰락과 은나라의 부상

훗날 은의 초대 왕이 되는 탕은 제곡의 후예다(훗날 은이라 불리는 이 나라는 마지막 수도가 '은'이었기 때문에 통상 '은나라'라고 불려왔다. 이 나라의 초기 수도가 상商임이 밝혀져 '상나라' 혹은 '상은'이라고도 불린다•). 곡의 두 번째 비는 간적簡狄이었다. 그녀가 집안 여인 세 명과 강으로 가 목욕을 하는데 현조玄鳥가 알을 떨어뜨리고 갔다. 간적이 그것을 주워 삼키자, 곧바로 배가 부풀어 올랐다. 이리하여 태어난 아들이 설契이다.

　　성장한 설은 우를 도와 치수사업에 공적을 세웠다. 이로 인해 순은 설을 상의 땅에 봉했다.

　　설로부터 14대 자손이 탕이다. 그때까지 은은 여덟 차례나 수도를 옮겼다. 탕은 박亳에 도읍했는데, 이곳은 일찍이 곡이 도읍한 곳이기도 했다.

■ 탕은 은나라의 초대 왕이다. 걸왕이 폭정을 일삼자 제후들과
함께 그를 몰아내고 하나라를 멸망시켰다.

탕은 큰 덕을 지닌 사람이었다. 이런 이야기가 전한다. 한번은 탕이 들판에 나갔는데, 사방에 그물을 치고 "상하사방의 새들아, 모두 이 그물 속에 들어와라"라고 말하는 자가 있었다. 이것을 본 탕은 "어허, 그렇게 하면 새들이 도망갈 길이 없지 않은가"라며 '그물의 세 방향을 풀어헤치고(망개삼면網開三面)' 이렇게 말했다.

"왼쪽으로 가려는 새들은 왼쪽으로 날아가렴. 오른쪽으로 가려는 새들은 오른쪽으로 날아가렴. 명에 따르지 않는 새는 내 그물 속으로 들어오렴."

이 이야기를 전해 들은 제후들은 "탕의 덕이 금수에게까지 미쳤다"고 평하며, 탕을 더욱 존경하게 되었다고 한다.

탕에게는 이윤(伊尹)이란 유능한 가신이 있었다. 이윤은 일찍부터 탕을 위해 일하고 싶어 했지만 탕에게 줄을 댈 방법이 없었다. 그는 우선 유신씨有莘氏(탕의 장인)의 노복으로 들어갔다. 그곳에서 솜씨 좋은 요리사로 인정받은 뒤 탕에게 접근할 기회를 노렸다. 드디어 탕과 대화할 기회가 생기자 이윤은 요리의 이치로 왕도王道를 논하기에 이르렀다. 이윤의 재능을 인정한 탕은 그를 중용했다.

또 다른 설은 이렇다. 탕은 벼슬을 얻지 못한 처사處士 신분이었던 이윤을 모셔 오기 위해 사람을 보냈다. 그런데 이윤이 좀처럼 이에 응하지 않았다. 이윤은 사신이 '다섯 차례나 왕복하고서야 겨우 몸을 일으켰

■ 은 탕왕을 기념하는
의관총. 안휘성 박주시
에 있다.

다(오청이윤五請伊尹)'. 그러고는 탕에게 역대의 유덕한 군주에 대해 이야기
했다. 이런 과정 끝에 탕이 이윤에게 국정을 맡기게 되었다는 것이다.

이윤은 한때 탕의 곁을 떠나 하의 수도에 머문 적이 있었는데 걸왕
의 무도한 모습을 보고 추악하다는 생각이 들어 다시 박으로 돌아왔다
는 말도 전한다.

덕이 있는 군주가 유능한 가신을 얻으니 은의 국력은 더더욱 커져갔
다. 당시 하의 걸왕은 학정을 일삼았고, 사생활도 음란하기 짝이 없었다.
이를 참다못한 유력 제후 곤오씨昆吾氏가 난을 일으켰다.

탕은 군사를 모아 제후들을 거느리고 곤오씨를 먼저 거꾸러뜨렸다.
이어서 걸왕 토벌의 기치를 내걸고 군대를 몰았다. 결국 유웅有熊의 전투
에서 하나라 군대를 격파했다. 걸왕은 명조鳴條로 도망가 계속 저항했지
만 그곳에서도 패배해 삼종三鬷의 땅에서 숨을 거두었다. 걸왕은 죽는 순
간 "내가 탕을 감옥에서 죽이지 않았기에 오늘날 이런 꼴을 당하고 말
았다. 분하기 짝이 없다"라는 말을 남겼다. 이때가 대략 기원전 1766년경
이라고 한다.

_ 이상 제2「하본기」, 제3「은본기」

오제와 하왕조의 계보

【오제】

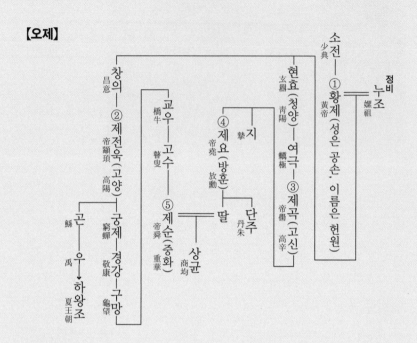

【하왕조】

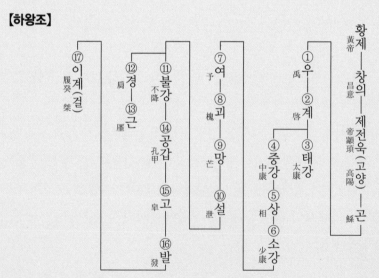

덕으로 일어나
공포로 무너지다

은나라의 부침

탕은 하의 역법曆法을 고치고 조복朝服 색깔도 흰색으로 바꿨다. 은 왕조
가 시작되었다.

탕이 죽자 아들 외병外丙이 뒤를 이었다. 맏아들 태정太丁이 태자였지
만 즉위 전에 죽었기 때문에 그의 동생인 외병이 계승하게 된 것이다. 외
병이 즉위한 지 3년 만에 죽자 이윤은 태정의 아들인 태갑太甲을 왕으로
세웠다. 이윤은 태갑을 위해 정치에 도움이 되는 책을 여러 권 저술했다.
그러나 성격이 포악했던 태갑은 탕이 정한 법을 따르지 않고 도덕을 문
란하게 했다. 이윤은 태갑을 3년 동안 이궁離宮에 가둬두고 자신이 나랏
일을 섭정했다.

유폐된 지 3년이 지나자 태갑은 잘못을 뉘우치고 마음을 바로잡았

은·주시대의 중국 지도

다. 이윤은 태갑에게 정권을 돌려주었다. 태갑이 덕을 닦고 선정을 베풀자 제후들이 모두 은에 귀의했고, 백성은 안녕을 되찾았다.

태갑이 죽자 아들 옥정沃丁이 뒤를 이었다. 옥정의 치세 동안 이윤이 죽었다.

탕으로부터 8대째인 옹기雍己가 뒤를 잇자, 은의 덕이 쇠해 제후들 가운데 입조하지 않는 자가 생겨났다.

옹기가 죽자 동생 태무太戊가 뒤를 잇고, 이척伊陟(이윤의 손자)이 재상이 되었다. 수도 박에서 뽕나무와 닥나무가 하룻밤 사이 한 아름 넘게 자라는 기이한 일이 생겼다. 태무가 두려움에 떨며 이척에게 물었다. 이

척은 "'요사스러운 일은 결코 덕행을 이기지 못한다(요불승덕妖不勝德)'고 들었습니다. 이 현상은 임금의 정치와 관계가 있는지도 모르겠습니다. 임금께서는 덕을 닦는 데 힘써주십시오"라고 말했다. 태무가 이척의 말을 따르자 과연 뽕나무와 닥나무가 말라 죽었다.

태무가 죽자 아들 중정中丁이 뒤를 이었다. 중정 이후 빈번하게 수도를 옮겼고, 그때마다 은의 위세가 오르내렸다.

중정으로부터 10대째인 반경盤庚은 수도를 처음 은의 수도였던 박으로 옮겼다.

반경으로부터 4대째인 무정武丁(재위 기원전 1324~1266년)이 즉위했을 때 은의 위세는 지극히 쇠약해져 있었다. 무정은 은의 부흥을 염원했지만 자신을 보좌할 만한 뛰어난 인물을 찾을 수가 없었다. 그는 3년 동안 말하지 않은 채 정치를 모두 재상에게 맡기고 자신은 오직 나라의 기풍만을 관찰했다.

그러던 어느 날 밤 꿈에서 한 성인을 만났다. 성인은 자신의 이름이 열說이라고 말했다. 눈을 뜬 무정은 신하와 백관들 중에서 꿈에 본 성인을 찾았으나 모두 아니었다. 그는 성인의 모습을 그림으로 그리게 한 뒤 사방으로 사람을 보내 그를 찾도록 했다. 드디어 부傅라는 바위굴에서 그림과 똑같이 생긴 인물을 찾아냈다. 그 인물은 먹을거리를 얻기 위해 죄수 대신 도로 수리 일을 하고 있었다. 그를 수도로 데려와 무정을 알현토록 했다. 무정은 이 남자가 틀림없다고 말했다. 시험 삼아 이야기를 나눠본 결과 그는 과연 성인이었다. 무정은 그에게 국정을 맡겼다. 이로 말미암아 은은 번영을 되찾았다. 세상 사람들은 부에서 성을 따 그를 부열傅說이라고 불렀다.

무정이 죽자 아들 조경祖庚이 뒤를 잇고, 조경이 죽자 동생 갑甲이 뒤를 이었다. 갑이 음란한 짓을 일삼자 은은 다시 쇠약해졌다.

갑으로부터 4대째인 무을武乙(재위 기원전 1198~1195년)은 수도를 박에서 하북河北으로 옮겼다. 무을은 무도한 성격이었다. 우상을 만들고 이를 천신天神이라 부르며 그와 함께 내기를 했다. 그러면서 옆 사람에게 심판을 보게 하고는 만약 천신이 지면 우상인 천신에게 모욕을 가했다. 또 피를 가득 채운 가죽 주머니를 높이 매달아놓고 그곳에 화살을 쏘았는데 이를 하늘을 쏜다는 뜻의 '사천射天'이라고 불렀다.

이런 인물이 제대로 죽을 리 없었다. 아니나 다를까, 무을은 사냥을 나갔다 벼락에 맞아 죽고 말았다.

그 뒤를 아들 태정太丁이 이었다. 태정이 죽자 을乙이 뒤를 이었다. 을이 즉위할 무렵 은의 쇠약은 더 이상 어쩔 수 없는 지경에 이르렀다.

을의 큰아들은 미자微子 계啓였는데, 그의 어머니가 미천했기 때문에 뒤를 이을 수가 없었다. 그리하여 을이 죽은 뒤 정식 왕후가 낳은 신辛이 자리를 이었다. 신은 수受 혹은 주紂(재위 기원전 1154~1122년)라고 불렸다.

_ 이상 제3 「은본기」

술을 부어 연못을 만들다

주는 천부적으로 행동이 민첩하고, 머리 회전이 빠르며, 완력 또한 보통 사람보다 뛰어났다. 지혜는 남의 말을 듣지 않을 정도로 충분했고, 말솜씨는 잘못을 감추고도 남았다. 따라서 주는 자신의 재능을 뽐내며 천하에 자신과 겨룰 사람이 없다고 자부했다.

주는 술을 좋아하고 음악에 빠져 지냈다. 여색을 몹시 탐했는데 달

은 왕조 계보

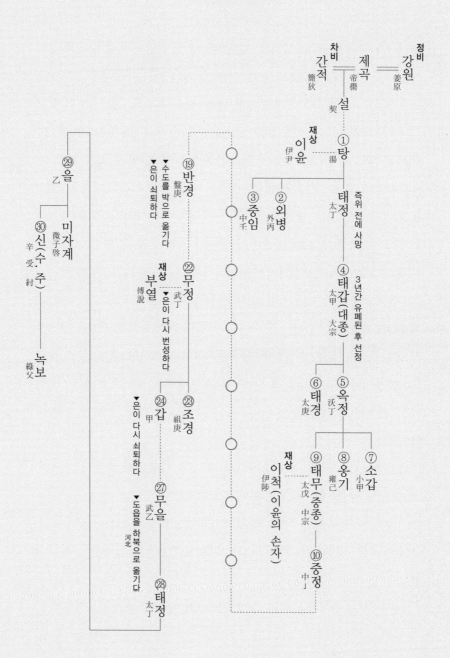

정비
강원
姜原

제곡
帝嚳

차비
간적
簡狄

설
契

재상
이윤
伊尹

① 탕
湯

태정
太丁
즉위 전에 사망

④ 태갑(대종)
太甲
大宗
3년간 유폐된 후 선정

② 외병
外丙

③ 중임
中壬

⑥ 태경
太庚

⑤ 옥정
沃丁

⑦ 소갑
小甲

⑧ 옹기
雍己

⑨ 태무(중종)
太戊
中宗

재상
이척(이윤의 손자)
伊陟

⑩ 중정
中丁

⑲ 반경
盤庚
▼ 수도를 박으로 옮기다
▼ 은이 쇠퇴하다

⑳ ○

㉒ 무정
武丁
재상
부열
傅說
▼ 은이 다시 번성하다

㉓ 조경
祖庚

㉔ 갑
甲

㉗ 무을
武乙
▼ 도읍을 하북으로 옮기다
河北

㉘ 태정
太丁

▼ 은이 다시 쇠퇴하다

㉙ 을
乙

미자계
微子啓

㉚ 신(수, 주)
辛
受
紂

녹보
綠父

기妲己라는 여인이 하는 말이라면 무엇이든 다 들어주었다. 세금을 무겁게 매겨 거둬들인 돈을 녹대鹿臺라는 곳에 쌓아두고, 같은 방식으로 모은 조粟를 거교鉅橋라는 창고에 비축했다. 또한 진귀한 짐승들을 곳곳에서 모아들여 이궁이 있는 사구砂丘에 놓아 키웠다.

그리고 이 사구에서 터무니없는 놀이판을 벌였다. '술을 부어 연못을 만들고, 나무에 고기를 매달아 숲을 이루게 한(주지육림酒池肉林)' 뒤 옷을 벗은 남녀가 신분을 가리지 않으며 방탕하게 놀아나는 것이었다. 이처럼 하늘조차 두려워하지 않는 태도에 천하 사람이 모두 어처구니없어했고, 은을 저버리는 제후가 많아졌다. 그러자 주는 포락炮烙이라는 형벌을 만드는 등 공포정치를 펼쳤다. 포락이란 기름 바른 청동 기둥을 숯불 위에 가로세운 뒤 죄수들로 하여금 그 위를 걸어가게 하는 형벌이었다.

당시 최고위 신하인 삼공三公의 직에는 구후九侯와 악후鄂侯, 희창姬昌(나중의 주 문왕)이 있었다. 구후에게는 아름다운 딸이 있었다. 그 딸이 주의 궁실로 들어갔는데 음란한 행위를 좋아하지 않는다는 이유로 주의 노여움을 사 죽임을 당하고 말았다. 주는 구후도 죄인으로 몰아 죽인 뒤, 포를 떠서 소금에 절였다. 악후가 간언을 하자 그 또한 포를 떠서 죽여버렸다.

희창이 이 소식을 듣고 혼자 깊은 한숨을 내쉬었다. 마침 간신배 숭호후崇虎侯가 이를 알아채고는 주에게 고자질했다.

"희창이 선과 덕을 쌓아 제후들이 그를 바라보고 있으니 앞으로 임금께 불리할 것입니다. 그가 구후와 악후가 죽었다는 소식을 듣고 탄식했다고 합니다."

주는 희창을 유리羑里라는 곳에 유폐시켜버리고 말았다.

_ 이상 제3 「은본기」

주지육림의 고사로 유명한 주임 금은 술과 음악, 여색에 빠져 지냈다. 하늘조차 두려워하지 않는 그의 무도한 행위는 여러 제후들로 하여금 은나라에 등을 돌리게 만들었다.

주나라의 흥성

이쯤에서 주周 왕실의 가계家系에 대해 잠깐 설명하도록 하겠다. 주 왕실은 제곡의 후예라고 한다. 제곡의 정비인 강원姜原이 어느 날 들녘에 나갔다가 거인의 발자국을 발견했다. 가슴이 설레고 들뜬 그녀는 그것을 밟아보고 싶었다. 강원이 발자국을 밟는 순간 곧바로 태내에 움직임이 있었다. 임신을 한 것이다. 그로부터 1년 뒤 한 사내아이가 태어났다.

　이를 불길하다고 여긴 강원이 좁은 골목길에 아이를 내다버렸는데 말과 소가 지나가면서 밟지 않고 피해 갔다. 다시 도랑의 얼음 위에 버렸지만 새들이 날아와 날개로 덮으며 몸을 따뜻하게 해주었다. 이를 신기하게 여긴 강원은 아이를 데려와 길렀다. 몇 번씩이나 버리려 했기 때문에 이름을 '버리다'라는 뜻의 기棄로 삼았다.

기는 어릴 적부터 큰 뜻을 가졌다. 삼과 콩 따위를 심으며 놀기를 좋아했다. 어른이 된 뒤로는 땅을 잘 가려 그에 맞는 곡식을 심고 기르고 거뒀다. 백성이 모두 그를 본받으려 했다. 천하 사람이 그에게 큰 도움을 받았다. 제순이 "그대는 후직后稷(농경을 주관하는 관원)으로서 온갖 곡식의 씨앗을 뿌려 백성을 잘 보살폈다"고 칭찬하며 태邰라는 땅에 봉했다.

기는 요·순·우, 세 왕을 섬기며 명성을 높였다. 기가 죽자 아들 부줄不窋이 뒤를 이었다. 그때 하 왕조가 쇠약해져 농정이 엉망이 되었기 때문에 부줄은 융적戎狄이 사는 지역으로 달아났다.

부줄이 죽자 아들 국鞠이 뒤를 이었고, 국이 죽자 공유公劉가 뒤를 이었다. 공유는 농업에 힘쓰는 한편, 임업에도 정성을 기울였다. 이로 인해 집안이 크게 일어났다. 공유의 덕을 흠모해 타국에서 찾아오는 사람이 많았다. 주나라의 흥성이 여기에서 비롯되었다고 해도 좋을 것이다.

공유가 죽자 아들 경절慶節이 뒤를 이어 빈豳에 나라를 세웠다. 경절로부터 9대손이 고공단보古公亶父다. 고공단보는 기와 공유가 걸어온 길을 본받아 덕을 쌓고 의를 행했다. 그리하여 사람들이 모두 그를 군주로 떠받들었다. 그 무렵 융적의 훈육燻育이 침입해와 재물을 약탈하려 들었다. 고공단보는 그들에게 얼마간의 재물을 나누어주었다. 훈육은 여기에 맛을 들여 얼마 있다 또 공격해 들어왔다. 사람들은 성을 내며 훈육과 맞싸우자고 주장했지만 고공단보는 "백성이 군주를 세우는 이유는 그것이 자신들에게 이익이 된다고 여기기 때문이다. 지금 융적이 공격해오는 이유는 우리의 토지와 인민을 손에 넣기 위해서지만 융적일지라도 백성의 이익을 따지는 것이라면 백성이 내 밑에 있는 것과 그들 밑에 있는 것에 무슨 차이가 있겠는가. 나 개인을 위해 백성이 싸우는 것만큼은 피해야 한다. 남의 아비와 아들을 죽이며 내가 어찌 백성 위에 설 수 있단 말인 가?"라고 말한 뒤 일족을 거느리고 빈을 떠나 기산岐山 기슭으로 이주했다. 그러자 늙은이와 젊은이를 가리지 않고 고공단보를 흠모해 빈을 버리고 기산 기슭으로 이주하는 이가 속출했다. 고공단보가 자비심이 깊다는 소문을 듣고 이웃나라에서 이주해오는 사람 또한 적지 않았다.

고공단보는 그때까지 익숙해져 있던 융적의 풍속을 천한 것이라 하여 물리치고, 비로소 성곽과 가옥을 짓고 읍을 조성했다. 그곳에 사람들을 거주시키고 오관五官과 유사有司 같은 관료 제도를 만들어 다스렸다. 사람들은 노래를 지어 고공단보의 덕을 칭송했다.

고공단보에게는 아들이 여럿 있었다. 그중 큰아들이 태백太伯, 둘째가 중옹仲雍, 셋째가 계력季歷이다. 계력은 태임太任이라는 부인을 얻어 사내아이를 낳았다. 이 아들이 창昌이다. 창이 태어날 때 붉은 참새가 단서丹書를 입에 물고 산모가 누워 있는 집 위에 머무르는 상서로운 징조가 있었다. 고공단보는 "우리 자손 가운데 큰일을 이루는 인물이 나올 게야. 아마도 창의 대가 아닐까?"라고 말했다.

태백과 중옹은 고공단보의 말을 '계력을 후계자로 세우고, 훗날 창에게 전하겠다'는 뜻으로 파악했다. 두 사람은 나라를 떠나 형만荊蠻의 땅으로 간 뒤 '몸에 문신을 하고 머리를 자름으로써(문신단발文身斷髮)' 귀국할 의사가 없음을 분명히 했다.

고공단보가 죽자 계력이 뒤를 이었다. 계력이 의를 두터이 행했기 때문에 많은 제후가 복종했다. 계력이 죽자 창이 뒤를 이었다. 창은 널리

주 왕조 계보 1

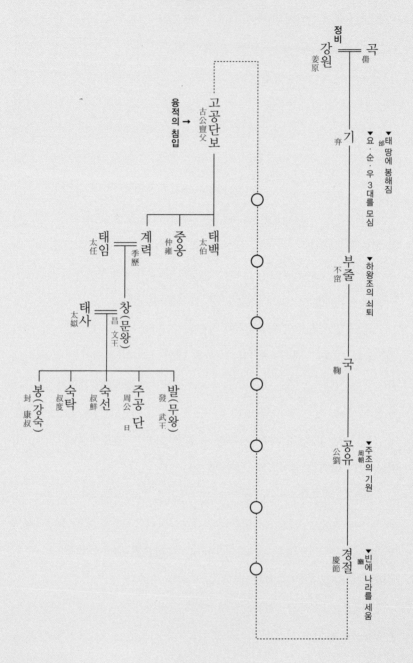

인정을 베풀었다. 늙은이를 공경하고, 어린아이를 자애롭게 대했으며, 현명한 인물을 예우하는 한편 '태양이 중천에 다다를 때까지 식사할 틈도 없을 만큼 바쁘게 선비들을 대했다(일중불가식이대사日中不暇食以待士)'. 이로 인해 특히 많은 선비가 창을 떠받들었다.

_ 이상 권4 「주본기」

태공 망과의 만남

인망을 끌어모으는 창에게 의심의 눈초리를 던지는 사람이 있었다. 당시 창과 함께 은의 주왕을 섬기던 숭호후였다. 주왕은 창을 딱히 미워하지 않았기 때문에 서둘러 죽이지 않고 우선 유폐형에 처했다.

그러나 아침저녁으로 변덕을 부리는 주왕의 손아귀에 있다가는 언제 목숨을 잃을지 모를 일이었다. 창의 중신인 산의생散宜生과 굉요宏夭는 여상呂尙과 함께 지혜를 짜냈다. 여기서 잠시 여상이라는 인물에 대해 알아보도록 하자.

여상의 내력에 관해서는 몇 가지 설이 전한다. 일설에 따르면 가난한 여상이 노년에 낚시를 하다 창과 만났다고 한다. 그 경위는 이렇다.

어느 날 창이 사냥을 나가려고 점을 쳤다. "사냥감은 용도 교룡蛟龍도 아니고, 호랑이도 곰도 아니다. 사냥감은 패왕의 보좌다"라는 점괘가 나왔다. 그러고는 위수渭水의 북쪽에서 여상을 만났다. 함께 이야기를 나눠본즉, 비할 바 없이 뛰어난 인물이었다. 창은 크게 기뻐하며 "할아버지인 태공太公께서 '한 성인이 드디어 주에 나타나니, 주는 그 힘으로 날아오를 것이다'라는 말씀을 남기셨습니다. 그대가 바로 그분이셨습니까?

▌태공 망의 동상(왼쪽)과 태공 망이 창과 만났다고 전해지는 조어대 부근의 모습이다(오른쪽).

우리 '태공께서 그대를 기다리신 지(태공 망太公望)' 오래였습니다"라고 말하며 여상을 '태공 망'이라 불렀다. 그리고 그와 함께 수레를 타고 돌아와 스승으로 모셨다.

또 다른 설은 이렇다. 박학다식한 여상은 은나라 주왕을 섬긴 적이 있었다. 그러나 주왕의 무도함을 알고 그곳을 떠났다. 여러 나라를 돌며 제후들에게 유세했지만 어떤 제후도 그를 인정하지 않았고, 마지막으로 창에게 몸을 맡기게 되었다는 것이다.

이런 설도 있다. 여상은 학문과 덕행이 뛰어났지만 누구 밑에서도 벼슬하지 않은 처사로서 시정에 숨어 지냈다. 창이 유폐되었을 때 전부터 알고 지내던 산의생과 굉요의 부름을 받았고, 이를 계기로 창을 섬기게 되었다는 것이다.

어떤 설이 맞는지는 알 수 없지만 여상이 창을 구출하기 위해 지혜를 짜냈다는 것만큼은 분명하다. 여상이 산의생 및 굉요와 상의해 짜낸 방책, 그것은 선물공세였다. 아름다운 여인, 진기한 짐승, 귀한 보물 따위를 있는 대로 모아 주왕이 아끼는 신하 비중費仲을 통해 헌상했다.

효과는 절대적이었다. 주왕은 "이 가운데 하나만 가져와도 용서하기에 충분한데, 이렇게나 많은 걸 가져오다니……"라고 말하며 매우 기뻐했다. 그러고는 바로 창을 석방하는 한편 활과 화살, 도끼 등을 내주며 '서백西伯'이라 칭하는 것을 허락했다. 서백이라 함은 서방 정벌에 관한 군권을 준다는 뜻이다.

_ 이상 제4 「주본기」, 제32 「제태공세가」

천명을 받은 천자

서백 창은 주왕의 기분이 좋아진 틈을 타 포락이라는 형벌을 폐지해달라고 주청했다. 주왕은 이를 허락했다. 이후 서백은 더 많은 선행을 쌓아나갔다. 제후들 사이에 다툼이 벌어지면 너 나 할 것 없이 서백에게 찾아와 시시비비를 가려달라고 부탁했다.

주나라에는 누구든지 서로 양보하는 기풍이 자리 잡혀 있었다. '서로 밭고랑을 양보하고 매사에 연장자를 우선했다(양반양장讓畔讓長).' 이를 알게 된 제후들은 '서백이야말로 천명을 받은 천자다'라는 말을 주고받았다.

서백은 그저 덕만 닦으며 지내지 않았다. 자신을 따르지 않는 자에게는 주저하지 않고 무력을 행사했다. 자신을 모함한 숭호후를 토벌한 뒤, 기산에서 풍읍豊邑으로 도읍을 옮겼다.

은나라 주왕은 그 뒤로도 공포정치를 계속했다. 새로 등용된 비중費中은 아부에 능하고 욕심에 눈이 먼 인물이었다. 당연히 인기가 있을 리 없었다. 주왕은 새로이 오래惡來를 중용했지만 끊임없이 참언을 해댔기 때문에 제후들의 마음이 은나라에서 더더욱 멀어졌다. 왕족인 비간比干이 간했지만 주왕은 듣는 체도 하지 않았다. 현인으로 널리 알려져 인망이 두터웠던 상용商容 또한 파면당하고 말았다.

서백이 기飢나라를 멸망시켰다는 말을 들은 중신 조이祖伊가 더 이상 참지 못하고 의견을 냈다.

"하늘이 드디어 우리 은나라에 내려준 천명을 거둬들이려 하고 있습니다. 현자의 말이나 거북점이나 모두 흉하다고 하옵니다. 왕이 음란하면 천명이 끊어지는 법입니다. 지금 우리 백성 가운데 은나라가 망하기를 바라지 않는 사람이 없어 '하늘은 어찌하여 은을 멸망시키는 대명을 발하지 않으시나이까'라고 합니다. 왕께옵서는 도대체 어떻게 하실 생각이옵니까?"

주왕은 "내가 태어난 것이야말로 하늘의 명이 있었기 때문 아닌가"라고 말하며 전혀 반성의 기색을 보이지 않았다. 조이는 그 자리에서 물

고사성어

엎어진 물은
다시 담지 못한다

또는 복수불반분覆水不返盆
복수불반覆水不返

태공 망 여상이 서백 창을 섬기기 전의 일이다. 일도 하지 않고 그저 책만 읽으니 집안이 가난할 수밖에 없었다. 이를 견디다 못한 아내 마씨馬氏가 친정으로 돌아가고 말았다. 뒷날 여상이 크게 출세하자 마씨가 찾아와 옛날로 다시 돌아가자고 말했다. 여상은 사발에 담긴 물을 땅에 쏟고는 "이 물을 원래대로 되돌릴 수 있다면 다시금 옛 인연을 따르겠다"고 말했다. 마씨는 어떻게든 해보려 했지만 될 일이 아니었다. 그 모습을 보고 여상이 말했다.

"일단 헤어진 부부는 엎어진 사발의 물과 같다. 다시 예전으로 돌아갈 수 없다."

이로부터 되돌릴 수 없는 일을 빗대어 "쏟아진 물은 다시 담지 못한다"라고 하게 되었다. 출전은 남북조시대의 『습유기拾遺記』다.

러난 뒤 두 번 다시 간언을 올리지 않았다.

한편 주나라에서는 서백이 죽고 아들 발發이 뒤를 이으니, 이가 무왕武王이다. 서백은 문왕文王으로 추존되었다. 태공 망이 태사太師, 주공周公 단旦이 태보太輔가 되었고, 소공召公과 필공畢公 등이 왕의 군사를 맡아 무왕의 정치를 돌봤다.

자리를 이어받은 지 9년째 되던 해 무왕은 군사를 이끌고 맹진孟津으로 나아갔다. 기일을 정하지 않았음에도 8백 명이 넘는 제후가 모여들었다. 그들은 모두 입을 모아 주왕을 쳐야 한다고 주장했지만 무왕은 "그대들은 아직 천명이 은을 떠나지 않았음을 모른다. 아직 때가 차지 않았다"라고 말하며 제후들을 돌려보내고 자신도 풍읍으로 철수했다.

_ 이상 제3 「은본기」, 제4 「주본기」

역사 속으로 사라지다

주왕의 공포정치는 날이 갈수록 심해졌다. 비간은 "신하된 자로서 목숨을 걸고 바른말을 하지 않으면 안 된다"라며 강력하게 간언했지만 돌아온 것은 죽음뿐이었다. 주왕은 "성인의 심장에는 일곱 개의 구멍이 있다고 하던데 그 말이 맞는지 보자"며 그의 가슴을 갈라 죽였다.

왕족인 기자箕子는 일찍부터 이런 상황을 예측하고 있었다. 처음 위기의식을 품게 된 것은 주왕이 상아 젓가락을 쓰기 시작할 때였다. 이때 기자는 이렇게 말했다.

"상아 젓가락을 쓰면 다음번엔 틀림없이 옥잔을 쓰려 할 것이다. 옥잔을 쓰면 분명 먼 곳에서 진귀한 먹을거리를 구하려 들 것이다. 그런 뒤에는 수레와 궁전을 호사스럽게 꾸밀 것이 뻔하다. 하지만 어찌해볼 방도가 없다."

기자는 주왕이 옳지 않은 짓을 할 때마다 간언했지만 씨알도 먹히지 않았다. 어떤 이가 그런 기자에게 "은나라를 떠나는 것이 어떻겠습니까"라고 권했다. 기자는 한숨을 쉬며 이렇게 대답할 뿐이었다.

"임금이 간언을 받아들이지 않는다는 이유로 신하가 나라를 떠난다면 이는 주군의 악을 분명하게 드러내면서 자신만 세상으로부터 박수를 받으려 드는 행위와 진배없다. 나는 그렇게 할 수 없다."

기자는 미치광이 행세를 하며 남의 노복이 되었다. 그럼에도 주왕은 의심을 거두지 않고 기자를 옥에 가두었다.

주왕의 서형인 미자는 "아버지와 아들은 골육지간이고, 임금과 신하는 의로 연결된 사이다. 따라서 세 번 간해 듣지 않으면 군신의 의로 보아 떠나도 된다"고 말하고는 은나라에서 달아났다. 이런 지경이 되자 궁정에서 제사를 지낼 때 꼭 필요한 악관들조차 악기를 든 채 모조리 주나라로 달아나고 말았다.

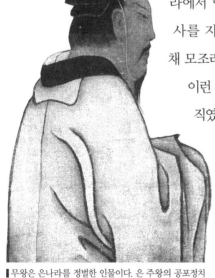
▌무왕은 은나라를 정벌한 인물이다. 은 주왕의 공포정치가 날로 심해지자 제후들과 함께 은나라 토벌에 나섰다.

이런 정황을 파악한 무왕의 마음이 드디어 움직였다. 이에 거북껍질로 점을 쳐보니 불길하다는 괘가 나왔다. 그리고 돌연 거센 비바람이 몰아쳤다. 군신들이 모두 두려워했다. 그러나 태공 망이 이런 것들은 모두 미신일 뿐이라며 서둘러 출진할 것을 주장했다. 무왕은 드디어 은나라 토벌에 나섰다. 아버지 문왕 때부터 오랫동안 기다려온 역사적인 거사였다.

무왕이 문왕의 뒤를 이은 지 11년째 되던 해인 기원전 1122년 12월, 주나라 군대가 맹진에서 황하를 건너자 많은 제후가 급히 달려왔다. 전투용 수레가 모두 4천 승乘이었다. 무왕은 맹서의 의례를 거친 뒤 전군에 진격을 명했다.

은나라 주왕은 70만 명의 군사를 동원해 방어에 나섰다. 아직까지 그 정도의 군사를 모을 만큼의 위세는 남아 있었다. 양군은 목야牧野의 들에서 맞부딪쳤다.

무왕은 태공 망에게 명해 전군의 사기를 북돋우게 한 뒤 정면에서 돌격을 감행했다. 은의 군사는 수적으로 앞서 있었지만 이미 전의를 상실한 상태였다. 서둘러 배반하려 드는 사람이 많았다. 무왕이 돌격해오자 무기를 거꾸로 들고 길을 열어주는 자가 속출했다. 무왕이 더욱 깊숙이 돌진하자 주왕의 군사는 총체적으로 무너지고 말았다. 주왕은 간신히 수도 조가朝歌로 퇴각했으나 형세를 되돌리기엔 늦었다는 것을 깨달았다. 주왕은 녹대로 올라가 금은보화로 장식한 옷을 입은 채 불 속으로 뛰어들었다.

승리를 거둔 무왕은 제후들을 거느린 채 당당하게 조가로 들어갔다. 그러고는 맨 먼저 주왕의 시체를 찾았다. 시체가 발견되자 칼로 세 번 내리치고 도끼로 머리를 벤 뒤 그 머리를 깃대 위에 내걸었다. 이어 달기를 죽여 주왕과 함께 나란히 내걸었다.

다음 날 무왕은 제후들 앞에서 천하의 왕이 되었음을 선포함과 동시에 많은 명령을 내렸다. 우선 주왕의 아들인 녹보祿父를 은의 옛 땅에 봉해 은의 유민들을 거둬들이게 하고, 무왕의 동생인 숙선叔鮮과 숙탁叔度에게 녹보를 보좌하도록 했다. 그리고 소공 석奭에게 명해 기자를 석방시

컸다. 필공에게 명해 그 밖에 사로잡혀 있는 군신들을 석방시킴과 동시에, 상용이 사는 곳의 마을 문을 장식해 표창토록 했다. 굉요에게는 비간의 묘를 정비토록 시키고, 남궁괄南宮括에게는 녹대에 쌓인 돈과 거교에 비축된 곡물을 풀어 백성에게 나누어주도록 했다. 한편 남궁괄과 사일史佚에게 명해 9정과 보물들을 은의 수도에서 주의 수도로 옮기게 했다.

무왕은 또 역대 성왕들의 사적을 추모해 신농, 황제, 요, 순, 우의 자손에게 각각 토지를 내렸다. 논공행상으로는 태공 망을 으뜸으로 쳐 그를 상구常丘에 봉하고 제공齊公으로 삼았다. 동생인 주공 단을 곡부에 봉해 노공魯公으로 삼고, 소공 석을 연燕에, 동생인 숙선을 관管에, 숙탁을 채蔡에 봉했다. 그 밖의 수많은 신하에게 저마다 세운 공에 따라 봉작을 내렸다.

_ 이상 제3 「은본기」, 제4 「주본기」

하늘의 도란 것이
이런 것인가 아니냐

천도시야비야
天道是邪非邪

은이 멸망하자 백이와 숙제는 의를 앞세워 굶어 죽는 길을 택했다. 사마천은 이처럼 착한 사람이 비참하게 생을 마감하는 반면 악한 자가 부귀와 천수를 누리는 것에 의문을 표시하며 "대체 하늘의 도란 것이 이런 것인가 아닌가" 라는 질문을 던졌다. 출전 제61 「백이열전」

천자의 나라

제후들이 받든 맹주

은나라가 멸망한 지 2년 뒤(기원전 1120년), 무왕은 기자에게 은이 멸망한 이유를 물었다. 기자는 은을 비난하지 않았다. 다만 예로부터 나라가 흥하고 망한 경위, 나라를 다스리는 이의 마음가짐에 대해 설명했다. 기자의 말에 무왕 또한 부끄러움을 느끼며 천도天道에 대해 상세한 가르침을 청했다. 그러자 기자는 홍범구등洪範九等(또는 홍범구주洪範九疇)의 이치를 설파했다고 한다.

무왕은 기자를 조선朝鮮에 봉했다. 뒷날 기자는 주에 입조하러 오며 과거 은나라의 수도였던 곳을 지나게 되었다. 그는 궁전은 무너지고 그 자리에 벼와 기장 따위가 자라나 있는 모습을 보고 가슴을 쳤다. 큰 소리로 울고 싶었지만 주위 사람들 때문에 그러지 못했다. 그렇다고 소리 죽여 우는 것은 아녀자의 꼴이 되는 것만 같아 차마 하지 못했다. 그래서 「맥수가麥秀歌」라는 한 편의 시를 읊었다(여기서 '맥수지탄麥秀之嘆'이라는 고사성어가 나왔다*).

보리 이삭 쑥쑥

벼 기장도 무럭무럭

저 철부지 어린아이

나와 뜻이 맞았더라면

맥수점점혜麥秀漸漸兮

화서유유禾黍油油

피교동혜彼狡童兮

불여아호혜不與我好兮

이 시에 나오는 '저 철부지 어린아이'(교동狡童)는 주왕을 말한다. 이 노래를 들은 은나라 유민들은 모두 눈물을 흘렸다.

무왕이 병에 걸렸다. 동생 주공이 목욕재계한 뒤 자신이 무왕을 대신해 병에 걸리겠다고 빌었다. 무왕의 병세가 잠시 호전되었지만 얼마 뒤 세상을 떠나고 말았다. 이때가 기원전 1116년이다.

태자 송誦이 뒤를 이으니 이가 바로 성왕成王(재위 기원전 1116~1079년)이다. 성왕이 아직 나이 어리고 주나라가 천하를 통일한 지 얼마 되지 않았던 터라 제후들의 배반을 두려워한 주공이 스스로 섭정을 맡았다. 무왕의 동생인 숙선과 숙탁은 이런 주공을 의심해 은나라 주왕의 아들인 녹보와 함께 반란을 일으켰다. 그들은 회이淮夷(동방의 이민족)까지 끌어들였다. 주공은 성왕의 명을 받들어 녹보와 숙선을 죽이고 숙탁을 추방했다. 그러고는 미자 계에게 은의 후대를 계승해 송宋에 나라를 세우도록 했다. 한편 은의 유민들을 모두 거두어 위衛의 땅으로 옮기고, 무왕의 막내 동생 봉封을 강숙康叔에 봉했다.

주공이 섭정한 지 7년(기원전 1109년), 성왕이 장성하자 주공은 정권을 성왕에게 돌려주고 자신은 신하의 자리로 돌아갔다. 성왕은 소공을 태보로, 주공을 태사로 삼아 동으로 회이를 정벌하고 엄奄을 멸망시켰다. 천하가 안정되자 주공은 풍읍으로 돌아와 관제와 예악을 정비했다.

성왕이 죽자 아들 소釗가 뒤를 이었다. 이가 강왕康王이다.

무왕으로부터 10대째 왕은 여왕厲王(재위 기원전 879~842년)이다. 여왕은 탐욕스러운 성격의 영樂 이공夷公을 중용하는 등 실정을 거듭했다. "백성들의 입을 막는 것은 물길을 막는 것보다도 위험합니다(방민지구防民之口, 심어방수甚於防水)"라고 충고하는 신하가 있었지만 듣지 않았다. 오히려 무당을 불러들여 왕을 비방하는 자를 찾아내게 한 뒤, 그렇게 지목된 사람들을 모두 살해했다. 그러자 아무도 여왕에게 간하려 들지 않았다. 제후들은 여왕을 깔보며 누구 하나 입조하러 오지 않았다. 소공召公이 간했지만 여왕은 들은 척도 하지 않았다.

온 나라 백성이 여왕에게 등을 돌렸다. 여왕은 체彘 땅으로 달아나고, 태자 정靜은 소공의 집에 숨었다. 그것을 알아챈 사람들이 소공의 집을 에워쌌지만 소공이 자신의 아들에게 태자 노릇을 시킴으로써 정의 목

■ 주공은 어린 조카를 대신해 7년 동안 섭정하다 조카가 장성하자 정권을 돌려주고 신하의 자리로 돌아갔다.

주 왕조 계보 2

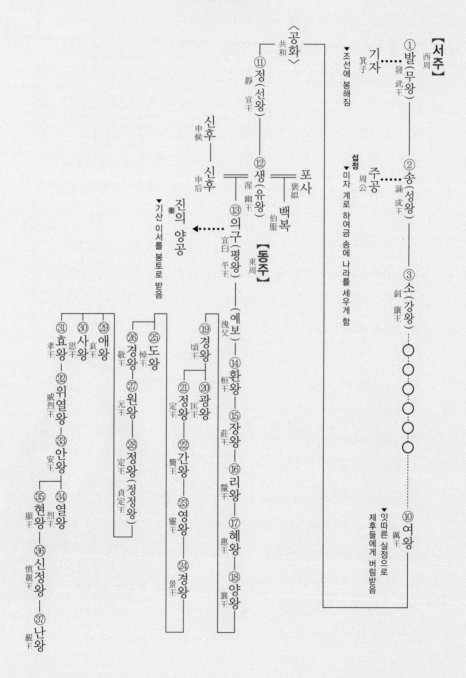

【서주】
西周

① 발(무왕)
發 武王

② 송(성왕)
誦 成王

③ 소(강왕)
釗 康王

⑩ 여왕
厲王

▼ 잇따른 실정으로
제후들에게 버림받음

기자
箕子

▼ 조선에 봉해짐

〈공화〉
共和

⑪ 정(선왕)
靜 宣王

⑫ 생(유왕)
湼 幽王

신후
申候

신후
申后

포사
褒姒

백복
伯服

⑬ 의구(평왕)
宜臼 平王

【동주】
東周

진의 양공
秦

▼ 기산 이서를 봉토로 받음

주공
周公

▼ 섭정
미자 계로 하여금 송에 나라를 세우게 함

(예보)
洩父

⑭ 환왕
桓王

⑮ 장왕
莊王

⑯ 리왕
釐王

⑰ 혜왕
惠王

⑱ 양왕
襄王

⑲ 경왕
頃王

⑳ 광왕
匡王

㉑ 정왕
定王

㉒ 간왕
簡王

㉓ 영왕
靈王

㉔ 경왕
景王

㉕ 도왕
悼王

㉖ 경왕
敬王

㉗ 원왕
元王

㉘ 정왕(정정왕)
定王 貞定王

㉙ 애왕
哀王

㉚ 사왕
思王

㉛ 효왕
孝王

㉜ 위열왕
威烈王

㉝ 안왕
安王

㉞ 열왕
烈王

㉟ 현왕
顯王

㊱ 신정왕
愼靚王

㊲ 난왕
赧王

숨을 구했다.

소공과 주공周公이 협력해 정치를 행하였는데 역사에서는 이를 '공화共和'(기원전 841~828년)라고 부른다. 공화 14년에 여왕이 죽었다. 소공과 주공이 태자 정을 세워 왕으로 삼으니 이가 선왕宣王이다. 선왕은 소공과 주공의 보좌 아래 선정을 베풀었다. 이에 제후들이 다시 주를 종주국으로 받들고 입조하게 되었다.

선왕이 죽자 아들 생涅이 뒤를 이으니 이가 바로 유왕幽王(재위 기원전 782~771년)이다. 유왕 2년에 서주西周 삼천三川 유역에서 지진이 발생했다. 태사 백양伯陽이 이렇게 말했다.

"주나라가 망할 것 같습니다. 천지의 기운이 올바르다면 질서를 잃지 않습니다. 산이 무너지고 내가 마르는 것은 망국의 징조입니다. 나라가 망하기까지 10년 이상 걸리지 않을 것입니다."

그해에 경수涇水, 위수, 낙수洛水 세 강물이 말랐고, 기산이 무너졌다.

_ 이상 제4 「주본기」, 제38 「송미자세가」

두 마리의 용

유왕은 포사褒姒라는 여인을 총애했다. 포사가 백복伯服을 낳자 유왕은 정비인 신후申后가 낳은 태자 의구宜臼를 폐위하고자 했다.

역사서를 읽던 태사 백양이 "주나라가 망하겠구나"라고 탄식했다. 그 역사서에는 다음과 같은 내용이 기록되어 있었다.

옛날에 하후씨夏后氏가 쇠퇴할 무렵 신룡 두 마리가 왕의 뜰에 내려와 "우

리는 포褒의 두 군주였다"라고 말했다. 하나라의 왕이 이 용들을 죽일까, 쫓아버릴까, 머무르게 할까를 판단하기 위해 점을 쳤다. 모두 불길하다는 점괘가 나왔다. 다시 점을 치니 용의 침을 받아 보관하면 길하다는 괘가 나왔다. 제물을 차려놓고 제문을 지어 용에게 기원하니 용은 사라지고 침만 남았다. 이에 그 침을 상자에 넣어 잘 감추었다.

하나라가 망하자 이 상자는 은나라에 전해졌고, 은나라가 망하자 다시 주나라에 전해졌다. 세 왕조에 이르도록 아무도 상자를 열지 못했다. 그런데 주나라 여왕 말년에 상자를 열었다. 그러자 뜰로 침이 흘러 지울 수가 없었다. 왕이 여자들을 발가벗겨 큰 소리로 떠들게 하자 침이 검은 자라로 변해 왕의 후궁으로 기어 올라갔다. 그러고는 후궁에 있던 이도 갈지 않은 어린

옷지 않는 미인으로 유명한 포사를 그린 그림이다. 나라를 기울게 한 경국지색의 대표적 인물이라 할 수 있다.

계집종의 몸속으로 빨려 들어갔다. 이 아이가 열다섯 살 정도 되자 남자와 접촉도 하지 않는데 아이를 낳았다. 여자는 이를 두려워해 갓난아기를 내다버렸다.

선왕 때 어린 여자아이들이 "산뽕나무로 만든 활과 기나무로 만든 화살 주머니, 주를 망하게 하리라"는 동요를 불렀다. 이를 들은 선왕이 산뽕나무로 만든 활과 기나무로 만든 화살 주머니를 파는 자가 있으면 모조리 죽이라고 명했다. 마침 이런 상황 속에서 난을 피하려는 부부가 있었다. 이들은 달아나던 도중 후궁의 계집종이 낳아서 버린 아이를 거두어 포 땅으로 도망쳤다. 그 뒤 포 사람들이 주에 죄를 짓는 일이 생기자 어린 계집종이 버렸던 여자를 왕에게 바치며 용서를 구했다. 버려졌던 여자아이는 유왕의 후궁에 들어갔다. 그녀가 포에서 컸으므로 포사라 불렸다.

유왕은 신후와 의구를 폐하고, 백복을 태자로 삼았다. 백양은 "화근이 무르익었으니 어쩔 수가 없구나"라고 탄식했다.

포사에게는 남들과 크게 다른 점이 있었다. 전혀 웃지를 않았던 것이다. 유왕은 온갖 방법을 동원해 그녀를 웃기려 했지만 소용없었다. 그러던 어느 날 실수로 봉화를 올리는 사건이 벌어졌다. 제후들이 각지에서 황급히 달려왔으나 적은 보이지 않았다. 제후들이 망연자실해하자 그 모습을 보고는 포사가 크게 웃었다. 이때부터 유왕은 포사가 웃는 모습을 보기 위해 시도 때도 없이 봉화를 피워 올렸다. 제후들은 점차 유왕이 피워 올리는 봉화를 믿지 않게 되었다. 봉화가 올라도 달려오지 않았다.

유왕이 괵석보虢石父를 경으로 삼아 국사를 맡기자 백성의 원성이 높아졌다. 괵석보가 간사하고 아부를 잘하며 이익을 밝히는 자였기 때문이다.

한편 왕후 신씨의 아버지 신후申侯는 자신의 딸을 폐하고 태자를 내친 일에 노해 증繒나라, 서이西夷, 견융犬戎과 함께 주나라의 수도를 공격

고사성어

은나라의 거울이 멀리 있지 않다

은감불원殷鑑不遠

은이 귀감龜鑑으로 삼아야 할 일이 아주 먼 옛날이 아니라 은의 바로 전 시대인 하나라에 있었다는 말이다. 즉 은나라 주왕의 행실을 하나라 걸왕과 연결시켜야 한다는 뜻이다. 이 말은 귀감으로 삼을 만한 일이 우리 가까이에 있다는 의미로 많이 쓰인다. 출전은 『시경詩經』이다.

했다. 유왕은 다급하게 봉화를 올렸지만 제후들은 군대를 보내지 않았다. 신후는 유왕을 여산驪山 기슭에서 잡아 죽이고, 주의 재물을 모조리 약탈했다. 그리고 포사를 포로로 잡았다.

그 뒤 제후들이 의구를 옹립하니 그가 바로 평왕平王(재위 기원전 771~720년)이다. 평왕은 서융西戎과 견융의 위협에서 벗어나기 위해 동쪽의 낙읍洛邑(뒷날의 낙양洛陽)으로 도읍을 옮겼다. 이때 진秦의 양공襄公이 군사를 일으켜 평왕을 호위했다. 평왕은 이 공적을 높이 사 양공을 제후의 반열로 올리고 기산 서쪽의 땅을 봉토로 내려주었다. 이때부터 서방의 진나라가 본격적으로 역사의 무대에 등장하기 시작한다.

주나라가 성립된 때부터 유왕이 죽은 기원전 771년까지를 서주西周라 하고, 평왕이 즉위한 이듬해인 기원전 770년부터 이른바 춘추시대가 시작되는데, 역사에서는 이 시기를 동주東周라 부른다.

_ 이상 제4 「주본기」

고사성어

백 번 쏘아 백 번 맞힌다

백발백중百發百中

일의 계획이나 처리가 확실해 틀림없이 실행되는 것을 비유한 말이다. 전국시대 말기에 활약한 유세가 소려蘇厲가 주나라 난왕赧王을 설득하기 위해 구사한 말에서 유래했다. 출전 제4 「주본기」

『사기』문답 史記問答

▸ 『사기』는 어떤 사서인가?

서한의 무제 시대에 사마천이 지은 역사서로 원래는 『태사공서 太史公書』
라고 했다. 3세기 무렵부터 『사기』라는 이름으로 불렸다. 『사기』는 본
기 12권, 표 10권, 서 8권, 세가 30권, 열전 70권, 합계 130권으로 구
성되어 있다.

본기는 황제부터 한 무제까지 역대 왕조를 기록한 편년사인데, 정치적
인 내용이 주를 이룬다. 표는 연표다. 서는 제도사로 의례, 음악, 천문,
역법, 제사, 치수, 경제 등 다양한 분야에 관한 기록이다. 세가는 기본
적으로 제후의 역사, 열전은 개인의 전기 및 외국과 이민족의 지리, 역
사, 민속에 대해 적고 있다.

▸ 사마천은 어떤 인물인가?

보통은 사마천을 역사가로 보지만 여기에는 약간의 오해가 있다. 사마
씨 집안은 대대로 기록을 담당하는 사관의 직책을 맡았다. 사관은 천
문과 지상의 사건 사이에 어떤 관계가 있는지 등을 조사하기 위해 매
일매일 천체를 관측함과 동시에 지상의 사건을 꼼꼼하게 기록해야 한
다. 말하자면 역사가이기 전에 천문학자이자 통계학자이기도 하다.

사마천은 『사기』를 개인의 책이라고 말했다. 물론 이 말에 의문을 나
타내며 실은 국가 프로젝트에 따른 공적인 책이라고 주장하는 연구자
도 있다.

◈ 중국사 최초의 왕조는?

『사기』의 본기는 「오제본기」로 시작한다. 왕조는 하에서 시작되어 은과 주로 이어진다. 고고 발굴에 따라 은 왕조가 실재했음이 밝혀진 것이 겨우 백여 년 전이다. 하 왕조가 실재했는지 여부는 아직 증명되지 않았다.

하 왕조가 실재했다면 대체로 기원전 2000년 무렵부터 기원전 1600년 사이일 것이다. 황하 중류 유역에서 그 시대 도성의 흔적이 몇 군데 발견되긴 했지만, 그것이 국가라고 불릴 만한 것인지에 대해선 논쟁 중이다.

◈ 고대 중국인은 어떤 세계관을 지니고 있었는가?

고대 중국인은 자신들이 사는 곳을 중국中國 내지는 하夏, 화하華夏 등으로 불렀다. 그리고 중국의 동쪽에 사는 이민족을 이夷, 북쪽에 사는 이민족을 적狄, 서쪽에 사는 이민족을 융戎, 남쪽에 사는 이민족을 만蠻이라고 불렀다.

중국인과 비중국인은 인종적인 차이가 아니라 중국의 문화를 받아들이는가 받아들이지 않은가에 따라 결정된다. 백 퍼센트 이민족의 피가 흐른다 해도 한자 문화를 받아들이면 동족으로 간주한다.

史記

공자, 임금은 임금답게 신하는 신하답게
좋은 정치란 무엇인가 | 공자의 선리와 이적의 도리 | 공자의 천하유세

『사기』 문답

나라의 분열, 전국시대를 열다
진씨의 번영 | 하극상의 시대

2장

춘추시대의 중국

지도 내 지명: 계薊, 연燕, 하수河水, 발해渤海, 형邢, 제수濟水, 임치臨淄, 위衛, 노魯, 제齊, 제수濟水, 곡부曲阜, 거莒, 진晉, 성복成濮, 필邲, 낙수洛水, 강絳, 조曹, 주邾, 황해黃海, 진秦, 옹雍, 주周, 낙읍洛邑(성주成周), 정鄭, 진陳, 송宋, 위수渭水, 한중漢中, 낙수洛水, 상채上蔡, 하채下蔡, 채蔡, 회수淮水, 약鄀, 백거柏擧, 강수江水, 오吳, 오吳, 초楚, 영郢, 회계會稽, 월越

춘추오패가 활약했던 시기

		기원전 800	기원전 700	기원전 600	기원전 500	기원전 400
주周 중원中原		선왕宣王 기원전 827~782 / 유왕幽王 기원전 782~771 / 휴왕攜王 서주 기원전 771~759 / 주의 동천 기원전 770 / 평왕平王 동주 기원전 770 / 서주 멸망 기원전 759				
제齊 산동山東	태공망(여상)이 제를 봉지로 받음		◄─── 환공桓公(기원전 685~643) • 규구葵丘의 회맹 기원전 651	기원전 481 전성자田成子가 군주 살해		
진晉 산서山西	주 왕족이 진을 봉지로 받음		◄─── 문공文公(기원전 636~628) • 성복에서 초나라 대파 기원전 632	기원전 450 무렵 한韓·위魏·조趙 세 가문이 실권 장악	기원전 403 3진晉 분열	
초楚 호북湖北	왕을 자칭하며 남방에서 중원 제후들 압박		◄─── 장왕莊王(기원전 614~591) • 필邲 전투에서 진을 이김 기원전 597			
오吳 강소江蘇	주 왕족 출신이라는 설. 왕을 자칭함		합려闔廬(기원전 515~496) ◄───► 부차夫差 • 초나라 수도 함락 기원전 506 (기원전 496~473) 멸망			
월越 절강浙江	남방계 민족으로 추정. 왕을 자칭함		◄─── 구천勾踐(기원전 497~465) • 부차를 살해하고 오를 멸망시키다 기원전 473			

제 환공,
관중과 포숙을 얻다

소백, 환공이 되다

유왕의 폭정으로 주나라는 이민족의 침략을 당했다. 간신히 도읍을 동쪽으로 옮겨 수습했지만 평왕 때부터 쇠락을 면치 못했다. 제후들은 약육강식의 싸움을 벌이기 시작했다. 천자로 불리는 주나라 왕을 대신해 제후 가운데 가장 강한 힘을 가진 자가 천하를 좌지우지하게 되었다. 초기 강국으로 등장한 제후국이 제齊·초楚·진晉·진秦이다.

제나라는 시조인 태공 망 여상 이후 성장을 거듭했다. 그런데 14대 양공襄公에 이르러 나라가 위태로워졌다. 양공이 여색에 빠진 데다 공포정치를 행했던 것이다. 동생 규糾와 소백小白은 난을 피하기 위해 각각 노魯와 거莒로 망명했다. 규는 관중管仲과 소홀召忽이, 소백은 포숙아鮑叔牙(흔히 포숙이라 부름)가 따르며 보좌했다.

이윽고 정변이 일어나 양공은 종형제인 무지無知에게 살해당했다. 무지도 살해당해 군주의 자리가 비자 경대부인 고씨高氏와 국씨國氏가 거에 망명 가 있는 소백을 초빙하기 위해 사자를 보냈다.

한편 노나라는 규를 왕으로 세워 제나라를 자국의 영향 아래 두고자 했다. 그리하여 군사를 내주어 규가 제나라로 귀국할 수 있도록 도왔다. 규는 귀국을 서두르는 한편, 관중에게 거에서 제로 통하는 길에 매복해 있다가 소백을 습격하라고 명했다.

관중은 소백에게 화살을 날렸다. 화살은 정확하게 소백의 가슴팍을 향해 날아들었지만 공교롭게도 쇠로 된 허리띠 장식에 맞고 말았다. 순간 소백은 입으로 피를 토하며 말에서 떨어지는 수준급 연기를 선보였다. 관중은 암살에 성공했다고 확신하며 군사를 물렸다. 그러고는 급히 사신을 보내 이 사실을 노나라에 알렸다. 노나라는 안심하고 규의 행차 속도를 늦추었다.

이런 정황을 파악한 소백은 온거溫車(영구용 수레)를 타고 길을 서둘러 규보다 한발 앞서 제나라에 도착했다. 고씨와 국씨에게 옹립되어 소백이 군주의 자리에 오르니, 이 인물이 바로 환공桓公이다. 이때가 기원전 685년이었다. 환공은 이후 43년 동안 재위하며 춘추시대의 첫 패자霸者로서 이름을 날렸다.

같은 해 가을, 제 환공은 건시乾時 땅에서 노나라의 군사를 깨뜨리고 퇴로를 끊은 뒤 다음과 같은 서간을 보냈다.

"규와는 형제 사이이기 때문에 내 손으로 죽

■ 춘추시대 첫 패자로서 이름을 날린 제 환공. 그는 자신을 죽이려 한 관중을 대부로 임명하는 대범함을 보였다.

일 수 없다. 아무쪼록 노나라에서 처형하기 바란다. 관중과 소홀은 나의 원수이다. 내 손으로 그자들을 죽여 젓갈을 담을 것이다. 이쪽의 요구를 거부한다면 우리 군대가 노나라의 수도를 포위할 것이다."

고민하던 노나라 사람들은 끝내 규를 죽였다. 소홀은 욕된 꼴을 당하기 싫다며 스스로 목숨을 끊었다. 관중은 순순히 줄에 묶여 제나라로 송환되었다. 환공은 관중을 죽일 생각이었다. 자신을 죽이려 한 자이니 당연한 일이었다. 그러나 포숙아가 환공을 설득했다.

"군주께서 제나라만을 다스릴 요량이라면 인재는 고씨와 저 포숙으로 충분합니다. 그러나 언젠가 패주가 되겠다는 큰 뜻을 품고 계시다면 관중 없이는 불가능할 것입니다. 그를 잃어서는 아니 되옵니다."

포숙의 말에 마음이 움직인 환공은 관중을 용서하는 한편, 대부로 임명해 국정을 맡겼다.

_ 이상 제32「제태공세가」, 제62「관중안영열전」

관중과 포숙의 우정

여기서 잠깐 관중과 포숙의 관계를 살펴보도록 하자. 두 사람은 젊은 시절부터 친구였다. 포숙은 관중이 그 누구도 따르기 어려운 재능을 가진 인물임을 잘 알고 있었다. 그래서 관중에게 항상 너그러운 태도를 보였다. 집안이 가난했던 관중이 늘 포숙을 속이곤 했지만 포숙은 일절 싫은 내색을 보이지 않았다. 관중은 훗날 이렇게 회고했다.

"가난하던 시절 포숙과 장사를 한 적이 있다. 번 돈을 분배할 때 내 몫을 많이 챙겼지만 포숙은 탐욕스럽다고 나를 비난하지 않았다. 내가 가난하다는 것을 알고 있었기 때문이다. 그 뒤로 나는 더더욱 궁한 처지가 됐지만 포숙은 나에게 어리석다고 말하지 않았다. 때에 따라 이로움과 불리함이 있는 줄 알았기 때문이다. 나는 세 사람의 주인을 섬겼지만 세 번 모두 쫓겨났다. 포숙은 나를 세상 물정 모르는 자라고 말하지 않았다. 나에게 운이 없다고 생각했기 때문이다. 나는 세 번의 전투에서 세 번 모두 도망친 적이 있다. 포숙은 나를 겁쟁이라고 말하지 않았다. 나에게 나이 든 어머니가 계심을 알고 있었기 때문이다. 공자 규가 목숨을 잃었을 때 소홀은 그를 따라 죽었다. 나는 죽지 않고 옥에 갇히는 치욕을 겪었지만 포숙은 나를 염치를 모르는 자라고 비난하지 않았다. 내가 작은 절개에 집착하지 않으며, 오히려 공명이 천하에 드러나지 못함을 치욕으로 생각한다는 것을 알고 있었기 때문이다. '날 낳아준 분은 부모지만, 날 알아준 사람은 포숙이다(생아자부모生我者父母, 지아자포숙知我者鮑叔).'"

관중을 환공에게 추천한 뒤 포숙은 관중보다 낮은 자리에 있었지만 전혀 불평하는 기색을 보이지 않았다. 그의 자손은 제나라에서 녹봉으로 받은 영지를 지키며 10대가 넘도록 대부 자리를 지켰다. 천하 사람들은 관중의 현명함보다 사람을 알아보는 포숙의 안목을 더 높이 평가했다.

_ 이상 제62 「관중안영열전」

관중과
포숙의 우정

관포지교管鮑之交

관중과 포숙의 우정에서 생겨난 고사다. 이해에 따라 변하지 않는 친밀하고 지극한 우정을 말한다. 관포지교처럼 참된 우정을 나타내는 또 다른 고사성어로는 백아절현伯牙絶絃이란 것이 있다. 거문고의 명인이었던 백아가 자신의 음악을 알아주는 친구 종자기가 죽자 거문고 줄을 끊고 다시는 음악을 연주하지 않았다는 고사에서 나온 말이다. 출전 제62 「관중안영열전」

알기 쉬운 정치를 행하다

국정을 맡게 된 관중은 부국강병을 이루기 위해 다양한 분야의 개혁에 착수했다. 우선 5가五家를 1궤軌, 10궤를 1리里, 4리를 1련連, 10련을 1향鄕으로 삼는 병력 등록 제도를 시행했다. 경제 방면으로는 물가를 바로 잡고, 농업과 함께 어업, 제염업, 교역에 집중하는 중상주의重商主義 정책을 택했다.

관중의 정치는 매우 알기 쉬웠다. 가난한 사람에게는 구휼의 손길을 내밀었으며, 대중이 욕망하는 것은 주고, 원치 않는 일은 없앴다. 뛰어난 인물은 신분에 관계없이 채용했으므로, 제나라 백성 가운데 기뻐하지 않는 이가 없었다.

환공이 즉위한 지 2년째 되던 해인 기원전 684년, 제나라는 담鄿나라를 멸망시켰다. 일찍이 환공이 난을 피해 거로 향하던 중 담나라를 통과한 적이 있었다. 이때 환공을 대하는 담나라의 태도가 예의에서 아주 벗어났었기에 이를 응징하는 의미를 담아 정벌에 나섰던 것이다.

환공 5년(기원전 681년)에는 노나라와 전쟁을 벌여 승리를 거뒀다. 노의 장공莊公은 수읍遂邑의 땅을 바치며 화의를 청해왔다. 환공은 그 제안을 받아들여 노나라와 가柯라는 곳에서 회맹을 맺기로 했다. 막 회맹을 맺으려는 찰나 노나라 장군인 조말曹沫이 손에 단도를 들고 환공에게 다가와 "군주가 침략한 노나라의 토지를 돌려달라"고 협박했다. 환공이 그렇게 하겠다고 약속하자 조말은 단도를 버리고 신하의 자리로 돌아가 북면했다. 환공은 후회하며 약속을 철회하려 했지만 관중이 환공에게 다음과 같이 진언했다.

"협박을 받아 승낙했다 할지라도 한 번 한 약속을 철회하는 것은

▋제나라와 노나라의 국경에 있던 금양관錦陽關의 모습이다.

좀스러운 이익을 얻는 것에 지나지 않습니다. 이로 인해 제후들의 신뢰를 잃고 끝내는 천하의 신뢰마저 잃게 될 것입니다. 그래서는 절대로 아니 되옵니다."

　관중의 말이 옳다고 생각한 환공은 약속대로 전쟁에서 얻은 노나라 땅을 모두 반환했다. 이 소식을 들은 제후들은 제나라를 더욱 신뢰하며 천하의 맹주로 떠받들었다.

　환공 7년(기원전 679년), 제후들이 위衛나라의 견甄에서 환공을 회견함으로써 환공이 처음으로 패권을 잡았다.

　환공 23년(기원전 663년), 산융山戎(북방의 이민족)의 공격을 받은 연燕나라가 제나라에 구원병을 요청했다. 환공은 곧바로 군사를 일으켜 고죽孤竹의 땅까지 진격한 뒤 철수했다. 연 장공莊公은 환공을 전송하러 나갔다가 그만 국경을 넘어 제나라 영내로 들어서고 말았다. 환공은 장공이 무심결에 저지른 실수를 나무라지 않고 도리어 다음과 같이 말했다.

"주나라의 천자가 아니면 제후가 자신의 영토 밖까지 나아가 전송하지 않는 것이 예법이다. 내가 연나라에 예의를 갖추지 않을 수 없다."

그러고는 연 장공이 넘어온 땅에 도랑을 파 경계로 삼은 뒤 이를 연나라에 떼어주었다. 제후들이 이 소식을 듣고는 더더욱 환공에게 경외감을 품었다.

환공 28년(기원전 658년), 위나라에서 내란이 일어났다. 환공은 제후들을 이끌고 위나라에 들어가 문공文公을 국군國君으로 세웠다.

환공 35년(기원전 651년), 제후들과 규구葵丘에서 회맹했다. 주 양왕襄王이 공경인 재공宰孔을 보내 주 문왕과 무왕에게 제사 지낸 고기 및 주홍색 화살, 큰 수레를 하사해 패주의 지위를 인정했다.

같은 해 가을, 환공이 다시 제후들과 규구에서 회맹했다. 이때 환공이 거만한 기색을 드러냈기 때문에, 제후들 가운데 이반하는 자가 꽤 생겨났다.

같은 해 진晉나라 헌공獻公이 죽었다. 헌공이 죽자 바로 내란이 일어났기에 환공은 혼란을 진정시키기 위해 진나라에 군사를 보냈다. 그러고는 이오夷吾를 국군의 자리에 앉힌 다음 군사를 물렸다. 이후 환공이 이런저런 공적을 내세우며 스스로 자신을 칭찬했다.

"나는 '제후들을 아홉 차례나 회맹시키며 천하의 질서를 바로잡았다(구합제후九合諸侯, 일광천하一匡天下)'. 지난날 하·은·주 3대 임금이 천명을 얻어 천자가 된 것과 무엇이 다른가? 나는 태산泰山과 양보산梁父山에서 봉선封禪의식을 거행하고 싶다."

관중이 이를 말렸으나 환공은 들으려 하지 않았다. 이에 관중이 설득 방법을 바꿔 '봉선은 먼 지방에서 진기한 보물들이 이른 뒤에야 치를

▌봉선의식이 행해진 태산의 현재 모습이다. 예로부터 중국인은 태산을 가장 성스러운 산으로 여겨왔다.

수 있는 것'이라고 말하자 그제야 말을 들었다.

환공 38년(기원전 648년), 주 양왕의 동생 희대姬帶가 융, 적의 무리들과 공모해 왕실을 공격했다. 환공은 관중을 파견해 융과 주 왕실이 화해할 수 있도록 조치를 취했다.

환공 41년(기원전 645년), 관중이 죽었다. 관중이 중병을 얻어 일어나기 힘든 상태가 되자 환공이 문병을 갔다. 그리고 다음과 같은 대화를 나눴다.

"신하들 가운데 누구를 재상으로 삼으면 좋겠소?"

"임금보다 신하를 더 잘 아는 사람은 없다는 말이 있습니다."

"그렇다면 역아易牙는 어떻소?"

"자기 자식을 죽여 임금의 마음에 들고자 한 자이니 인정에 어긋납니다. 안 됩니다."

"개방開方은 어떻소?"

"자기 부모를 버리고 임금의 마음에 들고자 한 자이니 인정에 어긋납니다. 안 됩니다."

"그렇다면 수조豎刁는 어떻소?"

"스스로 생식기를 잘라가며 주군의 마음에 들고자 한 자이니 이 또한 인정에 어긋납니다. 가까이하셔서는 안 됩니다."

관중이 죽은 뒤 환공은 그의 말을 따르지 않고 이들을 모두 중용했다. 세 사람은 권력을 쥐고 마음껏 휘둘렀다.

환공은 여색을 밝혀 처첩이 많았다. 원래 부인이 셋에다 부인과 같은 예우를 받는 자가 여섯이나 되었다. 부인들에게서는 아들이 없었고, 애첩들은 아들을 많이 낳았다.

환공 43년(기원전 643년), 다섯 공자가 각각 당파를 지어 후계 자리를 두고 다툼을 벌였다. 역아 등 세 사람의 권신도 이 난리 통에 깊이 개입해 궁중은 그야말로 무질서의 극치를 달렸다. 이 때문에 병든 환공은 방치된 채 굶어 죽고 말았다. 시신은 침대 위에 67일이나 방치되어 구더기가 문밖으로 기어 나오는 지경에 이르렀다.

_ 이상 제32 「제태공세가」, 제62 「관중안영열전」

제나라의 약식 연표

기원전	주	제	관련사항
697	환왕 3	양공 원년	제아諸兒가 제공齊公이 되다(양공).
694	장왕 3	4	노나라 환공桓公이 부인을 동반하고 제나라를 방문하다. 제나라 양공이 환공의 부인과 통정하고 환공을 모살하다.
690	7	8	기를 치다.
686	11	12	양공이 조카인 무지에게 살해당하다.
685	12	환공 원년	무지가 살해당하고, 소백이 제공의 자리에 오르다(환공).
684	13	2	환공, 담을 쳐서 멸망시키다.
681	희왕 원년	5	노나라 군사를 깨뜨리고, 화의를 청하는 노의 장공과 가에서 회맹하다. 이때 노의 장수인 조말이 환공을 협박하다.
679	3	7	제후들과 위나라 견에서 회맹하고 패자가 되다.
672	혜왕 5	14	진陳 여공厲公의 아들 완完이 제로 망명하다.
663	14	23	환공, 연을 구하기 위해 산융을 치다.
659	18	27	민공湣公 모살 사건에 연루된 노 민공의 어머니 애강哀姜(환공의 여동생)이 제로 소환되어 죽임을 당하다.
658	19	28	위가 위태로운 상황에 빠지자, 제후들을 거느리고 초구楚도에 성을 쌓다.
656	21	30	환공, 제후들을 거느리고 채를 치다. 또 초를 치고 평화조약을 맺다(초릉지맹招陵之盟).
651	양왕 원년	35	환공, 제후들과 규구에서 회맹하다.
648	4	38	환공, 관중을 파견해 주나라에 침입해온 융적을 평정하다.
647	5	39	주 양왕의 동생 희대가 제로 망명하다.
645	7	41	관중이 병으로 죽다.
644	8	42	진晉의 중이重耳가 제 와 제나라 공실의 딸과 결혼하다.
643	9	43	10월에 환공이 죽고 내란이 발발하다.

진晉 문공,
이국을 떠돌아다닌 유랑의 패주

아들을 버리다

진晉나라는 주나라 성왕의 동생인 당숙우唐叔虞를 조상으로 한다. 19대 헌공은 우둔한 데다 포악하기까지 했다. 따라서 진나라는 헌공 대부터 오랜 혼란기에 빠져들었다.

혼란은 헌공이 즉위한 지 5년째 되던 해, 여융驪戎을 공격해 여희驪姬와 그 동생을 손에 넣으면서 시작됐다. 헌공은 이 두 여인을 매우 총애했다.

헌공 9년(기원전 668년), 대부 사위土蔿가 진언했다.

"우리나라에는 공자가 너무 많습니다. 만약 주살하지 않는다면 언제든 반란을 일으킬 것이옵니다."

이 말을 들은 헌공이 많은 공자를 죽였다. 살아남은 공자들은 괵虢

나라로 망명했다.

헌공 12년(기원전 665년), 여희가 아들을 낳아 해제奚齊라고 이름 지었다. 해제를 후계자로 삼고 싶었던 헌공은 다음과 같이 말했다.

"곡옥曲沃은 우리 조상님의 종묘가 있는 곳이다. 포읍蒲邑은 진秦나라와 접해 있고, 굴읍屈邑은 적(翟 혹은 狄)나라와 접해 있다. 이 지역에 아들들을 배치하지 않으면 내 마음이 편치 않을 것이다."

그러고는 태자 신생申生을 곡옥으로, 차남 중이重耳를 포로, 3남 이오를 굴로 파견하라고 명했다. 이 소식을 들은 진나라 사람들은 태자가 왕위를 이어받지 못할 것이라고 수군거렸다.

신생의 어머니는 제 환공의 딸로서, 일찍 세상을 떠났다. 어머니가같은 여동생은 진秦나라 목공穆公의 부인이 되어 있었다. 중이의 어머니는 적나라 호씨狐氏의 딸이고, 이오의 어머니는 중이 어머니의 여동생이었다. 헌공은 아들이 여덟이었는데 그중에서 신생, 중이, 이오가 훌륭한품성을 지니고 있었다. 그런데 헌공은 여희에게서 아들을 얻자 이 세 아들을 멀리하기 시작했다. 이런 상황을 보고 사위가 신생에게 진언했다.

"태자께서는 자리에 오르지 못할 것입니다. 이 나라를 떠나 죄를 뒤집어쓰지 않도록 하십시오."

신생은 이 말을 따르지 않았다.

헌공 16년(기원전 661년), 헌공은 신생에게 동산東山의 적狄을 토벌하라고 명했다. 이극里克이 헌공에게 간했다.

"태자는 종묘의 제사를 지내고, 사직의 공물을 올리며, 조석으로 주군의 음식을 점검하는 분입니다. 군대를 이끌게 해서는 안 됩니다."

헌공은 "나에게는 아들이 여럿 있는데 후계를 누구로 할 것인지는아직 결정하지 않았소"라고 답하며 간언을 무시했다.

이극은 아무 말도 하지 않고 자리에서 물러나 신생을 만났다. 이극은 "저는 폐위되는 것입니까"라고 물으며 불안해하는 신생에게 마음을 다독여주는 말밖에 할 수 없었다. 신생이 출정할 때 이극은 병이 있다며 사양하고 태자를 따르지 않았다.

헌공 19년(기원전 658년), 헌공이 여희에게 비밀스럽게 말했다.

"신생을 폐하고 해제를 태자로 세우려 하오."

여희는 매우 기뻤으나 그 마음을 숨기고 신생을 칭찬하는 한편 사람들을 동원해 뒤에서 헐뜯는 말을 퍼뜨렸다.

_ 이상 제39 「진세가」

중이와 이오의 도피

드디어 여희가 작정하고 나섰다. 헌공 21년(기원전 656년), 여희는 신생에게 태자의 어머니 꿈을 꾸었다며 사당에 제사를 드린 뒤 제사에 사용한 고기를 헌공에게 올리라고 권했다. 여희는 고기가 궁중에 도착하기를 기다렸다가 독약을 넣었다. 헌공이 그 고기를 먹으려 하자 여희는 시식을 해봐야 하지 않겠느냐며 고기를 개에게 던져주었다. 개가 고기를 먹고는 즉사했다. 다시 시종에게 먹였더니 시종 또한 그 자리에서 피를 토하고 죽었다. 여희는 눈물을 뚝뚝 흘리며 말했다.

"어찌 이렇게 잔인할 수 있단 말입니까? 아버지를 죽이면서까지 자리를 차지하려 하다니요. 차마 이렇게까지 하리라고는 생각지 못했습니다."

신생은 곡옥으로 도피했다. 누군가 신생에게 무고하다는 것을 헌공에게 해명하라고 권했다. 그러나 신생은 "우리 군주께서는 나이가 드셨습니다. 여희가 없으면 침식도 제대로 못 하십니다. 설령 해명한다 해도 화만 돋울 따름입니다. 저는 그렇게 할 수 없습니다"라고 대답했다. 그렇다면 다른 나라로 망명하는 것이 어떻겠느냐고 권했다. 신생은 "이런 오명을 뒤집어쓰고 망명한다면 누가 저를 받아주겠습니까"라고 답하고는 그해 12월, 스스로 목숨을 끊었다.

이때 중이와 이오는 마침 진晉나라 수도에 있었다. 두 사람이 신생의 죽음을 두고 자신을 원망하고 있다는 것을 안 여희는 다시 헌공에게 두 사람을 헐뜯었다. 독약 사건에 중이와 이오도 관련돼 있다는 것이었다.

두 사람은 서둘러 진나라 수도를 탈출했다. 중이는 포로, 이오는 굴로 가 각자 수비태세를 굳건히 갖추었다.

헌공은 두 사람이 자신에게 인사도 하지 않은 채 떠난 것을 보면 음모를 꾸미고 있음이 틀림없다 생각하고는 이듬해인 기원전 655년, 두 곳으로 각각 군사를 파견했다. 굴은 완강히 저항해 간신히 버텨냈으나 포는 성이 함락되고 말았다. 중이는 소맷자락이 칼에 베이는 위험천만한 상황에 내몰렸지만 운 좋게 위기를 모면해 적나라로 망명했다. 같은 해에 진나라는 곽나라와 우虞나라를 멸망시켰다('가도벌곽假道伐虢'이란 고사성어가 여기서 나왔다*).

기원전 654년, 헌공은 다시금 굴을 공격해 성을 함락시켰다. 이오는 성에서 도망쳐 서쪽에 있는 양梁나라로 망명했다.

기원전 652년, 여희의 여동생이 아들을 낳아 도자悼子라고 이름 지었다.

헌공 26년(기원전 651년) 여름, 제 환공이 규구에서 제후들의 회맹을 주재했다. 헌공은 병이 들어 참가하지 못했고, 그해 가을에 죽었다.

헌공의 죽음을 계기로 대신들의 의견이 나뉘었다. 이극과 대부 비정邘鄭은 중이를 맞아들여 즉위시켜야 한다고 주장했다. 반면 순식荀息은 "선군과의 약속을 어겨서는 안 된다"며 해제를 옹호했다.

같은 해 10월, 초상을 치르던 중 이극이 해제를 죽였다. 순식은 해제 대신 도자를 세우려 했으나 11월에 이극이 도자마저 죽이고 말았다. 도자를 제거한 이극은 사람을 보내 중이를 맞아들이려 했다. 그러나 중이는 "부군의 명령을 어기고 나라를 빠져나온 뒤 부군께서 돌아가셨음에도 아들로서 상을 치르지 못했습니다. 그러니 이 중이가 어떻게 돌아갈 수 있겠습니까"라고 말하며 다른 공자를 추대하라고 권했다. 이극 등은 이오를 맞아들여야겠다고 판단해 양나라로 사신을 파견했다.

대부 여성呂省과 극예郤芮는 이오에게 "진秦 목공에게 군사를 청해 그들의 호위를 받으며 진나라로 돌아가는 것이 좋겠다"고 진언했다. 이오는 이들의 의견을 받아들여 하서河西 땅을 떼어주는 조건으로 진나라에서 군사를 얻었다. 이에 이오가 진晉나라의 수도로 돌아가 국군 자리에 오르니 이가 바로 혜공惠公이다.

_ 이상 제39 「진세가」, 제5 「진본기」

진과 진의 대결

혜공 원년(기원전 650년), 혜공은 진秦나라에 비정을 보내 신하들이 받아들이지 않는다고 둘러대며 하서 땅을 떼어줄 수 없다고 통보했다. 혜공은 당초 이극에게 분양汾陽의 땅을 주겠노라 약속했지만 이 또한 지키지 않았다. 도리어 이극에게 주어진 권한까지 다 거둬들였다. 그러고도 중이와 결탁해 모반을 일으키지나 않을까 하여 자결을 강요했다. 이극은 그 명령에 따를 수밖에 없었다. 그 밖에 정변에 적극적으로 관여한 일곱 명의 대부들도 차례차례 살해당했다.

혜공이 즉위하고 4년째인 기원전 647년, 온 나라에 흉년이 들자 혜공은 진秦나라에 식량 원조를 요청했다. 진 목공은 이 요청을 흔쾌히 받아들였다.

이듬해, 이번에는 진秦나라에 흉작이 들었다. 진나라가 혜공에게 식량 원조를 요청해왔다. 혜공의 사위인 괵사虢射가 "지난해에 하늘이 우리나라를 진나라에 넘겨주려 했지만 진나라는 그걸 취하지 못하고 곡물을 빌려주었습니다. 오늘 하늘이 진나라를 우리에게 주려 하고 있습니다. 하늘의 뜻을 거슬러서야 되겠습니까"라고 말했다. 이에 혜공은 군사를 내 진나라를 공격했다. 격노한 목공이 군대를 보내 맞받아쳤다.

기원전 645년 봄, 진秦나라 군이 진나라 영내로 깊숙이 침공해 들어왔다. 9월, 한원韓原에서 전투가 벌어졌고, 진晉나라가 대패했다. 혜공은 포로로 사로잡혔다.

진 목공은 혜공을 죽여 하늘의 상제에게 제사를 올리려 했지만 혜공의 누이인 부인이 울며 부탁하자 죽이지 않고 귀국을 허락했다.

기원전 643년, 혜공이 태자 어圉를 진秦나라에 인질로 보냈다.

기원전 638년, 혜공이 중병에 걸려 병상에 누웠다. 이 소식을 들은 어는 목공의 허락도 받지 않고 무단으로 진나라를 떠나 귀국해버렸다. 다음 해(기원전 637년) 9월, 혜공이 죽고 태자 어가 뒤를 이으니 이가 회공懷公이다.

회공은 즉위하자마자 '중이를 따라 망명한 자들은 기한 내에 출두할 것, 기일이 지났는데도 출두하지 않은 자는 그 일족을 모두 죽일 것'이라는 포고문을 내걸었다. 이는 진秦나라의 침공이 두려워 취한 조치였지만 오히려 역효과를 낳았다. 진 목공은 무단으로 귀국한 회공을 괘씸하게 여겼다. 그리하여 진秦나라 군대로 하여금 중이를 호위토록 해 진나라로 돌려보냈다. 이와 동시에 사람을 보내 대부 난지欒枝와 극곡郤穀이 내응하도록 공작을 벌였다. 회공은 고량高粱이란 곳에서 죽임을 당했다.

마침내 중이가 즉위하니 이가 바로 문공文公(재위 기원전 636~628년)이다.

_ 이상 제39 「진세가」, 제5 「진본기」

현명한 아내

젊은 시절부터 인재를 사랑했던 중이는 약관 17세에 유능하기로 이름난 인재를 다섯 명이나 얻었다. 조최趙衰, 호언狐偃, 가타賈佗, 선진先軫, 위무사魏武士가 바로 그들이다.

헌공 22년(기원전 655년), 중이는 이 다섯 사람과 그를 따르는 추종자 수십을 데리고 적으로 망명했다. 당시 그의 나이 43세였다.

적에 머무른 지 5년째 되던 해인 기원전 651년에 헌공이 죽자 이극이 중이를 초빙하는 사신을 보내왔다. 중이는 '대책 없이 갔다가 살해당하지 않을까' 하는 두려움에 초빙에 응하지 않았다.

진晉나라에는 혜공이 들어섰고, 혜공은 기원전 644년에 중이가 있는 곳으로 자객을 보냈다. 이 소식을 들은 중이는 조최 등과 상의한 끝에 이렇게 말했다.

"내가 적 땅으로 망명해온 이유는 이들과 힘을 합쳐 큰일을 도모하려 함이 아니라 단지 우리나라와 가까웠기 때문이다. 발길을 머문 지 오래되었고, 마침 큰 나라로 옮기고자 하던 참이다. 제 환공은 인망이 두터운 사람이다. 듣자 하니 관중이 죽었다고 한다. 그를 대신할 만한 뛰어난 보좌역을 구하고 있을 터이니 제나라로 가면 어떻겠는가?"

중이는 12년 만에 적나라를 떠났다. 제나라로 가던 도중 들른 위나라에서는 냉대를 받았지만 제 환공은 중이를 정중하게 맞아들이고, 제나라 공실公室의 딸을 아내로 삼게 했다.

중이가 제나라에 온 지 2년째 되던 해인 기원전 643년, 환공이 죽고 내란이 터졌다. 중이는 새로운 아내에게 푹 빠져 움직이려 들지 않았다.

조최와 호언은 뽕나무 아래에 서서 어떻게 해야 중이를 움직이게 할 수 있을까에 대해 상의했다. 그때 마침 중이의 아내를 모시던 시녀가 그 근처에 있다 이들의 밀담을 엿들었다. 시녀가 중이의 아내에게 바로 이 사실을 보고하자 놀랍게도 중이의 아내는 그 시녀를 죽이고 중이에게 서둘러 제나라를 떠나라고 권했다. 중이는 "인생이 이렇게 즐겁고 평안한데 무엇하러 떠나야 한단 말이오"라고 말하며 떠날 뜻이 없음을 밝혔다.

아내는 어떻게든 설득하려 했지만 중이의 생각은 바뀌지 않았다. 아내는 조최 등과 의논해 중이에게 술을 먹였다. 그러고는 중이가 술에 취해 잠든 사이 마차에 태워 떠나보냈다. 이렇게 해서 중이는 제나라를 뒤로 하고 다시 망명길에 오르게 되었다.

_ 이상 제39 「진세가」, 제32 「제태공세가」

떠돌이 중이, 국군의 자리에 오르다

중이는 조曹나라로 갔지만 대접이 박해 곧바로 그곳을 떠났다.

중이는 송나라와 정鄭나라를 거쳐 초나라로 갔다. 초 성왕成王은 제후에 상응하는 예절을 갖춰 중이를 대했다. 어느 날 성왕이 말했다.

"당신이 만약 무사히 돌아간다면 내게 무엇으로 보답하시려오?"

중이는 곰곰이 생각했다. 진기한 금수나 옥구슬, 비단 같은 물건들은 성왕이 넘치도록 소유하고 있었기 때문이다. 생각 끝에 중이는 이렇게 대답했다.

"제가 싸움터에서 국왕과 만나게 된다면 '90리를 피해(퇴피삼사退避三舍)'드리도록 하겠습니다."(군대가 하루 행군하는 평균 거리가 30리 정도인데 이를 1사舍라 한다. 따라서 3사는 90리 정도가 된다.•)

이 말을 듣고 초나라 장군 자옥子玉이 격노했으나 성왕은 만족스러운 표정을 지었다.

중이가 초나라에 오고 몇 달이 지났을 무렵, 인질인 어(혜공의 태자)가 진秦나라에서 도망해 진晉나라로 귀국하는 사건이 발생했다. 기분이 상한 진 목공은 중이가 초나라에 있다는 사실을 알고는 그를 청했다. 초 성왕은 다음과 같이 말하며 중이를 진秦나라로 보내주었다.

"초나라와 진나라는 아주 멀리 떨어져 있기 때문에 몇 나라를 경유해야 도착할 수 있을 것이오. 진秦과 진晉은 국경을 접하고 있으니 그대는 부디 잘 가시오!"

진 목공은 중이를 환대했다. 이윽고 진晉 혜공이 죽고 태자 어가 회공으로 즉위하자, 중이는 진秦나라 군대의 호위를 받으며 귀국길에 올랐다. 이때가 기원전 636년, 망명생활 19년 만이었고 중이의 나이 62세였다.

▌19년 동안 망명생활을 하다 귀국해 62세에 왕위에 오른 진 문공. 점점 세력을 키워 제후들의 회맹을 주재하는 패자의 자리에까지 올랐다.

좋은 날을 택해 종묘에 참배하고 국군의 자리에 오르니, 이가 곧 문공이다. 회공은 고량까지 도망갔다 그곳에서 살해당했다. 혜공의 중신이었던 여성과 극예 등이 다시 중이를 암살하려 했지만 밀고하는 자가 있어 실패로 돌아갔다. 이들은 후에 진 목공에게 죽임을 당했다.

진秦나라의 힘을 빌려 반대파를 쓸어버리는 데 성공한 문공은 이때부터 진晉나라의 군주로서 독립하게 되었다.

기원전 636년, 주 왕실에서 내란이 일어났다. 주 양왕의 동생 대帶가 반란을 일으켜 양왕이 정나라로 달아났다. 문공은 조최의 계책에 따라 대군을 파견해 양왕을 주나라 수도로 귀환시키는 한편 대를 죽임으로써 반란을 제압했다.

진 문공이 즉위한 지 4년째인 기원전 633년, 초나라 군대가 송나라의 수도를 포위하자 송나라가 문공에게 구원을 요청해왔다. 문공은 호언의 계책에 따라 초나라의 동맹국인 조나라와 위나라를 공격함으로써 송나라를 구했다.

이듬해인 기원전 632년, 초나라 군대가 다시 송나라의 수도를 포위했다. 진 문공의 군대가 조나라와 위나라를 공격하려 하자 초 성왕은 군대를 철수시켰다. 그러나 초의 장군 자옥은 철수를 거부한 채 군사를 거느리고 결전을 치르고자 했다. 문공은 과거 초나라 성왕에게 약속한 대로 전군을 90리 뒤로 물렸다. 4월, 양군은 성복城濮에서 격돌했고, 전투는 진나라의 대승으로 끝났다.

5월 정미일, 문공이 초나라의 포로를 주나라에 헌상했다. 양왕은 사자를 파견해 문공에게 백伯의 칭호와 함께 막대한 상을 내렸다. 문공은 세 차례에 걸쳐 사양한 다음 최대한의 예를 올리며 그것을 받았다. 이로부터 문공은 백의 칭호를 쓰게 되었다.

같은 해 겨울, 문공이 온溫에서 제후들의 회맹을 주재했다. 문공은 제후들을 거느리고 주나라에 입조할 생각이었지만 아직 그럴 만한 실력을 갖추지 못했다고 판단해 양왕에게 온까지 친히 왕림해주십사 요청했다. 10월 임신일, 문공의 요청이 받아들여졌다. 문공은 제후들을 거느리고 양왕을 알현했다.

즉위한 지 9년째인 기원전 628년, 문공이 죽자 아들 양공襄公이 뒤를 이었다.

_ 이상 제39 「진세가」, 권40 「초세가」

송
양
의
인

송양지인宋襄之仁

송나라 양공襄公의 군대가 초나라 군대와 홍수泓水를 끼고 대치했다. 초군이 강을 건너기 시작하자 한 신하가 지금 공격해야 한다고 건의했다. 양공은 "적의 포진이 완료되지 않았을 때는 공격하지 않는 법이다"라고 말하며 그 의견을 따르지 않았다. 이윽고 초군이 강을 건너와 포진을 마치자 비로소 공격 명령을 내렸다. 결국 송군은 대패하고 밀었다. 이로부터 남에게 쓸데없는 인정을 베푸는 것을 '송양의 인'이라고 말하게 되었다. 출전은 「춘추좌씨전春秋左氏傳」이다.

진晉나라의 약식 연표

기원전	주	진	관련사항
672	혜왕 5	헌공 5	헌공, 여융을 쳐 여희 자매를 얻다.
669	8	8	강絳으로 도읍을 옮기다.
665	12	12	여희가 해제를 낳다. 태자 신생을 곡옥, 중이를 포, 이오를 굴로 보내다.
661	16	16	군의 편제를 2군으로 나누다. 신생이 하군下軍의 장수가 되다.
656	21	21	신생이 곡옥에서 자결하다. 중이는 포로, 이오는 굴로 도망치다.
655	22	22	헌공이 중이를 죽이려 들다. 중이는 적으로 달아나다.
651	양왕 원년	26	헌공이 죽다. 이극이 반란을 일으켜 해제를 죽이다. 진 목공의 후원으로 이오가 진晉의 군주가 되다.
647	5	혜공 4	기근이 심각해, 진秦에 원조를 요청하다.
646	6	5	이번에는 진秦이 기근에 빠져 거꾸로 진晉에 원조를 요청하다. 진晉이 이를 거절하다.
645	7	6	진 목공, 군사를 거느리고 진晉을 치다(한원의 전투).
644	8	7	중이, 제나라 공실의 딸인 강씨를 아내로 얻다.
643	9	8	혜공, 태자 어를 진에 인질로 보내다.
638	14	13	태자 어가 진에서 달아나 진晉으로 돌아오다.
637	15	14	중이, 진秦으로 와 목공의 딸을 아내로 얻다. 혜공이 죽고 태자 어가 즉위(회공)하지만, 이내 죽임을 당하다.
636	16	문공 즉위년	중이가 진晉의 군주가 되다.
635	17	2	주나라에서 쫓겨난 양왕을 복귀시키다.
633	19	4	군사 편제를 3군으로 변경하다. 조최를 경卿에 임명하다.
632	20	5	조를 공격한 뒤 나아가 위까지 공격하다. 양·제와 함께 성복에서 초나라에 크게 승리하다.
630	22	7	진 목공과 함께 정을 포위하다.
628	24	9	진 문공이 죽다.

진秦 목공,
인재가 곧 국력이다

현신 백리해를 얻다

진秦나라 군주는 전욱의 후예다. 전욱의 자손 중 여수女修라는 여인이 있었다. 어느 날 여수가 베를 짜고 있는데, 제비가 그곳에 알을 떨어뜨리고 갔다. 여수가 이 알을 삼키고 아들 대업大業을 낳았다. 대업의 아들 대비大費는 우의 치수사업을 도와 공적을 올렸다. 순의 밑에서 들짐승과 길짐승을 조련하는 일을 맡아 잘 길들이니 영嬴이라는 성을 하사받았다. 그 후손인 양공 때에 주나라 평왕을 경호한 공적을 인정받아 제후의 대열에 합류했다. 바로 서주시대가 끝나고 동주시대가 시작되는 정치적 격변기였다.

진나라를 비약적으로 발전시킨 군주로 꼽히는 목공은 기원전 660년에 즉위해 40년 동안 재위하다 기원전 621년에 세상을 떴다. 목공은 즉위한 지 4년째 되던 해인 기원전 656년에 진晉나라 태자 신생의 여동생을 아내로 맞이했다.

이듬해인 기원전 655년, 목공은 계략을 써 백리해百里奚라는 현신賢臣을 얻었다(백리해는 포로 신분으로 진秦에 왔다가 초나라로 도망쳤다. 백리해가 현명하다는 말을 들은 진 목공은 그때 양을 치고 있던 백리해를 검은 양가죽 다섯 장을 주고 모셔 왔는데 여기서 '오고대부五羖大夫', 즉 '검은 양가죽 다섯 장의 대부'라는 고사성어가 나왔다*). 백리해는 이미 일흔을 넘긴 나이였지만 목공은 이에 개의치 않고 그에게 정치를 맡겼다. 겸손한 백리해는 자신보다 뛰어난 인물이라며 건숙蹇叔을 추천했다. 목공은 사람을 보내 후한 예물을 갖추어 건숙을 맞아들인 뒤 그를 상대부로 삼았다.

이웃한 진晉나라에서 정변이 일어나 이오에게 원조 요청이 왔다. 이오는 "만약 내가 본국으로 돌아가 군주의 자리에 오르면 하서의 여덟 개 성을 넘겨주겠다"고 약속했다. 목공은 백리해에게 군대를 이끌고 이오를 호송하라고 명했다. 이에 이오가 국군의 자리에 오르니 이가 혜공이다. 그러나 이오는 약속을 지키지 않았다. 기원전 651년의 일이다.

기원전 647년에 진晉나라가 기근에 휩싸여 진나라에 원조를 요청해왔다. 진晉에서 망명한 비표丕豹라는 자가 "도와주어서는 안 됩니다. 기근을 틈타 토벌하는 것이 좋습니다"라고 주장했다. 목공이 백리해에게 의견을 구하자 "이오가 죄를 지은 것이지 백성에게는 아무런 죄가 없습니다"라고 진언했다. 목공은 백리해의 의견에 따라 식량을 지원했다.

이듬해인 기원전 646년, 이번에는 진나라에 기근이 닥쳤다. 목공은 진晉나라에 원조를 요청했다. 그러나 진晉은 군대를 보내 공격해왔다. 목공 역시 군대를 보내 이를 막았다.

기원전 645년 9월 임술일, 양군은 한원에서 격돌했다. 목공은 혜

공의 말이 풀에 걸려 나아가지 못하는 것을 보고 진격해 들어
갔다. 그러나 목공은 목적을 달성하지 못했을 뿐 아니라 오히
려 혜공의 군대에 포위당하고 말았다. 이 순간 3백여 명의
용감한 야인野人이 나타나 목공을 구출했다.

사냥을 하며 살아가는 이 야인들과 목공 사이에는
기이한 인연이 있었다. 언젠가 굶주리다 못한 야인들
이 목공의 귀한 말을 훔쳐 잡아먹은 적이 있었다. 담당
관리는 이들을 붙잡아 벌을 주려 했지만 목공은 "군자는
가축 때문에 사람을 해쳐선 안 된다. 내가 듣기에 좋은 말
고기를 먹으면서 술을 마시지 않으면 몸이 상한다고 했
다. 그들에게 좋은 술을 보내주도록 하라"고 말했다. 야
인들은 이때 입은 은혜를 갚기 위해 싸움터로 달려 나
왔던 것이다.

야인들의 활약에 힘입어 진나라는 대승을 거두었
다. 진晉 혜공은 목공의 포로가 되었다. 목공은 혜공을
제물로 삼아 하늘에 제사 드리려 했지만 주나라 천자가 "진나라는 나와
성이 같다"며 살려줄 것을 부탁하고, 아내(혜공의 이복 여동생) 또한 살려
줄 것을 애원하니 목공은 이를 끝내 물리치지 못하고 혜공의 귀국을 허
락했다.

_ 이상 제5 「진본기」, 제39 「진세가」

■목공은 진나라를 비약적으로
발전시킨 군주로 꼽힌다. 중
이가 진晉 문공으로 즉위하는
데 가장 큰 도움을 준 인물이
기도 하다.

진秦과 진晋의 상호 관련도

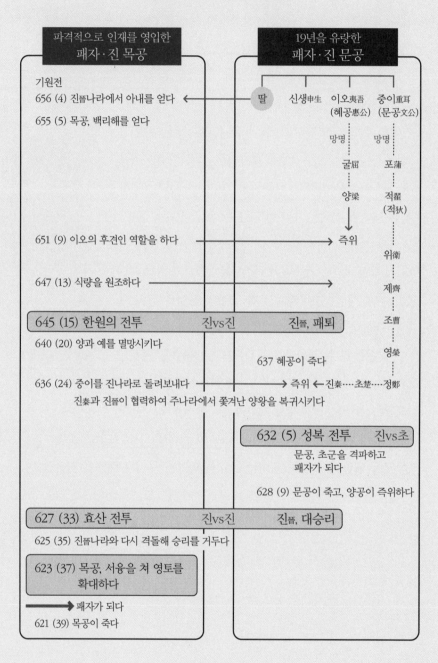

파격적으로 인재를 영입한 패자·진 목공	19년을 유랑한 패자·진 문공

기원전

656 (4) 진晋나라에서 아내를 얻다 ← 딸 신생申生 이오夷吾 중이重耳
                                              (혜공惠公) (문공文公)

655 (5) 목공, 백리해를 얻다

                                         망명   망명

                                         굴屈   포蒲

                                         양梁   적翟
                                                  (적狄)

651 (9) 이오의 후견인 역할을 하다 ————→ 즉위

                                                  위衛

647 (13) 식량을 원조하다 ——————————→

                                                  제齊

645 (15) 한원의 전투   진vs진   진晋, 패퇴
                                                  조曹
640 (20) 양과 예를 멸망시키다

                                                  영榮
                         637 헤공이 죽다

636 (24) 중이를 진나라로 돌려보내다 ——→ 즉위 ← 진秦····초楚····정鄭
진秦과 진晋이 협력하여 주나라에서 쫓겨난 양왕을 복귀시키다

632 (5) 성복 전투   진vs초
문공, 초군을 격파하고
패자가 되다

628 (9) 문공이 죽고, 양공이 즉위하다

627 (33) 효산 전투   진vs진   진晋, 대승리
625 (35) 진晋나라와 다시 격돌해 승리를 거두다

**623 (37) 목공, 서융을 쳐 영토를
확대하다**

——→ 패자가 되다
621 (39) 목공이 죽다

패전의 책임

목공 20년(기원전 640년), 진나라가 양梁과 예芮를 멸망시켰다.

목공 22년(기원전 638년), 인질로 와 있던 진晉나라 태자 어가 자기 나라로 몰래 돌아갔다. 진나라는 어가 도망친 것에 원한을 품었다.

목공 24년(기원전 636년), 목공은 중이를 진晉나라로 돌려보내 그가 군주의 자리에 오를 수 있도록 도왔다.

목공 32년(기원전 628년) 겨울에 커다란 사건이 발생했다. 정나라 사람 하나가 "제가 정나라 성문을 맡고 있사오니 쉽사리 습격할 수 있을 것입니다"라고 말하며 자신의 나라를 팔아넘기겠다고 나선 것이었다.

백리해와 건숙은 "자고로 천 리 밖의 나라를 침략해 이익을 거둔 예는 없습니다. 게다가 정나라를 팔아먹으려 드는 자가 있다면 우리 진나라에도 나라의 실정을 정나라에 고하는 자가 있을 것이옵니다. 적이 우리 실정을 안다면 어떤 기발한 계책을 동원해 우리를 공격해올지 알 수 없는 노릇입니다"라며 반대했다. 그러나 목공은 이듬해인 기원전 627년

원한이 골수에 사무신다

원입골수怨入骨髓

뼛속까지 스며들 정도로 누군가를 미워한다는 뜻이다. 진秦나라 군대는 효산에서 진晉나라 군에게 대패했다. 이때 진나라의 장군 셋이 포로로 잡혔는데 진秦 목공의 딸인 진晉 문공의 부인이 어떻게든 세 사람의 목숨을 구해주기 위해 양공에게 다음과 같이 거짓말을 했다.

"목공은 이 세 장군에 대한 원망이 골수에 사무쳐 있을 것이니 이들을 돌려보내 목공의 손으로 직접 삶아 죽이게 하십시오."

이 고사에서 '원한이 골수에 사무치나'라는 말이 나왔다. '원한이 골수에 스민다'라고도 한다. **출전 제5 「진본기」**

에 정나라 침입을 강행했다. 백리해의 아들 맹명시孟明視, 건숙의 아들 서기술西乞術과 백을병白乙兵에게 군사를 통솔하도록 했다.

백리해와 건숙은 "만일 패한다면 틀림없이 효산殽山의 험준한 요충지가 될 것이다"라고 예견했는데, 과연 그 말대로 되고 말았다. 정나라를 공격하려면 진晉나라 영내를 통과해야만 했다. 당시 진나라는 문공이 죽은 뒤 아직 장례를 치르지 못한 상태였다. 이 때문에 태자 양공은 "진秦나라가 아버지를 잃은 나를 능멸하는구나. 상중을 틈타 군대를 보내다니"라고 말하며 분을 참지 못했다. 양공은 흰 상복을 검게 물들이도록 하고 군대를 동원해 효산에서 진나라 군대를 격파했다. 그리고 세 장수를 생포했다.

진晉 문공의 부인은 진 목공의 딸이었는데, 세 장수의 목숨을 건지기 위해 기민하게 움직였다. 덕분에 맹명시, 서기술, 백을병은 석방되어 진秦나라로 돌려보내졌다. 목공은 소복을 입고 교외까지 나와 이들을 맞이하며 통곡했다.

"내가 백리해와 건숙의 말을 듣지 않아 일이 이렇게 된 것이지 그대들에게 무슨 죄가 있겠소? 설욕을 위해 최선을 다해주시오."

이들은 예전 자리로 다시 돌아갔고, 더욱 후하게 대접받았다.

_ 이상 제5 「진본기」, 제39 「진세가」

여자와 음악으로 서융을 정복하다

목공 34년(기원전 626년), 융의 왕이 유여由余를 사신으로 보냈다. 유여가 남다른 인재임을 알게 된 목공은 어떻게든 자신의 신하로 삼고 싶었다.

어떤 사람이 이런 계책을 내놓았다.

"융왕은 외진 곳에 살아 아직 중국의 음악을 들은 적이 없습니다. 임금께서 춤과 노래에 뛰어난 미인을 보내어 융왕의 마음을 흩뜨려놓으십시오. 그러면서 유여를 더 머물게 해달라고 청해 그들 사이를 멀어지게 하는 겁니다. 유여를 체류시켜놓고 돌아가지 못하게 하면 시기를 놓칠 것이고, 융왕은 이상한 생각이 들어 틀림없이 유여를 의심할 것입니다. 그렇게 군신 사이에 틈이 생기면 그를 붙잡을 수 있습니다. 융왕이 여자와 음악에 빠지면 반드시 국정을 게을리할 것입니다."

목공은 춤과 노래에 능한 16명의 기녀를 융왕에게 보내라고 명했다. 이들을 맞이한 융왕은 매우 기뻐하며 한 해가 다 가도록 쾌락에서 헤어나지 못했다. 얼마 뒤 목공은 유여의 귀국을 허락했다. 그런데 귀국한 유여는 생각지도 못한 상황과 직면했다. 여러 차례에 걸쳐 융왕에게 간하는 말을 했지만 융왕이 전혀 들으려 하지 않았던 것이다. 융왕은 유여를 점차 귀찮게 여기기 시작했다. 이때를 노려 목공이 사람을 보내 유여를 거듭 초청하니, 유여는 드디어 융왕을 떠나 목공의 중신이 되었다.

목공 36년(기원전 624년), 목공은 맹명시 등에게 진晉나라로 진격하라고 명령했다. 맹명시 등은 황하를 건너자마자 타고 온 배를 불태워 결사의 각오를 다졌고, 마침내 진晉의 군대를 깨뜨렸다. 왕관王官과 호鄗를 점령하고 과거 효산에서의 패배를 설욕했다. 진晉나라 사람들은 성을 지키며 감히 나오지 못했다.

목공은 모진茅津에서 황하를 건너 효산 전투에서 죽은 병사들을 위해 봉분을 만들고 장사 지내며 사흘 동안 곡을 했다. 그리고 두 번 다시 같은 잘못을 범하지 않겠노라 선군 앞에서 맹세했다. 이를 진나라의 맹세라는 뜻의 '진서秦誓'라고 한다.

목공 37년(기원전 623년), 목공은 유여의 계책을 받아들여 융왕을 토벌하고 12개 나라를 병합했다. 천 리 땅을 개척해 마침내 서융 지역의 패주가 되었다. 주나라 천자는 목공에게 사신을 보내 축하 인사를 전하고 쇠북을 선물했다.

　　재위 39년째인 기원전 621년에 목공이 죽었다. 무덤에 순장殉葬한 사람이 177명이나 되니, 진나라는 뛰어난 인재들을 한순간에 다 잃고 말았다. 순장은 진나라의 크나큰 악습이었다.

_ 이상 제5 「진본기」, 제39 「진세가」

초 장왕,
주나라를 넘본 야심가

3년 동안 울지도 날지도 않는다

전욱의 아들이 칭稱이고, 칭의 아들이 권장券章이다. 권장의 아들인 중
려重黎는 제곡 밑에서 불의 관리를 맡았는데, 그 공을 인정받아 축융祝融
이라는 칭호를 얻었다. 중려의 뒤는 동생인 오회吳回가 잇고, 오회로부터
10대째 자손인 웅역熊繹이 만족이 사는 지역을 영지로 부여받았다. 성을
미羋라고 했다.

웅역으로부터 17대째인 웅통熊通 때 스스로 왕이라고 칭하니, 이가
초나라 무왕武王이다.

이때부터 대를 거듭해 22대째 왕이 장왕莊王(재위 기원전 614~591년)
이다. 장왕은 상낭히 특이한 인불이었다. 그는 즉위한 후 3년 동안 하나
의 명령만 내린 채 밤낮으로 향락에 젖어 지냈다(여기서 '삼년불언三年不言'

┃'불비불명'이란 고사성어로 유명한 초 장왕의 모습이다. 장왕은 유난히 말을 좋아했던 것으로 알려져 있다.

이란 고사성어가 유래했다*). 그 명령이란 누구든 이러쿵저러쿵 바른말을 한다면 가차 없이 사형에 처하겠다는 것이었다.

왕이 이런 명령을 내렸음에도 바른말을 하려는 신하가 있었다. 오거 伍擧라는 현신이었다. 오거는 장왕을 찾아가 다음과 같은 수수께끼를 던졌다.

"작은 산 위에 새가 있는데 3년 동안 날지도 울지도 않았습니다. 이 것은 과연 무슨 새이겠습니까?"

장왕이 대답했다.

"그 새는 3년 동안 날지 않았으나 '한 번 날았다 하면 하늘 높이 치솟아오를 것이고(일비충천一飛沖天)', 3년 동안 울지 않았으나 '한 번 울었다

하면 사람들을 놀라게 할 것이다(일명경인—鳴驚人)'. 과인이 그대의 뜻을 알 겠으니 물러가 있으라."

그로부터 몇 달이 지났지만 왕의 방탕한 생활은 갈수록 도를 더해 갔다. 대부 소종蘇從이 간언을 올리기 위해 나섰다. 장왕은 "그대는 과인 이 내린 명령을 듣지 못했는가"라고 힐난했다. 소종은 전혀 두려워하는 기색 없이 "제가 죽더라도 주군을 깨우칠 수만 있다면 더 이상 바랄 것 이 없습니다"라고 대답했다.

장왕은 이를 계기로 방탕한 생활을 접고, 국정에 전념했다. 지난 3년 동안 제멋대로 국정을 농단하던 나쁜 무리 수백 명을 처형하고, 바른 소 리 하기를 마다하지 않던 가신 수백 명을 높이 기용했다. 오거와 소종에 게 국정을 다스리게 하니 나라 사람들이 크게 기뻐했다. 이때가 기원전 611년이었다.

_ 이상 제40「초세가」

고사성어

날지도 않고
울지도 않는다

불비불명
不飛不鳴

초나라 장왕의 고사에서 유래했다. 본래는 훗날 크게 활약하고자 조용히 기 회가 찾아오기를 기다리는 상황을 비유했다. 여기서 뜻이 변해 오랫동안 두드 러진 활동이 없는 것을 비유하게 되었다. 출전 제40「초세가」, 제126「골계열전」

9정의 무게

장왕 8년(기원전 606년), 초나라 군이 융적을 깨뜨렸다. 그 기세를 타고 낙수까지 진출한 초나라 군은 주나라 수도 인근에 군대를 주둔시킨 뒤 무력시위를 벌였다. 주나라 정왕定王은 왕손만王孫滿을 파견해 장왕을 위로했다. 이때 장왕이 주의 보물인 9정의 크기와 경중에 대해 물었다. 이는 곧 주나라가 누리는 천자의 권위를 넘보는 오만불손한 언사였다. 왕손만은 장왕의 물음에 이렇게 답했다.

"덕이 문제이지 9정의 무게는 중요치 않습니다."

장왕은 이 대답에 만족하지 못했다.

"그대는 내 질문을 막으려 하지 말라. 초나라의 창과 칼만 거둬들여 녹여도 9정 정도는 얼마든지 만들 수 있다."

이에 왕손만은 9정의 유래와 역대 왕조의 변천사를 논한 뒤 마지막으로 이렇게 덧붙였다.

"주나라의 덕이 비록 쇠미해지기는 했지만 천명은 바뀌지 않았습니다. 아직은 9정의 경중을 물으실 때가 아닙니다."

이 말을 들은 장왕은 군사를 물렸다.

장왕 13년(기원전 601년), 장왕은 서舒나라를 멸망시켰다.

▌정의 크기를 묻는다는 건 천자의 권위를 넘본다는 말과 같다. 사진은 주나라 청동 방정의 모습이다.

장왕 16년(기원전 598년), 장왕은 진陳나라에 출병해 진의 영공靈公을 살해한 하징서夏徵舒를 토벌하고, 진의 옛 영토를 초의 현으로 삼았다. 군신들이 모두 축하의 말을 올렸는데 신숙시申叔時만 가만히 있었다. 장왕이 까닭을 묻자 신숙시가 답했다.

"옛 속담에 '소를 끌고 다른 사람 밭에 들어가면 밭 주인이 소를 빼앗는다'고 합니다. 밭에 들어가는 것이 잘못이긴 하지만 소를 빼앗는 것은 그보다 훨씬 지나친 처사입니다. 대왕께서 제후들을 이끌고 진나라의 난을 평정한 것은 의를 앞세운 행동일진데, 진나라 땅을 탐한다면 어찌 천하를 호령할 수 있겠습니까?"

장왕은 이 말을 듣고 진나라에 영지를 돌려주었다. 그리고 진나라의 재건을 도왔다.

장왕 17년(기원전 597년), 장왕은 정나라의 수도를 공격해 들어가 3개월 동안 포위한 뒤 정의 양공襄公과 화의를 맺었다.

장왕 23년(기원전 591년), 장왕이 죽고 아들 심審이 뒤를 이으니, 이가 공왕共王(재위 기원전 591~560년)이다.

_ 이상 제40 「초세가」

고사성어

9
정의 경중을
묻나

문정경중問鼎輕重

이 또한 초나라 장왕에게서 유래한 고사성어다. 원래의 출전은 『춘추좌씨전』이다. 권위 있는 사람의 능력을 의심하며 그 자리에서 끌어내리려 하거나 그 지위를 탐내는 것을 비유한다.

오와 월,
그 긴 전쟁의 전말

구운 생선 속에 숨긴 단도

오吳나라 군주의 조상은 주나라 고공단보의 아들인 태백과 중옹이다. 두 사람은 동생인 계력에게 왕위를 물려주기 위해 나라를 떠나 형만 땅으로 들어갔다.

태백 이후 20대 군주가 제번諸樊이란 인물이다. 제번이 죽자 바로 밑의 동생인 여제余祭가 뒤를 잇고, 여제가 죽자 셋째 동생인 여말余昧이 뒤를 이었다. 여말은 죽으면서 막내 동생인 계찰季札에게 뒤를 잇게 하라는 유언을 남겼지만 계찰이 이를 사양하는 바람에 여말의 아들인 요僚(재위 기원전 527~515년)가 옹립되었다. 그런데 이에 불만을 품은 인물이 있었다. 바로 제번의 아들인 공자 광光이었다. 광은 순서를 따지자면 자신이야말로 군주의 자리에 올라야 마땅하다고 생각했다. 광은 몰래 인재를 모으며 기회가 오기를 기다렸다.

오왕 요가 즉위한 지 8년째 되던 해(기원전 519년), 오나라와 초나라의 국경에서 분쟁이 발생했다. 초나라에서 망명해온 오자서伍子胥가 광에게 군사를 주어 초나라를 공격해야 한다고 주장했다. 그러나 광은 "오자서의 아버지와 형이 초나라 평왕平王에게 살해당했습니다. 지금 그가 출병을 권하는 이유는 자신의 원수를 갚고자 하는 것입니다. 우리가 초나라에 출병할 경우 반드시 이긴다고 할 수 없습니다"라며 반대했다. 결국광의 주장이 받아들여졌다.

오자서는 깨달았다. 광에게 야심이 있음을. 왕을 죽이고자신이 그 자리에 오르려 하고 있음을. 그렇다면 오나라 밖의 일을 언급할 계제가 아니었다. 오자서는 광에게 전제專諸라는 남자를 추천했다. 그리고 자신은 밭을 일구며 시기를 기다렸다.

4년 뒤인 기원전 515년 겨울, 초나라 평왕이 죽었다. 그해 오왕 요는 동생인 개여蓋余와 촉용燭庸에게 군사를 주어 상을 치르느라 정신없을 초나라로 쳐들어가게 했다. 동시에 숙부인 계찰을 진晉나라로 보내 제후들의 움직임을 파악하도록 했다.

초나라는 상중임에도 방비태세를 굳건히 하고 있다가 오나라 군의 배후를 끊어 귀환을 어렵게 만들었다. 광은 전제에게 말했다.

"지금 찾아온 시기를 놓쳐선 안 된다. 나야말로 마땅히 왕위를 이어받았어야 할 사람이다. 계찰이 귀국해도 나를 폐위시키지 않을 것이다."

▌오왕 요를 제거하고 왕위에 오른 합려. 그는 오자서, 손무 등 뛰어난 인재를 기용해 오나라를 강국으로 만들었다.

전제도 이에 호응하며 다음과 같이 말했다.

"요를 죽일 수 있습니다. 그의 모친은 이미 늙었고, 아들은 아직 어리며 초나라를 치러 간 두 공자는 초나라 군에 의해 퇴로가 끊겨 오도 가도 못 하고 있습니다. 상황이 이러하니 일은 이미 이루어진 것이나 진배없습니다."

광은 바닥에 엎드려 절을 하며 이렇게 말했다.

"우리는 일심동체다. 모든 것을 그대에게 맡긴다."

4월 병자일, 광은 무장한 병사들을 지하실에 숨겨놓고 술자리를 준비한 뒤 오왕 요에게 술을 마시자고 청했다. 오왕 요는 암살당할까 두려워 궁전에서부터 광의 집에 이르는 연도沿道에 병사들을 배치해두는 한편 대문, 계단, 내문內門, 좌석에 이르기까지 모두 자신의 친위대를 배치해 호위토록 했다.

연회가 시작되었다. 광은 발을 다쳤다는 핑계를 대고 자리를 피했다. 전제가 구운 생선을 헌상하기 위해 연회장으로 들어가 요의 앞으로 나아갔다. 그 '생선의 배 속에는 단도가 숨겨져 있었다(어복장검魚腹藏劍)'. 전제는 생선의 배 속에서 단도를 꺼내 들고 순식간에 오왕 요를 찔렀다. 연회석은 대혼란에 빠졌고, 전제는 요의 측근들에게 죽임을 당했다. 이때 지하실에 숨어 있던 병사들이 뛰어들어와 오왕 요와 그의 측근들을 모조리 죽였다.

광이 왕위에 오르니 이가 곧 합려闔閭(재위 기원전 515~496년)다. 합려는 전제의 아들을 국경國卿으로 기용했다.

_ 이상 제31 「오태공세가」, 제66 「오자서열전」, 제86 「자객열전」

군사학의 아버지 손무

이윽고 계찰이 귀국했다.

"선조의 제사를 끊어지지 않게 하고, 백성이 그 주군을 폐하지 않고, 사직의 존립을 지켜나갈 수 있다면 그 사람이 나의 주군이다. 나는 죽은 사람을 애통해하고 살아 있는 사람을 섬김으로써 천명의 안배에 순응하고자 한다."

계찰은 이미 벌어진 일을 인정하겠다는 뜻을 분명히 했다. 한편 오왕 요의 동생인 개여와 촉용은 초나라에 투항해 서舒 땅에 봉해졌다.

국정을 틀어쥔 합려는 오자서를 외교에, 오자서와 마찬가지로 초나라에서 망명해온 백비白嚭를 내정에, 손무孫武를 군사 부문에 기용했다. 여기에서 잠깐 손무에 대해 알아보도록 하자.

손무는 제나라 출신이다. 병법에 뛰어나다는 평판을 듣고 합려가 자신의 휘하로 불러들였다. 합려는 손무를 만나 이렇게 청했다.

"그대의 저서 열세 편을 모두 읽어보았소. 시험 삼아 병사들의 훈련 모습을 보여줄 수 있겠소?"

손무는 이 요청을 흔쾌히 받아들였다. 그는 특별히 허락을 얻어 궁궐 안의 정원에서 후궁의 미녀들을 대상으로 훈련을 행했다. 손무는 180명의 후궁을 둘로 나눠 왕이 특히 총애하는 두 여성을 각 대열의 우두머리로 임명했다. 그리고 나머지 여인들에게는 창을 들게 했다.

손무는 자신이 호령하면 어떻게 행동해야 하는지 자세히 설명한 뒤 부월斧鉞 등의 형구를 갖추어놓고 군령을 다섯 차례 반복 전달했다.

이윽고 큰북을 두드리며 훈련을 시작했다. 그러나 여인들은 키득키득 웃기만 할 뿐 손무의 호령에 따르지 않았다. 손무가 말했다.

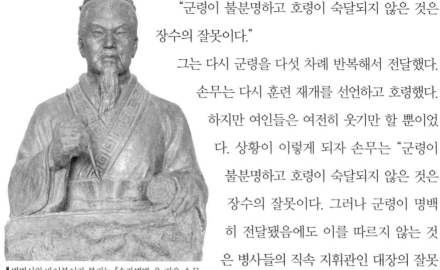
"군령이 불분명하고 호령이 숙달되지 않은 것은 장수의 잘못이다."

그는 다시 군령을 다섯 차례 반복해서 전달했다. 손무는 다시 훈련 재개를 선언하고 호령했다. 하지만 여인들은 여전히 웃기만 할 뿐이었다. 상황이 이렇게 되자 손무는 "군령이 불분명하고 호령이 숙달되지 않은 것은 장수의 잘못이다. 그러나 군령이 명백히 전달됐음에도 이를 따르지 않는 것은 병사들의 직속 지휘관인 대장의 잘못이다"라고 말하며 대장에 임명된 두 후궁의 목을 베려 했다.

▌병법서의 바이블이라 불리는 『손자병법』을 지은 손무. 그는 세계 군사사에서 매우 중요한 위치를 차지하고 있다.

대 위에서 이를 구경하던 합려는 크게 놀랐다. 곧바로 사람을 보내 "장군께서 병사들을 움직이는 솜씨는 잘 알겠소이다. 나는 그 두 여인이 없으면 식사도 제대로 못 한다오. 부디 죽이는 것만큼은 중지해주시오"라는 말을 전했지만 손무는 "장수된 자가 군중에 있으면 군주의 명령이라도 따르지 않을 수 있다는 말이 있습니다(장재군將在軍 군명유소불수君命有所不受)"라고 말하고는 형리를 재촉해 두 사람의 목을 쳤다.

그런 뒤 다음 자리의 여성을 대장으로 삼아 훈련을 재개했다. 여인들은 큰북 소리에 맞춰 기민하게 움직였다. 키득거리거나 사적인 이야기를 나누는 모습은 전혀 눈에 띄지 않았다. 손무는 사령을 보내 "병사들이 다 정비되었사오니 왕께서 명령만 내리시면 물불을 가리지 않고 덤벼들 것입니다"라고 보고했다.

합려는 "아니오, 장군. 내가 숙소로 돌아가 좀 쉬어야겠소. 내려가 보고 싶지 않구려"라고 대답했다. 합려는 정신적으로 큰 충격을 받았지만 손무를 원망하지 않고 그에게 군사를 맡겼다. 그의 재능을 인정하고 아꼈기 때문이다.

_ 이상 제31 「오태공세가」, 제65 「손자오기열전」

복수의 서막이 오르다

합려가 즉위한 지 3년째인 기원전 512년, 합려는 오자서, 백비와 함께 군사를 거느리고 서를 함락시킨 뒤 개여와 촉용을 살해했다. 합려는 승세를 몰아 초나라 수도인 영郢까지 쳐들어가려 했다. 손무는 "백성이 피곤한 상황입니다. 아직 때가 아닙니다. 기다리셔야 합니다"라고 만류했다. 합려는 손무의 말에 따랐다.

여섯 해 뒤인 기원전 506년, 합려는 오자서와 손무에게 지금 초나라를 치는 것은 어떠냐고 물었다. 두 사람은 "초나라 장군인 자상子常은 탐욕스러운 자로 당唐과 채 두 나라에서 원망을 사고 있습니다. 초나라를 대대적으로 토벌하고자 하신다면 무엇보다 당과 채를 우리 편으로 끌어들여야 합니다"라고 제안했다. 합려는 당과 채를 끌어들인 뒤 전군을 동원해 초나라로 진격해 들어갔다.

백거柏擧 전투를 시작으로 오나라 군대는 초나라 군과 벌인 여섯 차례의 전투에서 모두 승리했다. 패배한 초나라 소왕昭王은 수도 영을 버리고 수隨로 달아났다. 오나라 군대가 초나라 수도에 입성했다. 오자서와 백비는 초나라 평왕의 무덤을 파헤쳐 그 시신을 꺼낸 뒤 채찍질을 가함으로써 부모의 원수를 갚았다.

이듬해인 합려 10년(기원전 505년), 월越나라가 오나라 본국을 공격해 왔다. 진秦나라도 초나라에 구원병을 파견했다. 합려는 군을 철수할 수밖에 없었다.

세월이 흘러 합려 19년(기원전 496년)에 오나라 군은 월왕 윤상允常이 죽은 틈을 타 월나라를 공격했다. 두 군대는 취리檇李에서 대치했다. 월나라의 새 왕인 구천句踐은 죽음을 각오한 병사들을 오나라 진영 앞으로 보냈다. 세 줄로 열을 선 병사들은 고함소리에 맞춰 한 열씩 스스로 목을 찔러 자결했다. 오나라 병사들이 네 번째 열도 그렇게 죽으려나 하고 보는 사이 월나라 병사들이 고함을 지르며 재빨리 오나라 군을 공격해왔다. 방심하던 오나라 군은 대패하고 말았다. 합려는 이 과정에서 적이 쏜 화살에 맞아 부상을 당했다.

합려의 부상은 생각보다 심각했다. 합려는 사자를 파견해 태자 부차夫差를 왕으로 세웠다. 합려는 죽으면서 "구천이 네 아버지를 죽였다는 것을 결코 잊지 말라"는 유언을 남겼다.

_ 이상 제31 「오태공세가」, 제41 「월왕구천세가」, 제66 「오자서열전」

무덤을 파헤치고 시체에 채찍질을 하다
굴묘편시堀墓鞭尸

오자서는 초나라의 수도 영을 점령했을 때 평왕의 묘를 파헤치고 시체를 끄집어내 채찍질을 가함으로써 아버지와 형의 원수를 갚았다. 이 고사 이후 죽은 사람의 험담을 하는 것 혹은 잔혹한 행위를 하는 것을 '시체에 채찍질을 한다'라고 말하게 되었다. 출전 제66 「오자서열전」

회계의 치욕

기원전 496년, 오나라 왕으로 즉위한 부차는 군비를 강화하는 데 온 힘을 기울였다. 이를 파악한 월왕 구천은 오나라 군의 기선을 제압하려 했다. 하지만 중신 범려范蠡가 반대하고 나섰다.

"그것은 안 됩니다. 무기는 사람을 죽이는 흉기이고, 전쟁은 도리를 거스르는 일이라고 합니다. 음모를 꾸며 도리를 거스르고 상서롭지 못한 흉기를 쓰는 것은 최후의 수단입니다. 이는 하늘이 허락하지 않을뿐더러 행하더라도 아무런 이득이 없습니다."

구천은 자신이 이미 결정한 일이라고 말한 뒤 군대를 동원했으나 크게 패하고 말았다. 구천은 남은 5천여 명의 병사를 거느리고 회계산會稽山에 틀어박혔다. 구천은 범려에게 자신의 잘못을 솔직히 사과했다.

"그대의 간언을 듣지 않고 고집을 부리다 일이 이런 지경에 빠지고 말았소. 어떻게 하면 좋겠소?"

범려는 한 가지 계책을 내놓았다.

"오나라 왕에게 겸손한 말로 빌고 두둑한 선물을 보내십시오."

구천은 대부 문종文種을 오나라 본진에 파견했다. 문종은 부차의 앞으로 나아가 무릎을 꿇고 땅에 머리를 조아리며 말했다.

"구천은 종이 되고 아내는 노비가 되어 섬기고자 합니다."

부차는 문종의 화의 제안을 받아들이려 했지만 오자서가 강력히 반대했다.

"하늘이 월나라를 우리 오나라에 주려 하고 있습니다. 이 제안을 절대로 받아들여서는 안 됩니다."

화의 교섭은 불발로 끝났다. 문종에게 보고를 받은 구천은 부인과

▌월나라 왕 구천은 범려의 말을 듣지 않고 오나라를 공격했다 크게 패하고 만다. 전쟁에 패한 구천이 숨어들
었던 회계산의 모습이다.

자녀를 죽이고 보물을 불태운 다음 죽음으로 항전하려 했다. 범려가 이
를 말리며 새로운 계책을 내놓았다.

"재상 백비는 탐욕스런 인물이니 뇌물을 쓰면 능히 우리 편을 만들
수 있습니다. 제가 몰래 가서 이야기를 건네보도록 하겠습니다."

이렇듯 범려가 은밀히 막후 공작을 추진한 다음 다시 문종을 파견
했다. 문종은 부차에게 말했다.

"대왕께옵서는 부디 구천의 죄를 용서해주시고, 그가 바치는 보물
들을 모두 거두어주시기를 바라옵니다. 만일 불행하게도 죄를 용서해주
시지 않는다면, 구천은 처자를 죽이고 보물 또한 모두 소각한 채 결사적
으로 전투에 임할 것이옵니다. 그리되면 대왕께옵서도 적지 않은 손실을
입으리라고 감히 말씀 올립니다."

여기에 백비가 말을 보태자 부차의 마음이 크게 움직였다. 오자서가

"월나라 왕은 어떤 괴로움도 견뎌내는 인물입니다. 지금 그를 제거하지 않는다면 분명 후회하게 될 것입니다"라고 간했지만 부차는 그 말을 듣지 않고 화의 요청을 받아들였다.

_ 이상 제31 「오태백세가」, 제41 「월왕구천세가」, 제66 「오자서열전」

와신상담

이렇게 살아남은 구천은 3년 동안 오나라 수도에서 부차의 신하 노릇을 했다. 구천은 병이 난 부차의 대변 맛까지 보는 굴욕을 견딘 끝에 마침내 월나라로 돌아가도 좋다는 허락을 얻어냈다.

이후 구천은 완전히 변했다. 좌우에 쓸개를 놓아두고 잠자리에 들거나 일어날 때 늘 그것을 바라보았다. 식사할 때마다 쓸개를 핥으며 "네가 회계의 치욕을 잊었는가"라고 자문했다. 몸소 농사를 짓고, 부인에게는 베 짜는 일을 시켰다. 식사나 의복을 모두 간소하게 했다. 사람들과 사귈 때는 깊이 배려하는 마음을 보였다. 현자들을 겸손한 자세로 대하고, 내외 빈객들을 후하게 대접했다. 가난한 사람들을 구제하는 데 힘을 기울였고, 조문이나 병문안에 빠지지 않고 다니는 등 모든 사람과 고락을 함께하고자 했다.

그로부터 7년 뒤(기원전 489년), 월나라의 국력이 크게 회복되었다. 구천은 하루라도 빨리 오나라와 전쟁을 벌이고 싶었다. 대부 봉동逢同이 이렇게 말했다.

"우리나라가 멸망 직전까지 간 것이 불과 얼마 전입니다. 이제 겨우 과거의 번영을 조금 회복했을 뿐입니다. 지금 군비를 정돈하면 오나라는

틀림없이 불안한 눈으로 우리를 볼 것이고, 그렇게 되면 재앙이 닥칠 것이 뻔합니다. 매가 먹이를 취할 때에는 반드시 모습을 감춰 눈에 띄지 않게 합니다. 지금 오나라는 제와 진晉 두 나라와 전쟁을 시작했고, 초와 월 두 나라와는 깊은 원한을 맺고 있습니다. 이름을 천하에 드날리고 있지만 자신을 과신해 자만하고 있음이 틀림없습니다. 우리 월나라를 위하는 길은 제나라와 연합하고 초나라와 친밀하게 지내며, 진晉나라와 우의를 쌓아두는 것입니다. 오나라는 커다란 야심이 있기 때문에 경솔하게 전쟁을 벌일 가능성이 다분합니다. 오나라의 힘이 쇠약해질 때를 기다렸다가 공격해 들어가면 반드시 승리를 거둘 수 있을 것입니다."

■ 오나라 왕 부차는 구천을 살려두면 안 된다는 오자서의 충고를 무시했다가 결국 월나라에 패해 스스로 목숨을 끊고 만다.

구천은 봉동의 의견이 옳다고 여겨 그의 말에 따랐다.

기원전 485년, 오왕 부차가 제나라를 공격하고자 했다. 오자서가 나서 "월나라가 배 속의 큰 질병이라면 제나라는 피부병 정도에 지나지 않습니다"라고 말하며 먼저 월나라에 대처해야 한다고 거듭 진언했다. 부차는 들은 체도 하지 않고 제나라로 군대를 보내 승리를 거두었다. 이런 정세를 보고 문종이 구천에게 진언했다.

"오나라 왕은 자만심으로 가득 차 있습니다. 시험 삼아 식량을 빌려달라고 해보면 어떻겠습니까?"

월나라는 오나라에 식량 원조를 요청했다. 역시 오자서가 반대했지만 부차는 빌려주겠다고 나섰다. 오자서는 "왕이 충고를 받아들이지 않으니 앞으로 3년 뒤 오나라의 수도는 폐허가 될 것이다"라고 예언했다.

일찍부터 오자서를 라이벌로 여겨왔던 재상 백비는 오자서의 예언을 듣자마자 뜻을 펼칠 기회가 왔다고 판단하고는 부차에게 가 오자서를 헐뜯었다. 처음에 부차는 백비의 말을 흘려들었다. 그러나 제나라에 사신으로 간 오자서가 자기 아들을 제나라 대부에게 맡겼다는 말을 듣고는 불같이 화를 냈다. 부차는 오자서에게 칼을 보냈다. 자결하라는 뜻이었다.

오자서는 하늘을 우러러보며 한탄했다. 그러고는 다음과 같은 유언을 남긴 뒤 스스로 목을 찔렀다.

부차에게 패한 구천은 좌우에 쓸개를 두고 핥으며 오나라에 대한 복수심을 잊지 않고자 했다.

"내 무덤 위에 반드시 가래나무를 심도록 하라. 가래나무가 자라거든 훗날 오나라 왕의 관을 짤 때 재목으로 사용하라. 내 두 눈알을 파내 오나라 수도의 동문에 내걸도록 하라. 오나라가 멸망하는 모습을 두 눈으로 똑똑히 볼 것이다."

_ 이상 제31 「오태백세가」, 제41 「월왕구천세가」, 제66 「오자서열전」

고사성어

장작더미에 눕고, 쓸개를 핥는다
와신상담 臥薪嘗膽

오나라 왕 부차는 매일 저녁 장작더미 위에 누움으로써 아버지를 죽인 구천에 대한 복수심을 일깨웠다. 한편 월나라 왕 구천은 오나라에 패한 후 쓸개를 핥으며 자신에게 굴욕을 안겨준 부차에 대한 복수심을 불태웠다. 이 두 가지 고사를 합해 목적을 달성하기 위해서라면 어떤 고생이라도 달게 받아들이겠다는 의미로 '와신상담'이란 말을 사용하게 되었다. '상담'은 제41 「월왕구천세가」에, '와신'은 『십팔사략』에 나온다.

마지막에 웃는 자

기원전 484년, 오자서에게 칼을 내린 부차는 본격적으로 제나라 토벌에 나섰다. 월왕 구천은 범려에게 "슬슬 오나라를 공격해도 좋지 않겠는가" 라고 물었지만 범려는 아직 때가 아니라고 답했다.

기원전 482년, 부차는 북방으로 군대를 보내 황지黃池에서 제후들과 회맹을 가졌다. 오나라의 정예병사들은 대부분 회맹에 동원되고 국내에는 노인과 아이들만 남았다. 구천은 다시 오나라를 공격해도 되느냐 물었고, 마침내 범려도 이에 동의했다.

월나라는 대군을 동원해 오나라를 공격했고 도성을 맡아 지키던 태자 우友를 붙잡아 죽였다.

구천이 열병식을 거행한 월왕대越王臺의 모습이다.
'와신상담'의 배경이 된 곳이기도 하다.

급보를 접한 부차는 제후들 귀에 이 소식이 들어가지 않도록 입단속 하는 한편 서둘러 맹약을 끝내고 본국으로 군대를 돌렸다. 하지만 오나라는 제나라, 진晉나라와 오랫동안 전쟁을 치른 끝이라 국력이 매우 약해져 있었다. 부차는 화의를 맺는 쪽을 택했고, 월나라도 오나라를 멸망시키기에는 역부족이라 판단해 일단 화의에 응했다.

그로부터 4년 뒤인 기원전 478년, 힘을 비축하고 기회를 엿보던 월나라는 다시 오나라를 공격했다. 꽤 긴 공방이 계속됐다. 월나라가 오나라의 수도를 포위한 지 3년째 되던 해인 기원전 473년, 결국 부차는 고소산姑蘇山으로 도망치고 말았다. 월나라 군은 고소산을 포위했다.

부차는 사신을 보내 다시 화의를 요청했다. 구천은 이를 가련하게 여겨 동정하고자 했지만 범려가 단호하게 반대했다.

"지난날 회계에서 하늘은 우리 월나라를 오나라에 넘겨주려 했습니다. 그럼에도 오나라는 이를 받지 않았습니다. 이번에는 하늘이 오나라를 월나라에 주려 합니다. 그런데 우리가 하늘의 뜻을 거슬러서야 되겠습니까? 오늘날까지 노력해온 이유는 오나라를 치기 위해서가 아니었습니까? 22년에 걸친 노력을 단 하루 만에 버리는 것은 옳지 않습니다."

구천이 대답했다.

"그대의 의견에 따라야 한다는 생각은 들지만 부차가 보낸 사자에게 차마 그렇게 말할 수가 없구려."

그러자 범려가 큰북을 울려 병사들에게 진격을 명령했다. 그리고 오나라 사신에게 말했다.

"왕께서 국정을 모두 나에게 위임하시었다. 그대는 물러가라. 그러지 않는다면 죽음을 면치 못하리라!"

찡그림을 따라 하다
효빈效顰

좋고 나쁨을 생각하지 않고 무조건 남을 따라 하는 것을 말한다. 출전은 『장자莊子』다. 월나라 범려는 오나라 왕 부차를 구워삶기 위해 여러 명의 미녀를 보냈다. 그중 부차의 심기를 가장 어지럽힌 미녀가 서시西施였다. 가슴앓이가 있던 서시는 통증 때문에 인상을 찡그리는 경우가 잦았다. 그 모습이 다른 여인들에게는 한층 더 아름답게 비쳤다. 주변에 사는 못생긴 여자들이 이를 흉내 내 눈썹을 찡그리자 그 모습이 꼴불견이라 보는 사람마다 이맛살을 찌푸렸다. 이 고사에서 '효빈'이라는 말이 탄생했다.

▌구천의 책사였던 범려는 나아가야 할 때와 물러나야 할 때를 정확히 알았던 현자였다.

　　오나라 사신은 눈물을 흘리며 물러갔다. 이를 가엾게 여긴 구천이
부차에게 몰래 사람을 보내 자신의 뜻을 전했다.

　　"그대를 용동甬東으로 보내줄 터이니 그곳에서 백 호를 다스리시오."

　　부차는 "나는 이미 늙었소. 그러니 그대를 왕으로 섬길 수 없소. 오
자서의 말을 듣지 않아 이런 지경에 빠지고 말았으니 그저 유감일 따름
이오"라고 말하고는 스스로 목을 찔러 죽었다. 죽기 전 부차는 "오자서
를 볼 낯이 없다"며 천으로 자신의 얼굴을 덮게 했다.

　　오나라는 멸망했다. 구천은 오나라 땅을 모두 평정한 뒤 주군인 부
차에게 불충했다는 죄목을 붙여 백비를 죽였다.

　　구천은 군대를 거느리고 제와 진晉을 포함한 제후들과 서주徐州에서
회맹하고 주나라에 공물을 바쳤다. 주나라 원왕元王은 사자를 보내 조상
에게 제사 지낼 고기를 건네는 한편, 구천에게 백작의 칭호를 부여했다.

　　구천은 회수淮水 연안 지역을 초나라에 주고, 오나라가 빼앗은 송나

라의 토지를 원래 주인에게 돌려주었으며, 사수泗水 동쪽 백 리 사방의 토지를 노나라에 주었다. 월나라 군대는 장강長江과 회수 동쪽을 자유로이 왕래했고, 모든 제후가 구천에게 축하의 말을 건네며 그를 패주로 치켜세웠다.

최고 공신 범려는 미련 없이 월나라를 떠나 제나라로 가면서 문종에게 편지를 보냈다. 편지에는 "'나는 새가 다 잡히면 좋은 활은 거두어지고(조진장궁鳥盡藏弓)', '교활한 토끼가 모두 잡히면 사냥개는 삶겨진다(토사구팽兎死狗烹)'는 말이 있소. 월왕 구천은 고난은 함께할 수는 있어도 즐거움은 같이 할 수 없는 위인이오. 왜 빨리 월나라를 떠나지 않는 것이오"라고 적혀 있었다. 편지를 읽은 문종은 병을 핑계 삼아 조정에 나아가지 않았다. 이때 문종이 모반을 꾀하고 있다고 참언하는 사람이 나타나자 구천은 문종에게 칼을 내리며 이런 말을 전했다.

"그대는 일찍이 오나라를 칠 수 있는 일곱 가지 계책이 있다고 했다. 나는 그중에서 세 가지를 사용해 오나라를 쳐부술 수 있었다. 나머지 네 가지가 아직 그대에게 있으니, 그대는 지하에 계신 선왕을 찾아가 그것을 시험해보기 바란다."

문종은 범려의 충고를 따르지 않은 것을 후회하며 구천이 내린 칼로 자기 목을 찔렀다. 월왕 구천은 권력자의 비정한 속성을 여지없이 드러냈고, 범려는 그런 인간성의 내면을 속속들이 파악한 현자였다.

_ 이상 제31 「오태백세가」, 제41 「월왕구천세가」, 제129 「화식열전」

오나라와 월나라의 다툼

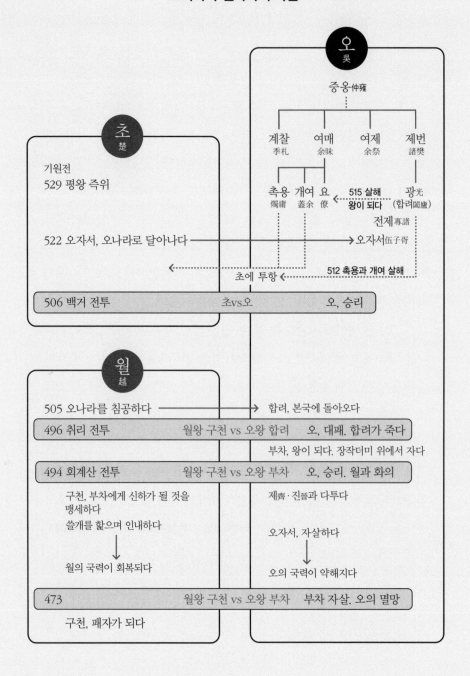

오吳

중옹仲雍

계찰季札　여매余昧　여제余祭　제번諸樊

초楚

기원전
529 평왕 즉위

촉용燭庸　개여蓋余　요僚　515 살해 **왕이 되다**　광光 (합려闔廬)

전제專諸

522 오자서, 오나라로 달아나다 ────→ 오자서伍子胥

초에 투항 ←　512 **촉용과 개여 살해**

506 백거 전투　초vs오　오, 승리

월越

505 오나라를 침공하다 ────→ 합려, 본국에 돌아오다

496 취리 전투　월왕 구천 vs 오왕 합려　오, 대패. 합려가 죽다

부차, 왕이 되다. 장작더미 위에서 자다

494 회계산 전투　월왕 구천 vs 오왕 부차　오, 승리. 월과 화의

구천, 부차에게 신하가 될 것을
맹세하다
쓸개를 핥으며 인내하다

제齊·진晉과 다투다

오자서, 자살하다

월의 국력이 회복되다

오의 국력이 약해지다

473　월왕 구천 vs 오왕 부차　부차 자살. 오의 멸망

구천, 패자가 되다

공자,
임금은 임금답게 신하는 신하답게

좋은 정치란 무엇인가

노나라의 군주는 주공 단의 아들 백금伯禽을 조상으로 삼는다. 22대 양공襄公 때가 되자 노나라 군주의 권력이 쇠약해졌다. 계손씨季孫氏, 숙손씨叔孫氏, 맹손씨孟孫氏로 불리는 3환桓이 실권을 쥐고 국정을 좌지우지했다. 이들은 노나라의 15대 군주인 환공桓公의 일족이었기 때문에 3환이라 불렸다.

공자가 17세 때인 기원전 535년, 노나라의 대부 맹리자孟釐子가 죽기 전 후계자인 맹의자孟懿子에게 이런 유언을 남겼다.

"공자는 나이가 어리지만 예를 좋아하니, 그야말로 대덕을 이룰 인물이다. 내가 세상을 떠나면 반드시 그를 스승으로 모시거라."

맹의자는 이 유언에 따라 남궁경숙南宮敬叔과 함께 공자의 제자로 들

■ 공자에게는 제자가 많았다. 배움을 청하고자 먼 나라에서 일부러 찾아오는 사람이 끊이지 않을 정도였다. 제자들을 가르치는 공자의 모습을 묘사한 그림이다.

어가 예법을 공부했다.

공자는 가난하게 컸다. 일찍이 계씨의 창고를 지키는 말단 관리로 일한 적이 있었는데 그의 곡물 저울질은 언제나 공평했다. 목장 일을 맡았을 땐 모든 가축이 번성했다. 사람들은 키가 6척이나 되는 공자를 '키다리'라고 부르며 괴이하게 여겼다.

남궁경숙이 노나라의 군주를 만나 "공자를 따라 주나라의 수도에 다녀오고 싶습니다"라고 청했다. 노나라 군주는 이를 허락하며 수레 하나, 말 두 필, 시자 한 명을 내려주었다. 공자 일행이 주나라 수도에 간 이유는 예에 대한 의문을 풀기 위해서였다. 그들은 주나라로 가 노자老子를 만났다. 헤어질 때 노자는 일행에게 함축적인 말을 남겼다.

공자가 노나라로 돌아오자 입문하는 제자가 점점 늘어났다.

소공昭公 20년(기원전 522년), 공자는 사신으로 제나라를 방문했다.

이때 제나라 경공景公(재위 기원전 548~490년)이 공자를 매우 마음에 들어했다.

5년 뒤인 기원전 517년, 노나라 소공이 제나라로 망명했다. 공자도 소공을 따라 제나라로 갔다. 공자는 제나라의 악관樂官과 음악에 대해 논하고 소韶라는 곡의 연주를 들었다. 공자는 소의 연주법을 배웠는데 석 달 동안 고기 맛을 느끼지 못할 정도로 몰두했다. 제나라 사람들은 그런 공자를 보고 칭찬의 말을 아끼지 않았다.

제나라 경공이 정치에 대해 묻자 공자는 "임금은 임금답게, 신하는 신하답게, 아버지는 아버지답게, 아들은 아들답게 행동하는 것입니다(군군신신부부자자君君臣臣父父子子)"라고 대답했다.

경공이 다시금 정치에 대해 묻자 공자는 "좋은 정치란 정부의 비용을 절약하는 것입니다"라고 답했다. 경공은 이 대답에 만족스러워하며 공자에게 영지를 내리려 했지만 재상 안영晏嬰이 이를 반대하고 나섰다.

"원래 유자儒者들이란 말만 잘하는 존재라 모범이 못 됩니다. 오만한 데다 자신만이 옳다고 생각하므로 백성을 교화시키기에 적당하지 않습니다. 죽은 사람을 위한 상복을 중요시하고 밤낮으로 곡을 하느라 있는 재산을 다 써가며 지나치게 장례를 치릅니다. 이것은 백성의 풍속을 어지럽히는 일입니다. 여러 나라를 떠돌며 번드르르한 말재주를 동원해 재물을 거둬들이는 자들이기 때문에 나라를 다스리는 데 유용하지 않습니다. 주나라 문왕, 주공 단과 같은 큰 현인이 돌아가신 뒤로는 주 왕실조차 완전히 힘을 잃어 예의와 음악의 규범마저 사라졌습니다. 지금은 공자가 위의威儀를 갖춰 외모를 장식하고 있지만, 당상으로 오르내리는 예법이나 걸음걸이의 예절 등은 몇 대를 거쳐도 배우기가 쉽지 않은 것입니다. 아니 평생토록 추구한다 해도 요체를 파악하기가 어렵습니다. 만약 공자를 써서 우리 제나라의 풍속을 바꾸고자 하신다면 속히 그 생각을 버리도록 하십시오. 그것은 백성을 바른길로 이끌어갈 방도가 아닙니다."

이 말을 들은 제나라 경공은 공자를 만나 경의를 표할 뿐 예절에 대해 질문하지 않았다.

그 뒤 공자의 암살 미수 사건이 발각되었다. 공자가 경공에게 보고하자 경공은 "나는 나이가 들었소. 이제 그대를 쓸 수가 없구려"라고 말했다. 공자는 제나라를 떠나 노나라로 돌아갔다.

_ 이상 제33 「노주공세가」, 제47 「공자세가」, 제67 「중니제자열전」

군자의 도리와 이적의 도리

공자가 42세 때인 기원전 510년, 소공이 죽고 정공定公이 국군의 자리에 올랐다. 이때 노나라에서는 계손씨를 추종하는 양호陽虎라는 인물이 권력을 키워가고 있었다. 상하 질서가 매우 어지러운 상태였기 때문에 공자는 벼슬길에 나아가지 않고 시詩·서書·예禮·악樂에 몰두했다. 제자는 계속 늘어나 먼 나라에서 일부러 찾아오는 경우가 적지 않았다.

정공 8년(기원전 502년)에 내란이 일어나 양호가 제나라로 망명했다. 얼마 뒤 공자는 노나라 중도中都 지역의 재宰로 임명되었다. 1년이 지나자 그 주변 지역이 모두 중도의 풍속을 모범으로 삼으려 했다. 그 공을 인정받아 공자는 사공司空(토목을 관장하는 고급 관리)이 되었다가 이윽고 대사구大司寇(법무장관)로 승진했다.

정공 10년(기원전 500년), 노나라는 제나라와 화의를 맺고 협곡夾谷에서 회맹을 행했다. 두 나라 군주는 서로 양보하며 마련된 단에 올라가 술을 주고받는 예를 마쳤다. 제나라의 관리가 나와 "사방의 음악을 연주하게 하옵소서"라고 하니 경공이 "좋다"고 대답했다. 그러자 새의 깃털로 만든 깃발과 창칼, 방패를 든 무리가 북을 치며 떠들썩하게 나타났다. 이때 공자가 빠른 걸음으로 계단에 올라 긴 소매를 휘두르며 외쳤다.

"두 군주께서 친목을 위해 만나셨는데 여기서 어찌 오랑캐의 음악을 연주하는가? 썩 물러가라고 명하라."

관리가 물러가라고 했으나 연주하는 무리는 그 말을 듣지 않았다. 경공이 부끄러운 마음이 들어 손으로 신호를 보내자 그제야 물러났다.

잠시 뒤 제나라 관리가 다시 나와 "궁중의 음악을 연주하게 하옵소서"라고 말했다. 경공은 "그렇게 하라"고 답했다. 그러자 광대와 난쟁이가 재주를 부리며 앞으로 나왔다. 공자는 다시 빠른 걸음으로 계단에 올라 소맷부리를 흔들며 외쳤다.

"필부로서 제후를 현혹케 하는 자는 모름지기 사형으로 다스려야 합니다. 아무쪼록 처형할 것을 명하시기 바랍니다!"

경공은 다시 부끄러운 마음이 들어 관리에게 명해 광대와 난쟁이들을 처형시키도록 했다.

이 사건을 계기로 제나라 경공은 도의나 의례 문제에서 노나라를 당할 수 없음을 절감했다. 귀국 후에도 마음이 편치 않아 중신들에게 의견을 구했다.

"노나라는 군자의 도리로 군주를 보필하고 있다. 그런데 그대들은 어떠한가? 그대들은 이적의 도리로 과인을 가르쳐 노나라 군주에게 죄를 짓게 만들었다. 도대체 이를 어찌한단 말인가?"

한 관리가 앞으로 나서 이렇게 말했다.

"군자는 잘못을 범하면 실행을 통해 사죄의 마음을 드러내고, 소인은 잘못을 저지르면 말로만 끝낸다고 합니다. 만약 마음이 편치 않으시다면 실행을 통해 사죄의 뜻을 보이시는 것이 어떻겠습니까?"

경공은 노나라에서 빼앗은 구음龜陰 등의 땅을 반환하며 자신의 잘못을 사과했다.

_ 이상 제33 「노주공세가」, 제47 「공자세가」

공자의 천하유세

정공 14년(기원전 496년), 공자는 재상의 일을 맡게 되었다. 공자는 먼저 국정을 어지럽히던 대부 소정묘少正卯를 주살했다. 그로부터 3개월 뒤 가축을 파는 자는 값을 속이지 않고, 남자와 여자는 각자 따로 길을 걷고, 길거리에 물건이 떨어져도 주우려는 자가 없게 되었다. 노나라를 찾은 다른 나라 사람들은 관리에게 뇌물을 주지 않고도 일을 잘 마치고 돌아갈 수 있었다.

이 소식을 들은 제나라 궁정은 불안에 휩싸였다.

"공자가 정치를 맡으면 노나라가 패주가 될 것이다. 그렇게 되면 노나라와 붙어 있는 우리가 위험해진다."

어떤 자가 이렇게 제안했다.

"우선 시험 삼아 공자의 정치를 방해해보면 어떻겠습니까? 그것이 먹혀들지 않으면 그다음에 영지를 제공해도 늦지 않을 것입니다."

제나라는 80명의 미녀를 가려 뽑았다. 모두 아름다운 자태에 춤 솜씨도 빼어난 여인들이었다. 거기에 잘 갖춘 말 120마리를 보태 노나라 군주에게 선물로 보냈다.

아니나 다를까, 정공은 그 선물을 받은 뒤 정사를 게을리하기 시작했다. 이를 보고 공자의 제자인 자로子路가 말했다.

"선생님, 떠나야 할 때가 온 것 같습니다."

공자는 잠시만 더 상황을 살펴보자고 말했지만 정공이 교외에서 제사를 지내며 희생 제물을 대부들에게 나누어주지 않자 마음을 굳히고 노나라를 떠났다. 제물을 나누어주는 것은 신하들을 존중하고 있음을 표하는 행위였던 것이다.

공자는 위, 조, 송, 정, 진陳을 거쳐 다시 위나라로 돌아왔다. 위나라 영공靈公에게 기대를 걸었지만, 이미 나이가 많았던 영공은 공자를 등용하지 못했다. 공자는 깊은 한숨을 내쉬며 "만약 나를 기용한다면 그 나라는 단 1년 만에 자리를 잡을 것이요, 3년이면 구체적인 성과를 낼 텐데"라는 말을 남기고 위나라를 떠났다.

공자는 진陳, 채, 섭葉나라를 거쳤다. 공자가 진과 채 사이에 있을 때

▎공자가 만년에 72명의 제자들을 가르쳤다고 전해지는 공묘孔廟 안의 행단杏壇이다.

초나라 소왕이 공자를 초빙했다. 그런데 여기서 문제가 발생했다. 진과 채는 공자가 초나라에 등용되면 초나라는 더욱 강해지고, 이웃한 작은 나라들은 위태로워질 것이라고 판단했다. 그래서 진과 채의 대부들이 군대를 보내 공자 일행을 포위했다.

공자 일행은 굶고 병들어 일어서지 못할 지경이 되었다. 공자는 제자 자공을 초나라로 보내 사정을 알렸고, 초나라 소왕이 군대를 파견함으로써 간신히 위기를 모면할 수 있었다.

초나라 소왕은 공자에게 영지를 주고자 했지만 재상 자서子西가 반대했다.

"지금 공자는 과거 삼황오제의 치국 방법을 말하며 주공과 소공의 덕치를 본받고 있습니다. 원래 주 문왕은 풍 땅에서 일어났고, 무왕은 호 땅에서 일어났지만 사방 백 리밖에 안 되는 작은 곳에서 천하의 왕이 되었습니다. 공자가 비옥한 토지를 얻고 현명한 제자들에게 보좌를 받게 되면 초나라에 결코 좋지 않은 일이 될 것입니다."

이 말을 들은 소왕은 공자에게 영지를 주려던 생각을 버렸다.

소왕이 죽자 공자는 초나라를 떠나 노나라로 돌아왔다. 13년 만의 귀향이었다. 이때가 기원전 484년이었다. 당시 노나라의 군주는 애공哀公이었다. 권력은 변함없이 3환의 수중에 있었고, 당연히 벼슬로 나아갈 길은 막혀 있었다. 공자도 벼슬에 마음을 두지 않았다.

공자는 책을 쓰고 제자를 기르는 데 남은 인생을 바쳤다. 공자는 『시경』과 『서경書經』 및 예악에 관한 고전을 교재로 삼아 제자들을 가르쳤다. 제자가 3천 명에 이르렀고, 그중 육예六藝에 통달한 수제자만 72명 이나 되었다.

공자는 고전, 실천, 성실, 신의라는 네 가지 덕목을 가르침의 근본으

▌공자의 무덤인 공림孔林의 모습이다.

로 삼았다. 곧 "억측하지 말 것, 독단하지 말 것, 고집하지 말 것, 스스로 옳다고 여기지 말 것" 등이었다.

애공 14년(기원전 481년) 봄, 대야大野 땅에서 괴상한 짐승이 잡혔다. 공자는 이 짐승을 보고 기린이라고 말했다. 공자는 이 사건 이후 『춘추春秋』 정리 작업을 중단했다.

대략 주나라가 낙양으로 천도한 뒤부터 이때까지를 춘추시대라 하며, 그 이듬해인 기원전 480년부터 진秦 시황제始皇帝가 천하를 통일할 때까지를 전국시대라 한다.

애공 16년(기원전 479년) 4월, 공자는 73세를 일기로 세상을 떠났다.

_ 이상 제33 「노주공세가」, 제47 「공자세가」

나라의 분열,
전국시대를 열다

전씨의 번영

진陳나라 여공厲公에게 완完이라는 아들이 있었다. 완이 태어났을 때 마침 주나라 태사太史가 진나라에 와 있었다. 완의 미래를 점쳐보았더니 관觀 괘와 부否 괘가 나왔다. 그것을 보고 태사가 말했다.

"이 아이는 나라를 차지하는 인물이 될 것입니다. 이곳 진나라가 아니라 다른 나라일 것이며, 이 아이가 아니라 자손이 그리될 것입니다. 아마 강씨의 나라일 것입니다."

진나라 선공宣公 21년(기원전 672년), 나라에 정변이 일어나자 완은 제나라로 망명했다. 이때부터 완은 전씨田氏로 성을 바꾸었다. 당시 제나라는 환공이 다스리고 있었다.

전기田乞는 전완의 6대 자손이다. 그는 제나라 경공을 섬겨 대부가 되었다. 전기는 자신이 다스리는 영지의 농민에게 세미를 받을 때에는 작은되로 재고, 농민들에게 곡물을 지급할 때에는 큰되로 재는 등 음덕을 쌓아나갔다. 백성은 그에게 마음을 주었고, 가문은 크게 번영했다. 이를 위험하다고 본 제나라 재상 안영이 간언했으나 경공은 안영의 말을 제대로 듣지 않았다. 안영은 "제나라 정권이 머지않아 전씨의 것이 되고 말 것이다"라고 예언했다.

경공은 태자가 먼저 세상을 떠나자 총애하던 첩이 낳은 도茶를 새로운 태자로 지명했다. 경공이 죽자 중신인 고씨高氏와 국씨國氏가 도를 군주로 옹립했지만, 전기는 양생陽生이란 또 다른 공자에게 주목했다.

전기가 정변을 일으켜 양생을 국군의 자리에 앉히니 이가 도공悼公 (재위 기원전 489~485년)이다. 전기는 재상이 되어 국정을 손아귀에 쥐었다. 이때가 기원전 489년이다. 이로부터 전기의 자손이 대대로 재상의 자리에 앉게 되었다.

_ 이상 제32 「제태공세가」, 제36 「진기세가」, 제46 「전경중완세가」

입술이 없으면 이가 시리다
순망치한 脣亡齒寒

일의 계획이나 처리가 확실해 틀림없이 실행되는 것을 비유한 말이다. 전국 시대 말기에 활약한 유세가 소려蘇厲가 주나라 난왕赧王을 설득하기 위해 구사한 말에서 유래했다. 출전 제39 「진세가」

하극상의 시대

진晉나라는 31대 군주인 경공頃公 때에 이르러 쇠퇴의 기색을 역력히 띠게 되었다. 당시 진에서는 지백知伯, 위魏, 한韓, 조趙, 중행中行, 범范의 6경卿이 정치의 실권을 쥐고 있었다. 경공 12년(기원전 514년)에 6경은 국군 가문의 힘을 더욱 약화시키기 위해 경공과 사이가 좋지 않은 공자들을 모조리 죽인 뒤 그 영지를 나눠 가졌다.

그 후 진 정공定公 22년(기원전 491년)에 내전이 벌어졌다. 이때 패배한 중행씨와 범씨는 제나라로 망명했다.

나머지 4경 중에서는 지백의 힘이 두드러졌다. 지백은 더욱 오만해져 한과 위에 토지를 내놓으라고 요구했다. 한 강자康子와 위 환자桓子는 지백의 요구에 따랐다. 그러자 이번에는 조에도 토지를 요구했는데 조 양자襄子는 그의 요구에 응하지 않았다. 지백은 한과 위의 병사들을 거느리고 조를 침공했다. 이 싸움에서 패배한 조 양자는 진양晉陽으로 달아나 그곳에서 농성했다.

고사성어

선비는 자기를 알아주는 사람을 위해 죽는다

사위지기자사 士爲知己者死

춘추시대 말기, 지백의 원수를 갚겠다고 나선 자객 예양豫讓의 말에서 유래했다. 진나라의 6경 중 하나였던 지백은 교만하고 비인간적이라 많은 사람에게 비난을 받았다. 지백이 조 양자에게 죽임당한 뒤 다른 가신들은 모두 제 살길을 찾아 뿔뿔이 흩어졌으나 예양만은 "선비는 자기를 알아주는 사람을 위해 죽고, '여자는 자기를 기쁘게 해주는 사내를 위해 얼굴을 꾸민다(여위열기자용女爲悅己者容)'고 했다. 지백이 나를 알아주었으니 그를 위해 죽음으로 복수하겠다"고 다짐했다. 예양은 뜨거운 숯을 삼켜 성대를 끊고 거리에서 구걸하며 복수의 기회를 노렸다. 그러나 결정적인 순간 발각되어 복수에 실패하고 스스로 목숨을 끊고 말았다. 출전 제86 「자객열전」

진양을 포위한 지 1년 남짓, 무력으로는 해결을 보기 어렵다고 생각한 지백은 분수汾水의 물길을 막았다 일시에 터뜨렸다. 이 작전은 효과적이었다. 성안 대부분이 물에 잠겨 먹을 것이 부족해지자 사람들은 서로 아이들을 바꿔 죽인 뒤 그 고기를 먹었다. 가신들의 마음도 점차 조 양자에게서 멀어져 예의조차 갖추지 않는 지경에 이르렀다.

심각한 위기의식을 느낀 조 양자는 재상인 장맹동張孟同을 한밤중에 몰래 성 밖으로 내보내 한·위와 밀약을 맺도록 했다. 그해 3월 병술일에 한 강자와 위 환자는 칼날을 지백에게로 돌렸다. 이들은 조 양자와 안팎으로 호응해 지백을 멸망시켰다. 지백의 영지는 셋이 나누어 가졌다. 그때가 기원전 458년경이었다.

그 후 50여 년이 지난 진나라 열공烈公 13년(기원전 403년)에 주나라 위열왕威烈王이 조·위·한의 각 군주들을 모두 제후로 인정했다(이때를 전국시대의 시작으로 보는 견해도 적지 않다*). 역사에서는 흔히 이 세 나라를 삼진三晉이라고 일컫는다.

_ 이상 제39 「진세가」

『사기』문답 史記問答

❖ 왜 춘추시대라고 하는가?

춘추는 공자가 정리한 역사서 『춘추』의 이름에서 유래한다. 일반적으로 공자가 지었다고 알려져 있지만 그것은 후대 사람들이 갖다 붙인 말이며 실제 작자는 알 수 없다. 전국시대에 제나라에서 편찬되었다고 한다. 공자가 기록한 노나라의 역사는 기원전 722년부터 481년까지다. 『춘추』에 해설을 붙인 것이 곧 『춘추공양전春秋公羊傳』이다. '전傳'은 해설이란 뜻이다. 전국시대에 여러 나라가 저마다 『춘추』 및 『춘추공양전』에 해당하는 독자적인 역사서를 지었다. 『춘추좌씨전』은 한韓에서, 『춘추곡량전春秋穀梁傳』은 중산中山에서 편찬되었다고 한다.

❖ 주나라의 동천은 왜 이루어졌는가?

3세기 중반, 전국시대 위魏나라 왕의 무덤에서 대량의 죽간竹簡이 발견되었다. 그 가운데 『죽서기년竹書紀年』이라 불리는 역사서가 있었다. 시황제의 분서 사태를 피한, 사마천도 보지 못한 사료였다.

이에 따르면 주나라의 내란은 기원전 771년에 왕조를 떠받치던 여러 제후들이 대립하고, 이민족이 침입해온 혼란 속에서 유왕이 살해당하며 시작되었다.

주나라의 도성인 호경鎬京에서는 대립하던 제후 집단 중 한쪽이 휴왕攜王을 옹립해 반대 집단을 배제했다. 이렇게 배제된 제후들이 기원전 770년에 주나라의 동도東都인 낙읍에서 평왕을 옹립했고, 이로써 주나라는 동서로 분열되었던 것이다.

기원전 759년에 평왕을 지지하는 집단이 휴왕을 죽였지만 서주 옛 땅의 혼란은 수습되지 않았다. 기원전 754년에 서쪽 지방에서 진출해온 진秦나라가 기산 이서 지역을 수중에 넣음으로써 드디어 안정 국면을 맞았다. 이상이 『죽서기년』에 묘사된 주나라의 동천 정황이다.

❖ 패자(또는 패주)의 역할은?

춘추시대에 주나라 왕실은 명목상의 맹주였을 뿐 실제로 천하를 좌지우지한 건 강대한 세력을 구축한 제후였다. 외적의 침입에 대비하기 위해 제후들의 지도자로 올라선 인물이 후세에 '패자'라는 이름으로 불렸다. '춘추오패'를 꼽기도 하는데, 제 환공과 진 문공을 제외한 인물들에 관해선 여러 설이 분분하다. 대체로 진 목공, 송 양공, 초 장왕, 오왕 부차, 월왕 구천 등이 주요한 패자로 꼽는다.

그렇다면 구체적으로 외적이란 누구를 가리켰던 것일까? 춘추시대 초기에는 만이蠻夷의 땅으로 불리던 초나라가 가장 큰 외적으로 꼽혔다. 초나라는 일찍부터 주나라 왕실의 권위를 부정하며 왕이란 칭호를 사용했다. 중원의 제후들은 장강 중류 지역에 본거지를 둔 초나라를 전혀 이질적인 문화를 지닌 나라로 보았다. 그래서 초나라를 매우 위험시하며 경계했다.

기원전 6세기가 되면 장강 하류 지역에서 오와 월 두 나라가 등장하는데 이들은 한자를 사용하고 스스로를 왕이라 칭했다.

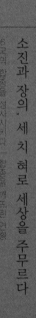

소진과 장의, 세 치 혀로 세상을 주무르다

6국의 합종을 성사시키다 ㅣ 합종을 깨뜨린 연횡

장평 전투, 비정한 노장의 승리

소문을 퍼뜨려 적을 속이다 ㅣ 연부인의 두려움, 이유 있는 죽음

『사기』문답

3장

피도 눈물도 낭만도 사라진 곳, 전국시대

전국시대 초기의 중국

기원전 403년 무렵에 진晉이 한·위·조로 분열하고 전국시대로 돌입한다. 제나라 맹상군, 연나라 악의, 조나라 평원군 등 역사에 이름을 올린 인물들이 크게 활약했다.

손빈,
비운의 천재 병법가

돈으로 평판을 사다

전완으로부터 10대째가 전화田和다. 전화는 탁택濁澤에서 위魏나라 문공과 회견을 갖고 자신을 제후의 반열에 넣어달라고 요구했다. 위 문공은 천자와 다른 제후들에게 사신을 보내 의견을 구했다. 주 천자가 그것을 인정함으로써 전화는 기원전 386년, 제공齊公이 되어 주 왕실의 의식에 참여할 수 있는 자격을 얻었다. 전화는 제나라의 강씨가 차지해온 태공의 자리를 꿰찼다.

전화가 죽자 아들 오午가 제 환공으로 즉위하고, 환공이 죽자 아들 인제因齊가 뒤를 이으니 이가 바로 위왕威王이다. 위왕이 즉위하던 해에 전씨는 괴기 강대공의 후손後孫들이 나스려왔던 제나라의 모든 강역을 차지했다. 명실공히 제나라는 전씨의 소유가 된 것이다.

즉위 초기에 위왕은 국정을 경과 대부에게 맡겼다. 이 때문에 다른 제후들의 침공이 끊이질 않았고, 국내 질서는 어지러워지기 일쑤였다.

즉위한 지 9년 후, 위왕은 즉묵卽墨의 대부를 불러 다음과 같이 말했다.

"그대가 즉묵을 맡은 뒤 매일 비난하는 소리가 들려왔다. 사람을 시켜 몰래 조사해보았더니 논밭은 개간되어 넓어지고, 백성은 부유해졌으며, 관리들의 업무는 밀리지 않았다. 우리 동방의 제나라가 그대 덕분에 평안함을 알게 되었다. 그대는 내 측근들에게 뇌물을 보내지 않았기 때문에 좋은 평판을 얻지 못한 것임에 틀림없다."

위왕은 즉묵의 대부가 세운 공적을 치하하며 그에게 만호의 영지를 주었다. 얼마 뒤 위왕은 아阿의 대부를 불러 다음과 같이 말했다.

"그대가 아의 성을 맡은 뒤 하루가 멀다 하고 좋은 평판이 들려왔다. 그래서 몰래 사람을 시켜 조사해보았더니 논밭이 경작되지 않아 백성의 고생이 이만저만이 아니었다. 앞서 조趙나라와 위衛나라가 쳐들어왔을 때 그대는 원병을 보내지 않고 모르는 체했다. 그대는 내 측근들에게 뇌물을 뿌려 좋은 말이 퍼지도록 꾀했음이 틀림없다."

위왕은 그날로 아의 대부를 삶아 죽이고, 그를 비호해온 측근들 또한 모두 같은 형벌에 처했다(이것이 그 유명한 '장일인奬一人, 팽일인烹一人', 즉 '한 사람은 상을 주고, 한 사람은 가마솥에 삶아' 국정의 기강을 잡았다는 고사다•). 위왕은 이렇게 기강을 바로 세우는 한편 조와 위衛를 공격했고, 탁택에서 위魏의 군사를 깨뜨렸다. 위魏 혜왕惠王(재위 기원전 369~319년)은 화친을 꾀하며 관觀 땅을 내놓았고, 조나라는 빼앗은 제나라의 토지를 반환했다. 이때부터 대놓고 제나라와 전쟁하려 드는 제후국이 사라졌다.

_ 이상 제46 「전경중완세가」

가신이야말로 나라의 보배

기원전 336년 무렵, 위왕은 조나라의 성공成公과 평륙平陸에서 회견을 가졌다. 이듬해에는 위 혜왕과 도성 가까운 곳에서 함께 사냥을 했다. 위 혜왕이 "귀하의 나라에도 보물이 있겠지요?"라고 묻자 제 위왕은 "없습니다"라고 대답했다. 혜왕이 거듭 물었다.

"우리나라가 작기는 하지만 그래도 아주 귀한 구슬을 열 개나 가지고 있답니다. 그러니 만 승을 보유한 제나라에 보물이 없을 리 없겠지요."

위왕은 이렇게 대답했다.

"우리나라에서 말하는 보물은 조금 다릅니다. 가신 가운데 단자檀子라는 사람이 있는데, 그에게 남성의 수비를 맡겼더니 초나라 군대가 남쪽 국경에 다가오는 일이 없어졌고, 사수에 근접한 12개 제후들이 내조來朝하게 되었습니다. 또 가신 가운데 반자盼子라는 이가 있어 그에게 고당高唐의 수비를 맡겼더니 조나라 군대가 서쪽 국경을 침범하지 않는 것은 물론 황하에서 고기잡이조차 하지 않게 되었습니다. 하급 관리 중에 검부黔夫라는 이가 있는데, 그에게 서주徐州의 수비를 맡겼더니 연나라 사람들이 우리 북문을 향해 제사를 올리며 제나라 군대가 공격해오지 않기를 빌게 되었고, 조나라 사람들은 우리 서문을 향해 제사를 올리며 제나라 군대가 공격해오지 않기를 빌게 되었습니다. 또한 연나라와 조나라에서 우리나라로 이주해온 사람이 무려 7천 호에 이르렀습니다. 가신 가운데 종수種首라는 이가 있어 그에게 도둑을 단속하도록 했더니 길에 떨어진 물건조차 집어가는 사람이 없게 되었습니다. 이 네 명의 가신이야말로 우리나라의 보물입니다."

위 혜왕은 부끄러워하며 굳은 얼굴로 떠나갔다.

일부 남아 있는 제나라의 장성 터이다.

기원전 353년, 위 혜왕의 군대가 조나라 수도 한단邯鄲을 포위했다. 조나라에서 원군 요청이 들어오자 위왕은 중신들을 불러 의논했다.

"원군을 보내는 것과 보내지 않는 것 중 어느 쪽이 낫겠는가?"

위왕의 질문에 추기자鄒忌子가 먼저 "보내지 않는 편이 좋습니다"라고 말했다. 다음으로 단간붕段干朋이 "원군을 보내지 않는 것은 신의를 저버리는 일이며 우리 제나라에도 불리합니다"라고 대답했다. 위왕이 "어째서인가"라고 물으니 단간붕은 이렇게 말했다.

"이익이 없기 때문입니다. 그러니 남쪽을 향해 위의 양릉襄陵을 공격하여 위나라 군대를 피로하게 만드는 것이 좋습니다. 설령 한단이 함락된다 하더라도 그때 위의 군대는 피곤에 절어 있을 것입니다. 그 틈을 노려 공격해 들어가는 것이 좋지 않을까 합니다."

위왕은 이 계책에 따라 계릉桂陵으로 나아갔고, 그곳에서 위나라 군

▌위나라, 진나라의 공격을 받으며 수차례 위기에 놓였던 조나라 수도 한단의 모습이다.

대를 무찔렀다.

　　한편, 중신 추기자와 장군 전기田忌 사이의 대립이 무력 충돌로 이어
졌다. 이 싸움에서 패한 전기가 나라 밖으로 도망쳤다.

_ 이상 제46 「전경중완세가」

명신 전기와 손빈

기원전 342년, 위나라 군대가 한나라를 침공했다. 조나라와 맹약을 맺
고 있던 한나라는 조나라와 함께 위나라에 맞섰으나 승리를 거두지 못
했나. 한나라는 제나라에 원군을 요청했다.

　　이에 위왕은 전기를 다시 불러들여 장군 자리에 앉혔다. 그리고 중

신들에게 "원군을 서둘러 보내는 것이 좋겠는가, 천천히 보내는 것이 좋겠는가"라고 물었다. 추기자는 "원군을 보내지 않는 편이 좋습니다"라고 대답했다. 한편 전기는 "원군을 보내지 않으면 한나라는 약소해져 위나라와 손을 잡을 것입니다. 빨리 원군을 보내는 것이 상책입니다"라고 주장했다. 다음으로 손빈孫臏이 이렇게 답했다.

"서둘러 원군을 보내면 우리 군은 위나라 군의 세찬 공격을 받게 됩니다. 한나라에 원군을 보내겠다고 통지한 뒤 천천히 보내는 것이 좋습니다. 위나라 군이 지치기를 기다렸다 틈을 보아 전투를 벌이면 이익은 크고 명예는 높아질 것입니다."

위왕은 손빈의 안이 가장 마음에 들었다.

여기서 잠깐 손빈이 어떤 인물인지 살펴보자. 손빈은 춘추시대 오나라에서 활약한 장군 손무의 후손이다. 손빈은 귀곡자鬼谷子 밑에서 방연龐涓과 함께 공부했다. 그 후 방연은 위 혜왕을 섬기며 장군이 되었다. 방연은 질투심이 강한 성격이었는데, 자신의 능력이 손빈에게 미치지 못함을 잘 알고 있었다. 그래서 몰래 사람을 시켜 손빈을 불러들인 뒤 그에게 죄를 뒤집어씌웠다. 그러고는 손빈의 두 발을 자르고, 얼굴에 먹줄을 새겨 사람들 앞에 나서지 못하게 만들었다. 손빈을 죽이지 않은 까닭은 그에게서 비전秘傳의 병법서를 얻어내겠다는 속셈이 있었기 때문이다.

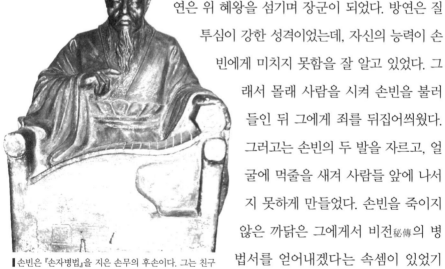
▌손빈은 『손자병법』을 지은 손무의 후손이다. 그는 친구 방연에게 배신당해 무릎 아래가 잘리는 빈형臏刑을 당했다.

그럴 즈음 제나라 사신이 위나라의 수도를 찾아왔다. 손빈에 대해 알게 된 사신은 손빈에게 몰래 연락을 취해 그를 제나라로 데리고 돌아 갔다. 손빈은 장군 전기의 식객이 되었다.

전기는 평소 공자들과 경마를 즐겼다. 손빈은 공자들이 준비한 말들이 다릿심에는 큰 차이가 없지만 그래도 상중하 세 등급으로 나눌 수 있다고 보고 전기에게 다음과 같이 진언했다.

"이번에 한번 크게 걸어보시지요. 반드시 이길 수 있습니다. 제가 승리의 비책을 짜드리겠습니다."

전기는 손빈을 믿고 천 금을 걸기로 했다. 마장으로 나서자 손빈이 말했다.

"귀하의 하급 말을 상대의 상급 말과 경쟁시키고, 상급 말은 중급 말과 중급 말은 하급 말과 경쟁시키도록 하십시오."

과연 손빈의 말대로 2승 1패가 되어 전기는 기분 좋게 판돈을 거둘 수 있었다. 손빈의 능력을 알게 된 전기는 그를 위왕에게 추천했다. 위왕 또한 손빈을 마음에 들어 하며 그를 병법의 스승으로 섬겼다.

_ 이상 제46 「전경중완세가」, 제65 「손자오기열전」

방연은 이 나무 아래에서 죽는다

한나라가 위왕에게 구원을 요청해오기 전, 위나라 군에게 한단을 포위당한 조나라가 구원을 요청해온 적이 있었다. 이때 위왕은 손빈에게 대장 자리를 맡기려 했다. 손빈은 "저는 형벌을 받은 몸이므로 당치 않습니다"라고 말하며 사양했다. 이에 위왕은 전기를 장군으로 삼고 손빈을 군사軍師로 삼아 손빈으로 하여금 수레 위에 앉아 작전을 지휘하도록 조치했다. 전기는 곧바로 한단으로 향하려 했지만 손빈이 여기에 반대했다.

"무작정 끌어당긴다고 뒤엉킨 실이 풀리는 것은 아닙니다. 지금 정세를 보건대 위나라의 정예부대는 조나라와의 전쟁을 위해 모두 출정한 상태이므로 국내에는 노인과 약졸만 남아 있을 것이 틀림없습니다. 장군께서는 군사를 이끌고 재빨리 위나라 수도 대량大梁으로 나아가십시오. 그곳에서 수도로 통하는 길목을 차지하면 위나라는 조나라와의 싸움을 접어두고 자국을 방어하기 위해 되돌아올 것입니다. 우리 군은 궁지에 빠진 조나라를 구해줌과 동시에 위나라 군대의 힘을 약화시킬 수 있습니다."

전기는 이 계책에 따라 계릉에서 위나라 군대를 크게 깨뜨렸다.

기원전 342년, 앞서 말한 대로 한나라가 구원을 요청해왔다. 전기와 손빈은 이때도 곧바로 대량으로 향했다. 이 소식을 접한 방연은 서둘러 군을 되돌렸다. 방연이 이렇게 나오리란 것을 미리 계산하고 있었던 손빈은 전기에게 다시 계책을 내놓았다.

"위나라 병사는 용감무쌍하고 사기가 높아 제나라 병사를 깔보고 있습니다. 훌륭한 장수는 주어진 조건을 이용해 승리를 거둘 수 있어야 합니다. 병법에 '이익을 탐하며 백 리 길을 거푸 달릴 경우 뛰어난 대장이라도 지쳐버린다. 50리 길을 탐하며 백 리 길을 거푸 달릴 경우 현장에 도착하는 군사는 절반이다'라고 나와 있습니다. 제나라 군이 위나라 영내에 들어가면 10만 명이 밥을 지어 먹을 아궁이를 만들게 하고, 점점 후퇴하면서 다음 날에는 5만 명, 그다음 날에는 3만 명만큼의 아궁이를 만들도록 하십시오."

전기가 이 계책대로 하자 방연은 고삐를 바짝 죄며 쫓아왔다. 방연

제나라와 위나라의 2대 전투

계릉 전투 (제vs위 기원전 353년)

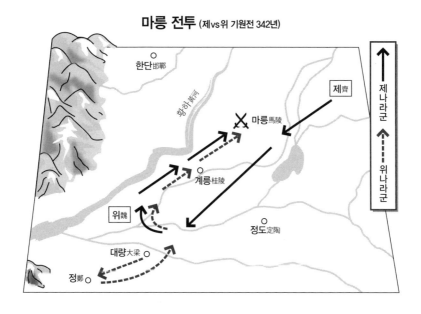

이 물러나는 제나라 군사의 뒤를 쫓은 지 사흘 째, 날마다 화덕 수가 줄어드는 것을 보고 탈주병이 잇따르고 있다고 판단했다. 승리를 확신한 방연은 보병을 뒤로 한 채, 정예기병만을 거느리고 밤낮없이 제나라 군을 추격했다.

손빈은 방연이 저녁 무렵에는 마릉馬陵에 도착할 것이라고 예상했다. 마릉은 길이 좁은 데다, 길 양쪽으로 험준한 곳이 많아 복병을 숨기기에 안성맞춤인 장소였다. 손빈은 큰 나무줄기를 하얗게 벗겨낸 다음 거기에 이렇게 써넣으라고 지시했다.

'방연은 이 나무 아래에서 죽는다.'

손빈은 솜씨 좋은 궁사 만 명을 뽑아 길 양쪽에 배치한 뒤 "해가 저물고 이곳에 횃불이 밝혀지면 일제히 발사토록 하라"고 명령했다.

밤이 되자 방연의 군대가 마릉에 도착했다. 방연은 흰 나무줄기에 무언가 글자 같은 것이 적혀 있는 걸 발견했다. 어두워 잘 보이지 않자 무슨 글인지 자세히 보기 위해 횃불을 들이댔다. 그때였다. 매복해 있던 만 명의 궁사가 일제히 활을 당겼고, 위나라 군대는 대혼란에 빠졌다. 화살에 맞아 속속 쓰러지는가 하면 자기편끼리 칼질을 하기도 했다. 사태를 파악한 방연은 "나로 인해 저 애송이가 이름을 날리겠구나"라는 말을 남기고 스스로 목을 찔러 목숨을 끊었다. 승세를 탄 제나라 군은 위나라 보병에게도 공격을 가해 태자 신申을 포로로 삼는 등 대승을 거두었다. 이 전투 뒤 한·위·조 3국은 박망博望의 땅에서 제 위왕을 알현하고 협약을 체결했다.

위왕의 뒤를 이은 선왕宣王(재위 기원전 320~301년)은 학식이 깊은 유세객을 사랑했다. 추연鄒衍, 순우곤淳于髡, 전병田餠, 접여接子, 신도愼到, 환연環淵 등 76명에게 거처를 제공하는 한편 그들을 상대부로 대우했다. 이들에게 특별히 주어진 직무는 없었다. 다만 이들은 매일같이 나라의 큰 일에 관해 논의했다. 그들의 거처가 제나라의 직문稷門 부근에 있었으므로, 자연히 그 지역에 수많은 학자가 모여들었다(학자들이 모여 토론하던 곳을 '직하학궁稷下學宮'이라 부르고, 그들을 일러 '직하학파'라 칭했다*). 그 수가 수백 명을 헤아렸고, 많을 때는 천 명이 넘을 정도였다.

_ 이상 제46 「전경중완세가」, 제65 「손자오기열전」

맹상군,
3천 명의 식객을 거느리다

불길한 아이

제나라 선왕에게는 전영田嬰이라는 동생이 있었다. 그는 위왕 때부터 요
직을 맡아 국정을 보좌했다.

전영은 처첩을 여럿 두어 아들만 해도 40명이 넘었다. 그 가운데 신
분이 낮은 첩이 5월 5일에 아들을 낳았는데, 이름이 전문田文이었다. 전
영은 그 아들을 불길하다 여겨 죽이라고 명했다. 그러나 첩은 아들을 몰
래 키운 뒤 어느 정도 성장하자 전영에게 데려갔다. 화를 내며 자신의 어
머니를 힐문하는 전영에게 전문이 물었다.

"아버님께서 5월 5일에 태어난 아들을 살려두지 말라고 명하신 까
닭이 무엇입니까?"

전영은 "5월 5일에 태어난 아들이 자라 그 키가 문설주보다 높아지

면 아버지에게 해를 입힌다고 했기 때문이다"라고 대답했다. 전문이 다시 물었다.

"사람의 운명은 하늘로부터 받는 것입니까, 아니면 문으로부터 받는 것입니까?"

전영이 침묵하자 전문이 계속 말을 이어갔다.

"운명이 하늘로부터 받는 것이라면 아버지께서 걱정하실 것은 아무것도 없사옵니다. 문으로부터 받는 것이라면 문설주를 더 높이면 그만이옵니다."

전영은 아무런 대꾸도 하지 못한 채 여자의 행위를 추인할 수밖에 없었다.

얼마 뒤 전문은 아버지 전영에게 "아들의 아들을 무엇이라 하옵니까"라고 물은 뒤 다음과 같이 말했다.

"아버지께서 제나라의 재상이 되신 뒤로 벌써 왕이 세 번이나 바뀌었습니다. 그동안 제나라의 영토가 넓어진 것도 아닌데 재산은 만금에 이르고 아버님 주위에는 현명한 이가 한 명도 없사옵니다. 아버님께서는 얼마나 더 많은 재산을 모아 이름도 모르는 자손에게 남길 생각이시옵니까?"

전영은 비로소 아들 전문을 다시 보았고, 집안일과 식객의 접대를 두루 전문에게 맡겼다. 식객의 수는 날이 갈수록 늘어나 전영과 전문의 명성이 제후들 사이에 널리 알려졌다.

주위의 권유도 있어서, 전영은 전문을 후계자로 결정했다. 전영이 죽자 전문은 설薛의 영지를 이어받았다. 이 인물이 바로 맹상군孟嘗君(기원전 ?~279년 추정)이다.

_ 이상 제46 「전경중완세가」, 제75 「맹상군열전」

아무 짝에 쓸모없는 사람은 없다

맹상군은 자신의 영지인 설 땅에서 한 가지라도 특별한 재주를 지닌 사람이라면 누구든 식객으로 받아들였다. 식객이 무려 수천 명에 이르렀지만, 맹상군은 신분을 가리지 않고 똑같이 대우했다.

어느 날 저녁 맹상군의 집에서 연회가 벌어졌다. 그런데 한 식객이 앉은 자리의 조명이 어두워 밥상이 잘 보이지 않았다. 그 식객은 다른 식객과 자신의 식단이 다르다고 화를 내며 자리를 박차고 일어나려 했다. 소동을 알아챈 맹상군이 자리에서 일어나 자신의 밥상을 가지고 와서는 그와 똑같음을 보여주었다. 그 식객은 부끄러움을 참지 못하고 스스로 목숨을 끊었다.

이런 일화가 사람들 사이에 퍼지면서 더더욱 많은 식객이 맹상군을 찾았다. 맹상군은 그런 식객들을 차별대우하지 않고 누구나 후하게 대접했다. 식객들은 저마다 자신이 특별대우를 받는다고 생각했다.

맹상군의 평판을 들은 진秦나라 소왕昭王은 그를 자신의 사람으로 만들고 싶었다. 그래서 자신의 친동생을 제나라에 인질로 보내며 맹상군에게 진나라로 와주기를 청했다. 맹상군은 소대蘇代라는 인물의 진언에 따라 소왕의 제안을 거절했다. 진나라는 포기하지 않고 다시 한 번 맹상군이 오기를 희망했다. 더 이상 거절할 명분이 없었던 맹상군은 마침내 진나라로 향했다.

소왕은 맹상군을 재상으로 삼으려 했지만 누군가가 나서 이렇게 말했다.

"맹상군이 현명한 인물임에는 틀림없습니다만 동시에 제나라의 공자이기도 합니다. 진나라 재상이 된다 해도 제나라를 으뜸으로 생각하며 진나라의 이익은 뒷전으로 여길 것이 뻔합니다. 저희 진나라에는 위험한 존재가 아닐 수 없습니다."

이 말에 일리가 있다고 생각한 소왕은 맹상군을 억류시킨 뒤 언젠가는 죽여 없애겠다고 마음먹었다. 이 같은 상황을 눈치 챈 맹상군은 소왕이 총애하는 부인에게 사람을 보내 어려운 처지에서 벗어날 수 있도록 자신을 도와달라고 청했다. 그러자 부인이 말했다.

"귀하가 흰여우가죽으로 만든 외투를 가지고 있다고 들었습니다. 그걸 내게 준다면 도와드리지요."

그 가죽옷은 천하에 둘도 없는 명품이었다. 맹상군이 그걸 갖고 있긴 했지만 이미 소왕에게 예물로 건넨 뒤였다. 맹상군이 식객들과 머리를 맞대고 고심하고 있을 때 구석에 앉아 있던 한 인물이 나섰다. 그는 도둑질이 장기인 사람이었다.

"제가 그 외투를 가져오겠습니다."

그 남자는 개 흉내를 내어 궁중의 창고로 숨어들어 간 뒤 여우가죽 외투를 훔쳐왔다. 맹상군이 이것을 부인에게 가져다주자 부인은 약속대로 소왕에게 맹상군을 풀어달라고 간청했다. 덕분에 맹상군은 자유의 몸이 될 수 있었다.

연금 상태에서 풀리자마자 맹상군은 귀국을 서둘렀다. 열심히 말을 달려 한밤중에 국경 관문인 함곡관函谷關에 도착했다. 그곳은 진나라의 동쪽 끝이었다. 그런데 관문은 닭이 울어야만 열리게 되어 있었다. 관문이 열리지 않으니 맹상군은 더 이상 나아갈 수가 없었다. 맹상군이 초조해하고 있을 때 식객 가운데 닭 울음소리를 똑같이 흉내 내는 자가 나섰다. 그가 닭 울음소리를 내자 가까이에 있던 닭들이 일제히 울어댔다. 소왕이 후회하며 뒤늦게 추격군을 보냈지만 맹상군 일행은 한발 앞서 진

▌맹상군과 인연이 깊은 함곡관의 전경이다. 맹상군은 닭 울음소리를 똑같이 흉내 내는 자의 도움으로 함곡
관을 빠져나와 목숨을 부지할 수 있었다.

나라 국경 밖으로 달아난 뒤였다.

　일찍이 맹상군이 '개 흉내를 내 도둑질을 잘하는 자와 닭 울음소리
흉내를 잘 내는 자(계명구도鷄鳴狗盜)'를 식객으로 받아들였을 때 다른 식
객들은 불평을 늘어놓았다. 그런 자와 함께 자리하는 것을 수치스럽게
여겼기 때문이었다. 그러나 이 사건으로 모두들 맹상군의 혜안에 감탄할
수밖에 없었다.

　귀국길에 일행은 조나라를 거쳤다. 조나라의 평원군平原君(기원전 ?~
250년)은 일행을 환대했다. 조나라 사람 가운데 "설의 맹상군은 멋들어
진 사람일 거라고 생각했는데 이제 보니 계딱지만 하잖아"라며 조롱하
는 자가 있었다. 이 말을 들은 맹상군은 불같이 화를 냈다. 식객 가운데
솜씨 있는 자들이 맹상군의 기색을 알아차리고는 닥치는 대로 수백 명
의 사람을 죽여버렸다.

_ 이상 제46 「전경중완세가」, 제75 「맹상군열전」

명성을 드높이다

제나라 민왕湣王은 맹상군을 진나라에 보낸 뒤 그것이 실책이었음을 깨달았다. 그래서 맹상군이 돌아오자마자 재상에 임명해 국정을 맡겼다.

재상이 된 뒤에도 식객을 대하는 맹상군의 태도는 변하지 않았다. 그 무렵 풍환馮驩이라는 인물이 찾아왔다. 맹상군은 상중하 세 종류의 거처 가운데 하에 해당하는 객사에 풍환을 배정했다. 맹상군은 열흘 정도 뒤에 그가 어떻게 지내는지 살펴보기 위해 객사를 찾았다. 풍환은 장검을 두드리며 이렇게 노래 부르고 있었다.

"장검아, 장검아. 돌아가야 할까 보다. 밥상에 생선이 없구나."

맹상군은 밥상에 생선을 올리라고 지시했다. 닷새 뒤 다시 상황을 살펴보기 위해 객사를 들여다봤다. 풍환은 장검을 두드리며 이렇게 노래하고 있었다.

"아, 장검아. 돌아가야 할까 보다. 외출할 만한 수레가 없구나."

맹상군은 중급에 해당하는 숙소로 풍환의 거처를 옮기고 수레를 마련해주었다. 얼마 뒤 다시 살펴보았더니 풍환이 장검을 두드리며 또 노래를 부르고 있었다.

"아, 장검아! 아무래도 돌아가야 할까 보다. 가족과 함께 살 수 없으니 말이다."

기분이 상한 맹상군은 더 이상 풍환의 사정을 봐주지 않았다. 풍환은 꼬박 1년 동안 계책 하나 내놓지 않았다.

맹상군은 설 땅에 만호의 영지를 소유하고 있었고, 식객은 3천 명이나 되었다. ㄱ 많은 식객의 의식수를 보살펴주려면 영지에서 나오는 연간 수입으로는 어림도 없었다. 따라서 맹상군은 설 지역 사람들을 대상으로 대부업을 했다. 그러나 1년이 지나도록 원금은커녕 이자조차 내지 못하는 사람이 속출했다. 이 일이 큰 문제가 될 것 같자 맹상군은 측근들을 불러 대책을 숙의했다. 누군가가 "지금 대사代舍에 거처하는 풍환은 풍채가 좋고 말솜씨도 남다른 데다 신망 또한 높습니다. 대출금 회수 업무를 맡겨보시는 것이 어떻겠습니까"라고 풍환을 추천했다. 풍환은 그 제안을 받아들여 현지로 향했다.

　설 땅에 도착한 풍환은 맹상군에게 돈을 빌린 사람들을 불러 모아 10만 문의 이자를 받아냈다. 풍환은 그 돈으로 술과 살찐 소를 샀다. 그러고는 이자를 낸 자나 내지 못한 자를 가리지 않고 모두 모이게 해 술잔치를 벌였다. 술기운이 충분히 돌자 풍환은 천천히 대출 증서를 꺼냈다. 이자를 낼 수 있는 사람들에게는 원금 갚을 기간을 정해주고, 가난에 찌들어 이자조차 낼 수 없는 사람들에게는 놀랄 만한 조치를 취했다. 그 자리에서 대출 증서를 불에 태워버렸던 것이다. 그걸 보고 모두들 고개 숙여 감사했다.

　풍환의 보고를 받은 맹상군은 격노했다. 도대체 왜 그런 행동을 했느냐고 다그치자 풍환은 태연한 얼굴로 다음과 같이 말했다.

　"술과 소고기를 잔뜩 준비하지 않으면 모두 모이지 않을 것입니다. 누가 여유 있고 누가 여유가 없는지 알 수 없습니다. 여유가 있는 사람에게는 기간을 정해줍니다. 여유가 없는 사람은 아무리 세월이 흘러도 원금을 갚기는커녕 그저 이자만 늘릴 뿐입니다. 만일 그들을 협박해 돈을 거둬들이려 한다면 그들은 살던 곳에서 도망쳐버리고 말 것입니다. 그렇게 되면 원금이고 이자고 아예 없어지는 겁니다. 맹상군이 금전의 이익이나 바랄 뿐 영지의 주민들에게 눈곱만큼의 인정도 베풀지 않는다는 평판이 퍼진다면 이보다 면목 없는 일이 어디 있겠습니까? 눈앞의 작은 돈에 구애받지 마시고 아주 큰 일에 투자했다고 생각하시면 어떻겠는지요. 설 땅의 주민들은 맹상군의 은혜에 고마워하고 있습니다. 그 명성이 더더욱 높아지시기를 모두 한마음으로 빌고 있습니다."

풍환이 이렇게 설명하자 맹상군은 고개를 끄덕이며 풍환에게 예의를 갖춰 인사했다.

_ 이상 제46 「전경중완세가」, 제75 「맹상군열전」

두 대국을 움직인 언변

그로부터 얼마 뒤 제나라 민왕은 진과 초의 책략에 말려 맹상군을 면직시켰다. 이를 계기로 식객들이 모두 뿔뿔이 흩어졌지만 풍환만은 홀로 남았다. 그는 자신만만한 태도로 다음과 같이 말했다.

"제게 진나라로 타고 갈 수레 한 대를 내주십시오. 나라에서 맹상군을 다시 중용하고, 영지 또한 넓힐 수 있는 계책을 쓰고자 하옵니다."

맹상군은 풍환에게 수레와 선물을 마련해주었다. 풍환은 진나라로 가 왕에게 이렇게 말했다.

"언변에 능한 천하의 재사들 가운데 먼 길을 마다치 않고 진나라에 찾아오는 사람은 누구나 진나라를 강하게 만들고 제나라를 약하게 만들 계책을 내놓을 것입니다. 마찬가지로 제나라에 찾아오는 사람은 제나라를 강하게 만들고 진나라를 약하게 만들 계책을 짜내게 마련입니다. 이 두 대국은 자웅을 다투는 관계로서, 여기에서 이기는 쪽이 천하를 얻게 될 것입니다."

진나라 왕은 풍환의 말에 흥미를 느끼며 이 싸움에서 이길 비책이 있는지 물었다. 풍환은 이렇게 답했다.

"제나라가 천하의 주목을 받는 까닭은 오로지 맹상군 때문입니다. 그런데도 제나라 왕은 헐뜯는 말을 곧이듣고 맹상군을 면직시켰습니다. 이쯤 되면 맹상군은 왕을 원망하고 끝내는 제나라를 저버리게 될 것입니다. 그가 제나라를 버리고 진나라로 찾아오면 제나라의 정보가 고스란히 진나라로 넘어오게 됩니다. 그렇게 되면 진나라는 단연코 제나라를 앞서게 될 것입니다. 그러니 하루라도 빨리 사신을 보내 은밀히 맹상군을 맞아들이는 것이 어떠하신지요? 이 일은 시기를 놓쳐서는 안 됩니다. 제나라가 실책이었음을 깨닫고 다시 맹상군을 기용한다면 천하의 형세는 앞날을 예단할 수 없게 될 것입니다."

진나라 왕은 풍환의 말이 타당하다 여겨 수레 열 대에 황금 백 일鎰을 싣고 가 맹상군을 맞이해오라고 명령했다.

풍환의 계략은 여기서 끝나지 않았다. 그는 서둘러 제나라로 돌아와 민왕 앞에서 유감없이 언변을 발휘했다.

"제가 들은 바로는 진나라가 수레 열 대에 황금 백 일을 싣고 맹상군을 모셔 가려 한다고 합니다. 맹상군이 진나라로 가서 재상이 되면 머지않아 천하는 진나라의 수중에 들어가고 말 것입니다. 그렇게 되지 않으려면 진나라의 사신이 오기 전에 맹상군을 복직시키고, 영지를 더 늘려 위로해주심이 바람직하다고 생각합니다. 맹상군은 기꺼이 받아들일 것입니다. 이것이야말로 진나라의 야망을 꺾어놓는 비책이 아닐는지요."

제나라 왕은 그 말이 옳다고 여겨 맹상군을 복직시키는 한편 천 호의 영지를 더 얹어주었다. 이 이야기를 들은 진나라 사신은 수레를 돌렸다.

그렇지만 맹상군과 민왕의 관계는 그 후로도 미묘하기만 했다. 한번은 맹상군이 모반을 꾸미고 있다는 소문이 돌았다. 결백이 증명되어 혐의는 풀렸으나 맹상군은 이 일을 계기로 정치에서 물러나고자 했다. 맹상군은 병을 핑계 대며 왕에게 이만 은퇴해 설 땅에서 살고 싶다고 청원했다. 민왕은 이를 받아들였다.

_ 이상 제46 「전경중완세가」, 제75 「맹상군열전」

전단,
이간술로 대승을 거두다

연, 대국 제나라를 무너뜨리다

대단한 야심가였던 제나라 민왕은 한때 '제帝'를 칭하기도 했다. 강대한
국력을 배경 삼아 초나라 군을 중구重丘에서 깨뜨리고, 한·위·조의 군
을 관진觀津에서 깨뜨려 천 리 넘게 영토를 확장했다. 천하의 제후들이
제나라의 안색을 살피는 지경이 되자 민왕의 야심은 갈수록 부풀어 올
랐다.

　당시 연나라 소왕昭王은 중신인 악의樂毅에게 제나라를 칠 방책에 대
해 물었다. 악의는 이렇게 답했다.

　"제나라는 영지가 넓고 백성이 많아 우리 힘만으로는 공격할 수 없
습니다. 어떻게든 쳐보고자 한다면 초·위·조·한과 연합해야 합니다."

　기원전 284년, 연 소왕은 제후들과의 동맹을 통해 초·위·조·한·연

으로 구성된 연합군을 결성하고, 악의를 총사령관으로 삼았다. 연합군은 제수濟水 서쪽에서 제나라 군을 쳐부수었다. 다른 네 나라는 그 정도로 만족하고 철수했지만 악의는 연나라 군대를 이끌고 전쟁을 계속했다.

악의는 제나라 수도를 함락시키고 나라 안의 온갖 보물과 제기 등을 싹쓸이해 연나라로 보냈다. 소왕은 매우 기뻐하며 손수 제수 근처까지 와 병졸들을 위로하고 상을 내렸다. 소왕은 전리품을 거두어 돌아갔지만 악의는 그대로 남아 전투를 계속했다. 5년여에 걸친 전투 끝에 악의는 제나라의 70여 개 성을 항복시켰다. 이제 남은 곳은 거성莒城과 즉묵성卽墨城 둘뿐이었다.

▌제나라의 속국으로 전락했던 연나라는 소왕이 즉위하면서 점점 국력을 키워나갔다. 제나라에 대한 복수를 계획했던 소왕은 제후들과 동맹을 맺고 명장 악의를 총사령관으로 삼아 제나라의 70여 개 성을 항복시켰다.

_ 이상 제34 「연소공세가」, 제46 「전경중완세가」, 제80 「악의열전」, 제82 「전단열전」

빼앗긴 70여 개 성을 되찾다

즉묵성 사람들은 민왕과 먼 혈연관계에 있는 전단田單이란 인물이 싸움에 능할 것이라 생각했다. 하지만 전단은 실제로 군사를 운용해본 경험이 없었다. 사람들은 지푸라기라도 잡는 심정으로 전단을 장군에 옹립했다. 마침 그즈음 연나라에서는 소왕이 죽고 혜왕惠王이 뒤를 이었다. 혜왕은 태자 시설부터 악의를 탐탁지 않게 생각해왔다. 전단은 이 틈을 파고들면 승기를 잡을 수 있을지도 모른다고 생각했다. 전단은 사람들을

전단은 이간책과 소문을 교묘히 사용해 적을 약화시키고 아군의 사기를 높여 완벽한 승리를 거두었다.

풀어 다음과 같은 말을 퍼뜨렸다.

"제나라 성 가운데 항복하지 않은 곳은 단 둘뿐이다. 쉽사리 점령할 수 있음에도 악의가 일부러 미적거리고 있다. 악의는 귀국하면 사이가 나쁜 혜왕에게 죽임을 당할까 봐 겁을 집어먹고 있다. 제나라의 인심을 얻어 왕이 될 생각에 일부러 공격 속도를 늦추며 시기를 가늠하고 있는 것이다. 제나라 사람들이 두려워하는 것은 악의가 아닌 다른 장군이 오는 것이다. 그렇게 되면 즉묵성은 끝장이다."

연나라 혜왕은 이 소문을 곧이듣고 기겁騎劫이라는 인물을 장군으로 삼아 악의를 대신하게 했다. 악의는 조나라로 망명했고, 이로써 연나라 군의 사기는 크게 떨어지고 말았다.

전단은 성안 사람들에게 식사할 때마다 반드시 정원에서 조상에게 제를 올리라고 명했다. 사람들이 이 말을 따르니 하늘을 나는 새 떼가 제사상에 차려진 음식을 먹으려고 몰려들었다. 그것을 본 연나라 장병들은 이상하게 생각했다. 전단은 곧바로 "신께서 내려오셔서 우리들에게 말씀해주실 것이다"라는 말을 퍼뜨렸다. 그러고는 한 병사를 신의 사자로 내세운 뒤 군령을 내릴 때마다 반드시 그 병사의 입을 통하도록 했다. 이어 전단은 다음과 같은 말을 퍼뜨렸다.

"걱정스러운 것이 한 가지 있다. 연나라 군이 포로로 붙잡은 제나라 병사들의 코를 벤 뒤 그들을 최전선에 배치해 인간방패로 삼으면 어쩌나 하는 것이다. 그렇게 되면 즉묵성은 끝장나고 말 것이다."

연나라 첩자가 이 말을 본진에 전했다. 기겁이 전단의 말대로 행하자 이를 본 제나라 사람들이 분노했다. 연나라에 대한 적개심이 더더욱 들끓어 올랐음은 물론이다. 또다시 전단은 다음과 같은 말을 퍼뜨렸다.

"또 하나 걱정스러운 것이 있다. 성 밖의 묘를 파헤쳐 부모와 형제들의 시신을 능욕하지는 않을까 하는 것이다. 그런 일이 벌어진다면 우리 군의 사기가 뚝 떨어지고 말 것이다."

연나라 첩자는 이 말 또한 본진에 전했다. 기겁은 다시 전단의 말대로 행했다. 이를 본 성안 사람들은 모두 눈물을 흘리며 적개심에 치를 떨었다. 당연히 사기는 몇 배나 높아졌다.

전단은 드디어 병사들이 쓸 만해졌다 판단하고는 몸소 판자나 쟁기 등을 들고 다니며 병사들의 일을 거들었다. 그는 아내와 노복들까지 군에 편입시킨 뒤 완전무장한 병사들을 모두 숨겨두고 노인과 부녀들만 성벽에 올려보냈다. 그러고는 연나라 군에 사신을 보내 항복하겠다고 약속했다. 나아가 전단은 금이란 금은 모두 긁어모아 이를 기겁에게 보내며 "즉묵성은 이제 곧 항복할 것입니다. 부디 저희 일족만은 살려주십시오"라고 탄원했다. 연나라 군은 긴장의 끈을 풀었다.

드디어 결전의 준비가 시작되었다. 전단은 성안에 남아 있는 소 천여 마리에 5색으로 용 모양을 그린 붉은 비단 옷을 입히고 뿔에는 칼을 매달았다. 그리고 기름에 절인 갈잎 다발을 소꼬리에 달아 만반의 준비를 갖췄다. 한밤중이 되자 갈잎 다발에 불을 붙인 뒤 성벽 곳곳에 만들어 놓은 수십 개의 구멍을 통해 소들을 내보냈다. 꼬리가 뜨거워지자 깜짝 놀란 소들이 연나라 진지로 짓쳐들어갔고, 그 뒤를 5천 명의 병사가 따랐다. 이것이 그 유명한 화우火牛 전술이다.

연나라 병사들의 눈에는 그 모습이 마치 용 무리가 달려드는 것처럼

전단의 화우 전술

(제vs연 기원전 284~279년)

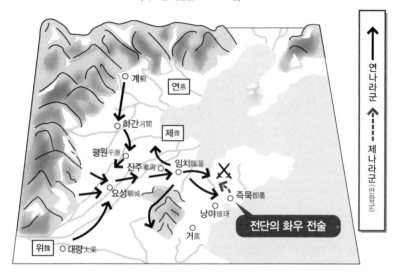

▌중국의 제국역사박물관齊國歷史博物館에 전시되어 있는 화우 전술의 복원 모형이다.

보였다. 소 떼는 연나라 군영에 난입했고, 뿔과 뿔에 달린 칼날에 사상자가 속출했다. 뒤이어 제나라 병사들이 밀려들어 왔다. 연나라 군은 대혼란에 빠졌다. 기겁은 전투 중에 목숨을 잃었고, 연나라 군은 패주했다. 제나라 군사들은 집요하게 추격전을 펼쳐 빼앗긴 성과 마을을 속속 되찾으며 황하 강변에까지 이르렀다. 연나라에 빼앗긴 70여 성을 모두 되찾는 데 성공한 것이었다.

전단은 거성에 있던 양왕襄王(재위 기원전 283~265년)을 맞아들여 수도인 임치臨淄로 입성했다. 이때가 대략 기원전 283년 무렵이었다.

_ 이상 제34 「연소공세가」, 제46 「전경중완세가」, 제80 「악의열전」, 제82 「전단열전」

고사성어

먼저 곽외부터 시작하다
선종외시 先從隗始

연나라 소왕은 국력을 키우기 위해 인재를 불러 모으고자 했다. 하지만 어떻게 해야 인재를 얻을 수 있는지 그 방법을 몰랐던 소왕은 곽외郭隗라는 인물을 불러 조언을 구했다. 그러자 곽외가 말했다.

"그렇다면 이 곽외부터 시작하시지요. 저 같은 사람조차 우대를 받는다면 저보다 뛰어난 인물들이 천 리 길을 멀다 하지 않고 찾아올 것입니다."

이 말에 따라 곽외를 위해 궁전을 개축하고 그를 스승으로 삼았더니 과연 악의, 추연, 극신劇辛 같은 뛰어난 인재가 여러 나라에서 모여들었다(여기서 '사쟁추연士爭趨燕'이란 고사성어가 탄생했다. '인재들이 다투어 연나라로 몰려들다'라는 뜻이다●). 이후 큰일을 하려면 가까운 데에서 시작해야 한다는 의미를 전할 때 '먼저 곽외부터 시작하라'고 말하게 되었다. 출전 제34 「연소공세가」

평원군,
조나라를 위기에서 구하다

인재를 아끼다

조나라의 7대 왕을 혜문왕惠文王(재위 기원전 299~266년), 8대 왕을 효성
왕孝成王(재위 기원전 266~245년)이라고 한다. 이 두 왕을 모시는 동안 재상
자리에서 쫓겨났다 복직하기를 세 차례, 마치 널뛰기 같은 기복을 겪은
인물이 있었다. 이름은 조승趙勝이며 세상 사람들에게 흔히 평원군이라
불린 이였다. 누구보다 유능했고, 자신이 거느리는 식객들을 귀히 여길
줄 아는 인물이었다.

　　평원군의 집에는 민가를 내려다볼 수 있는 옥루가 설치되어 있었다.
어느 날 평원군의 첩 가운데 한 명이 그 옥루에 올라 다리가 불편한 사
내가 물 마시는 광경을 바라보며 크게 웃은 일이 있었다. 이튿날 그 남자
가 평원군을 찾아와 이렇게 말했다.

"귀하께서 능력 있는 선비를 아끼신다기에 찾아뵈었습니다. 뛰어난 선비들이 천 리 길을 마다치 않고 찾아오는 이유는 귀하가 뛰어난 인물을 존중한다고 여기기 때문일 것입니다. 불행하게도 저는 다리가 부자유스럽습니다. 그것을 집안의 어느 분께서 내려다보고 웃으셨습니다. 그 웃음 지은 여자분의 머리를 받고자 합니다."

평원군은 웃음 띤 얼굴로 "알겠소"라고 답했다. 그러곤 남자가 나가자 "자길 보고 웃은 일을 마음에 담고 내 첩을 죽이라고 하다니 너무 지나친 것 아닌가"라고 말하며 그 일을 그대로 무시했다.

그런데 이때부터 식객과 가신들이 점점 줄어들더니 1년이 지난 뒤에는 남아 있는 사람이 절반 정도밖에 되지 않았다. 평원군은 의아했다.

"나는 식객들에게 결례하지 않도록 늘 주의를 기울였고, 별다른 잘못을 저지르지 않았다. 그런데 어째서 사람들이 나를 떠나가는 것일까?"

그 말을 들은 한 가신이 앞으로 나서 이렇게 진언했다.

"다리가 불편한 남자와 한 약속을 지키지 않았기 때문입니다. 평원군께서 인재보다 여자를 더 사랑한다고 생각하기 때문에 사람들이 떠나가는 것입니다."

평원군은 그제야 인재가 떠나갔던 이유를 깨닫고 바로 첩의 머리를 벤 뒤 손수 그 남자의 집까지 들고 가 사죄했다. 이 소식이 전해지자 떠나간 식객과 가신들이 되돌아왔다. 이 무렵 제나라에는 맹상군, 위나라에는 신릉군信陵君(기원전 ?~244년), 초나라에는 춘신군春申君(기원전 ?~238년)이 있었는데, 이들은 모두 경쟁하듯 선비들을 불러 모았다.

_ 이상 제76 「평원군우경열전」, 제43 「조세가」

모수가 자신을 추천하다

진秦나라 군이 조나라 수도 한단을 포위했다. 조나라는 평원군을 초나라에 보내 진나라에 공동 대응하는 조·초 합종을 성사시키려 했다. 평원군은 자신의 식객과 가신들 가운데 문무 양면에서 뛰어난 재능을 보이는 선비 20명을 데려가고자 했다.

19명까지는 그런대로 정해졌지만 마지막 한 사람이 좀처럼 결정되지 않았다. 그때 모수毛遂라는 인물이 자신을 추천하고 나섰다(여기서 모수자천毛遂自薦이란 고사성어가 유래했다*). 평원군의 식객으로 들어온 지 3년 된 사람이었다. 평원군은 고개를 갸웃거리며 물었다.

"유능한 인재란 비유컨대 '주머니 속에 든 송곳(낭중지추囊中之錐)'과 같지 않습니까? 그 날카로움이 곧바로 드러나게 마련이지요. 그런데 선생께서는 저희 집에 오신 지 벌써 3년이나 되었는데 이렇다 할 능력을 보여주신 적이 없습니다. 선생께서는 혹시 남다른 장기가 없는 것 아닙니까?"

평원군의 말에 모수가 이렇게 대답했다.

"저란 사람이 오늘에야 비로소 주머니 속에 들어가고 싶다는 청을 올립니다. 좀 더 일찍 주머니 속에 들어갔다면 필시 송곳 자루까지 뚫고 나왔을 것이옵니다."

평원군은 반신반의하며 모수를 일행에 참가시

제나라의 맹상군, 위나라의 신릉군, 초나라의 춘신군과 함께 사공자라 불린 평원군의 모습이다. 평원군은 조나라 수도 한단을 위기에서 구하는 데 큰 공을 세웠다.

키기로 결정했다. 다른 19명은 입 밖에 내지는 않았지만 모두 마음속으로 비웃고 있었다.

그런데 초나라에 들어가는 동안 상황이 크게 바뀌었다. 토론에서 모수를 당해낼 자가 아무도 없었던 것이다. 모두 그의 말솜씨에 감복했다.

초나라에 도착한 평원군은 합종 전략에 대해 구구절절 설명했지만 초나라 왕은 좀처럼 동의하지 않았다. 해가 뜰 무렵 시작한 회의가 한낮이 되도록 끝날 줄 몰랐다. 19명의 식객들이 모수에게 말했다.

"선생, 이 상황을 해결해주시오."

모수는 평원군과 초나라 왕이 회의하는 자리에 불쑥 끼어들었다. "내려가라"고 호통치는 초나라 왕에게 모수는 칼자루에 손을 대며 큰 소리로 말했다.

"초나라에 용사가 많다고 하지만 지금 임금과 제 사이는 불과 열 걸음 이내이므로 아무런 소용이 없을 것입니다. 초나라는 사방 5천 리가 넘는 광대한 영토를 자랑하고, 병사는 백 만에 달하며, 식량은 10년을 너끈히 견딜 만하니 패왕이 되고도 남을 나라입니다. 그럼에도 진나라와의 싸움에서 패배해 치욕을 맛보았습니다. 이야말로 백 대代가 지나도록 잊히지 않을 치욕으로 우리 조나라 사람들마저 수치스러워할 정도입니다. 임금께서도 치욕이 아니라고는 말하지 못하실 것입니다. 합종의 맹약은 바로 임금님을 위한 것이지 우리 조나라를 위한 것이 결코 아닙니다."

초나라 왕은 모수의 말에 설득되어 마침내 합종에 동의했다. 일동은 맹서의 증거로 닭과 개, 말의 피를 나누어 마셨다. 한단에 돌아온 평원군은 이렇게 말했다.

"나는 두 번 다시 사람을 섣불리 평가하지 않겠다. 그간 내가 찾아낸 인재만 해도 천 명을 넘을 것이다. 천하의 인재는 누구 한 사람 빠뜨리지 않았다고 자부해왔다. 그럼에도 이번에야 비로소 깨달았다. 모수 선생은 단 한 번의 여행길에서 우리 조나라를 9정의 무게보다 더 무겁게 만들어놓았다. 모수 선생의 세 치 혀가 백만의 군사보다 더 강했다(여기서 '삼촌지설三寸之舌 강우백만지사强于百萬之師'라는 명언이 탄생했다●)."

평원군은 식객 중 상좌의 자리에 모수를 앉혔다.

_ 이상 제76 「평원군우경열전」, 제43 「조세가」

말단 관리의 아들이 던진 일침

평원군이 초나라 왕을 설득해 합종을 성사시킨 뒤 귀국길에 올랐을 때 초나라는 춘신군에게 군사를 주어 조나라를 구하도록 했다. 위나라도 신릉군을 파견했다. 그러나 두 나라 군대가 도착하기 전에 진나라의 포위가 점점 더 좁혀들어 한단은 풍전등화風前燈火의 위기에 놓였다. 평원군이 어찌할 바를 모르고 있을 때 말단 관리의 아들인 이동李同이 이런 말을 올렸다.

"군께서는 조나라가 멸망해도 편안하게 사실 수 있습니까?"

평원군이 "어찌 그럴 수 있겠는가"라고 답하자 이동이 말했다.

"지금 한단 주민들은 시체의 뼈를 삶아 먹고, 자식을 뒤바꾸어 그 고기를 나눠 먹고 있습니다. 한마디로 위급한 때이지요. 그런데 댁의 안채에 있는 여자들은 그 수가 백을 넘습니다. 모두 전과 다름없이 잘 차려입은 채 맛있는 것을 먹고 있습니다. 일반 주민들은 변변한 옷도 입지 못하고 술지게미조차 구경 못 하는 상황입니다. 사람들은 굶주리고 무기는 다 떨어져 나무를 깎아 창과 화살을 만드는 지경인데 댁의 식기와 악기는 그대로입니다. 진나라가 조나라를 멸망시키는 날엔 그런 것들이 다 무슨 소용이겠습니까. 조나라가 살아난다면 그것들을 잃을까 염려할 필요가 없겠지요. 여자들이 앞장서서 병사들과 함께 일을 거들고, 집안의 물품들을 내놓아 병사들에게 나눠준다면 모두 그 은혜에 감사할 것입니다."

평원군은 이동의 말을 받아들여 망설임 없이 실행에 옮겼다. 이와 동시에 출격할 지원병을 모집하니 3천 명이 앞으로 나섰다. 이동의 지휘 아래 이들 결사대가 돌격을 감행했다. 진나라 군대는 이 기세에 밀려 30리나 뒤로 물러났다. 마침 초나라와 위나라에서 온 원군이 그곳으로 쇄도했다. 진나라 군은 공격을 포기하고 후퇴하기로 결정했고, 한단은 위기를 모면했다. 이때의 전투로 이동이 전사했기 때문에 평원군은 그의 아버지를 이후李侯에 봉했다.

_ 이상 제76 「평원군우경열전」, 제43 「조세가」

신릉군,
바보와도 몸을 낮춰 사귀다

문지기에게 자리를 양보하다

위나라는 조나라에 원군을 보내는 과정에서 한바탕 소동을 벌였는데 이 때 원군을 이끌고 간 인물이 바로 신릉군이었다.

신릉군은 인정이 많고 인재들을 정성으로 대하는 인물이었다. 유능한 사람이든 바보 같은 사람이든 가리지 않고 자신의 몸을 낮춰 사귀었다. 또한 부귀하다고 우쭐해하지 않았다. 수천 리 먼 곳에서 인재들이 모여들었고, 그 수가 3천 명에 달했다. 타국에까지 널리 퍼진 그의 평판 덕에 위나라에 싸움을 거는 나라가 없을 정도였다. 따라서 위나라에는 10년 넘게 평화로운 시기가 이어졌다.

어느 날 신릉군이 왕과 바둑을 두고 있는데 북방의 국경에서 봉화가 올랐다. 곧이어 조나라 군이 국경선을 넘어오려 한다는 통보가 왔다.

왕은 바둑을 중단하고 신하들을 부르려 했다. 그때 신릉군이 그럴 것 없다며 이렇게 말했다.

"조나라 왕이 사냥을 나온 것뿐입니다. 침공이 아닙니다."

왕은 마음이 진정되지 않아 바둑에 집중하지 못했다. 얼마 지나지 않아 다시 보고가 들어왔는데 과연 신릉군이 말한 대로였다. 왕이 신릉군에게 그걸 어떻게 알았느냐고 물었다. 신릉군이 답했다.

"제 식객 가운데 조나라 왕의 비밀을 잘 아는 자가 있습니다. 그는 조나라 왕이 무언가를 할 때마다 그 소식을 제게 알려줍니다."

이 말을 듣고 두려움을 느낀 왕은 신릉군을 국정에 참여시키지 않았다.

위나라에 후영侯嬴이라는 은자가 있었다. 나이가 일흔인 후영은 도성의 이문夷門을 지키는 문지기였다. 신릉군은 후영이 훌륭한 인물이라는 말을 듣고 그에게 선물을 보냈다. 그러나 후영은 이를 받지 않았다. 신릉군은 후영을 위해 성대한 주연을 열기로 했다.

하객들이 모두 자리에 앉았을 무렵 신릉군은 수레를 타고 손수 후영을 맞으러 갔다. 후영은 태연하게 상석에 앉아 신릉군에게 말고삐를 쥐도록 했다. 뿐만 아니라 푸줏간에서 일하는 백정 주해朱亥에게 볼일이 있다며 길을 빙 둘러가자고 말했다. 신릉군은 싫은 내색 없이 그가 원하는 대로 움직였다.

후영은 주해와 만나 한참 이야기를 나눈 뒤 마차로 돌아왔다. 신릉군이 후영과 함께 집에 도착하자 연회가 시작되었다. 손님들은 놀라움을 감추지 못했다. 이날의 상객이 문지기일 것이라고는 꿈에도 생각지 못했기 때문이었다. 주연이 절정에 오르자 후영이 신릉군에게 말했다.

"오늘 이 사람이 공자님께 온갖 무례를 다 저질렀습니다. 공자님께서는 과분하게도 손수 수레를 끌고 저를 맞이하러 오셨습니다. 꼭 길을 돌아와야 할 것까지는 없었지만 일부러 그렇게 한 것이옵니다. 제가 할 수 있는 일이라고는 공자님의 이름을 높여드리는 것뿐입니다. 일부러 말고삐를 잡게 하고, 수레에서 오래도록 기다리게 한 이유가 바로 이 때문입니다. 마을 사람들은 이 사람을 형편없는 자라고 여겼을 터이나 공자는 아량이 넓어 사람을 충심으로 대하는 분이라 생각했을 것입니다."

주연이 끝난 뒤 후영은 이런 말을 덧붙였다.

"푸줏간의 주해라는 인물은 문무를 두루 갖춘 인재이지만 아직 세상에는 드러나지 않았습니다. 그런 까닭에 푸줏간에서 지내고 있는 것입니다."

이후 신릉군이 종종 주해를 불렀지만 주해는 그 청에 응하기는커녕 별다른 감사의 표시조차 하지 않았다.

_ 이상 제77 「위공자열전」, 제44 「위세가」

고독에 찬 결단

위나라의 안희왕安釐王 20년(기원전 256년), 진나라 군대가 조나라 수도 한단을 포위했다. 평원군의 부인(신릉군의 누이)에게서 다급하게 구원을 요청하는 서신이 여러 번 도착했다. 안희왕은 장군 진비晉鄙에게 10만의 병사를 주어 조나라를 돕도록 했다. 그러나 진나라의 사자가 와 "우리 군은 지금 조나라를 공격하고 있다. 이 승부는 오늘내일이면 끝날 것이다. 만약 제후들이 원군을 보낸다면 한단을 함락시킨 뒤 방향을 바꿔 원군을 보낸 나라를 가장 먼저 공격할 것이다"라고 협박했다. 이 말에 겁을

먹은 안희왕은 진비에게 진격을 멈추라고 명령하는 한편 국경 수비를 단단히 하라고 지시했다.

그사이 한단에서 온 사신들이 잇따라 신릉군을 방문했다. 신릉군은 여러 차례 왕에게 청원하고, 언변에 능한 식객들로 하여금 설득에 나서도록 했지만 안희왕은 진나라를 너무 두려워한 나머지 귀를 기울이려 하지 않았다.

이대로 가면 조나라가 망하게 될 상황이었다. 신릉군은 고독에 찬 결단을 내리지 않을 수 없었다. 자신이 거느린 식객들만이라도 이끌고 가 진나라 군을 상대하겠다고 생각했다. 천하에 신의를 보이려면 그 방법밖에 없다고 보았기 때문이다.

신릉군은 도성의 이문을 통과하며 후영에게 일이 돌아가는 상황을 설명했다. 후영은 그저 "원하는 대로 일을 잘 처리하시길 빕니다. 저는 나이 든 몸이라 함께 움직일 수가 없군요"라고 말할 뿐이었다. 신릉군은 길을 재촉했지만 마음이 영 개운치 않았다.

"그간 후영에게 온갖 정성을 다 기울여왔다. 천하에 그걸 모르는 사람은 없다. 그림에도 내가 죽을 길을 가는데 후영은 아무런 계책을 내놓지 않았다. 무언가 내게 모자란 점이 있었던 건 아닐까?"

신릉군은 수레를 돌려 후영에게 돌아갔다. 그러곤 마음속 의문을 솔직하게 말했다. 후영은 "공자께서 다시 오시리라 짐작하고 있었습니다"라고 말하며 다음과 같이 조언했다.

"들건대 진비 장군에게 군령을 내릴 때 사용하는 부절符節은 늘 임금의 침소에 놓여 있다고 합니다. 임금이 특별히 총애하는 여희如姬는 침실에 자유로이 드나들 수 있고 따라서 부절을 훔쳐내기가 용이합니다. 여희의 아버지가 돌아가셨을 때 그녀는 아비의 원수를 갚아줄 사람을 애타게 찾아다녔지만 아무도 그에 응해주지 않았습니다. 그런데 그때 공자께서 여희의 요청을 받아들여주었다고 들었습니다. 수하의 식객을 시켜 그 원수의 목을 쳤다지요. 따라서 여희는 공자님을 위해서라면 목숨도 버릴 것입니다. 공자께서 부탁하시면 틀림없이 부절을 훔쳐내 오겠다고 할 것입니다."

신릉군은 이 계책에 따라 일단 부절을 손에 넣었다. 이윽고 다시 출발하려 할 때 후영이 한 가지 더 계책을 내놓았다.

"모름지기 장수는 전장에 나가면 임금의 명령조차 따르지 않을 수 있다고 합니다. 그 모두가 나라를 위한 일일 터입니다. 부절이 맞다 하더라도 진비 장군이 병권을 넘기지 않고 조정에 물어보겠다고 나오면 낭패스런 상황이 될 것입니다. 그때를 위해 주해를 데리고 가십시오. 그는 괴력을 지닌 사나이입니다. 진비 장군이 공자님의 말씀을 듣지 않는다면 도리 없이 그를 죽여야 할 것입니다."

후영은 주해를 불렀고, 주해는 빙긋이 웃으며 말했다.

"지금껏 예를 차리지 않은 것은 작은 예의란 부질없다고 생각했기 때문입니다. 이런 상황이 온다면 기꺼이 목숨을 바치겠다 각오하고 있었습니다."

신릉군이 후영에게 인사말을 올리자 후영이 말했다.

"저 또한 동행하고 싶지만 나이 든 몸이라 어쩔 수가 없군요. 공자께서 진비 장군의 군영에 도착하실 즈음, 북녘을 향해 제 목을 쳐 이별의 정을 전하고자 합니다."

진비의 진영에 도착한 신릉군은 임금의 명이라 속이고는 장군직을 교대하라고 통고했다. 부절은 맞았지만 진비는 이를 받아들이지 않고 의심을 품었다. 이를 보고 주해가 행동에 나섰다. 소매에 감추고 있던 무거운 철퇴를 꺼내 진비를 쳐 죽였다. 이렇게 해서 지휘권을 손에 넣은 신릉군이 전군에 명령을 내렸다.

"아버지와 아들이 함께 종군했다면 아버지는 돌아가도록 하라. 형제

오십보 도망간 자나
백보 도망간 자나 같다

오십보백보 五十步百步

위나라 혜왕이 맹자孟子에게 자국으로 이주해오는 사람이 왜 적은가 하고 물으니 맹자가 다음과 같이 대답했다.

"왕께서 전쟁을 좋아하시니 전쟁에 비유토록 하겠습니다. 지금 막 칼과 창을 앞세워 전투를 벌이려 하는데 갑옷을 벗어 던지고 무기를 질질 끌며 도망가는 자가 있습니다. 어떤 사람은 백 보 달아나다 멈추고, 어떤 자는 오십 보 달아나다 멈추었습니다. 이때 오십 보 간 자가 백 보 간 자를 겁쟁이라고 비웃는다면 어떻겠습니까?"

왕이 말했다.

"오십 보 간 자가 백 보 간 자를 비웃을 수는 없소. 백 보 간 자가 그저 조금 더 멀리 달아났다는 것뿐이지 오십 보 간 자도 달아났다는 점에서는 차이가 없지 않소."

맹자가 말했다.

"그 이치를 아신다면 이웃나라보다 인구가 많아지기를 바랄 수 없지요."

이 고사를 통해 조금 차이는 나지만 크게 보면 별반 다를 바 없는 것을 '오십보백보'라고 표현하게 되었다. 출전은 『맹자』다.

가 함께 종군했다면 형은 돌아가라. 외아들도 돌아가 효도하도록 하라."

이렇게 걸러낸 뒤 남은 병사가 8만여 명이었다. 신릉군은 이들을 거느리고 한단으로 향했다.

당시 진나라 군은 조나라 군이 가한 뜻밖의 일격에 30리가량 후퇴한 참이었다. 거기에 위나라와 초나라의 원군이 들이닥치자 진나라는 싸워봤자 얻을 것이 없다고 보고 군을 거두었다. 결국 한단과 조나라는 위기를 모면할 수 있었다. 그 무렵 위나라 수도에서는 후영이 북녘을 향해 자신의 목을 치고 있었다.

그런데 안희왕은 부절을 훔친 데다 진비까지 죽인 신릉군을 원망하고 있었다. 그 때문에 신릉군은 오래도록 조나라에 머물며 왕의 분노가 풀리기를 기다릴 수밖에 없었다.

_ 이상 제77 「위공자열전」, 제44 「위세가」

상앙,
변법으로 국가의 기초를 다지다

묘책을 지닌 자를 찾다

진나라의 25대 군주가 효공孝公(재위 기원전 362~338년)이다. 기원전 361년
(효공 원년) 무렵 황하 및 화산華山 이동에는 여섯 개의 강국이, 회수와 사
수 사이에는 열 개의 소국이 자리 잡고 있었다.

　진나라는 서방의 옹주雍州에 위치해 있었기 때문에 중원 제후들의
회맹에 참가하지 못했다. 제후들에게 오랑캐 취급까지 받았다. 그래서 효
공은 새로운 정치를 펼치며 온 나라에 다음과 같은 공고문을 내걸었다.

　"지난날 우리 목공께서 기산과 옹주 땅에서 일어나 덕을 닦고 무를
숭상했다. 그리하여 동으로는 진晉나라의 난을 평정해 황하를 경계로 삼
았고, 서로는 융석을 굴복시켜 패자로 올라섰다. 토지를 넓히길 천 리, 주
의 천자께옵서 백위伯位를 하사했고, 이에 뭇 제후들이 축하 사절을 보내

왔다. 그 뒤 여공厲公, 조공躁公, 간공簡公, 출공出公 대를 지나며 나라에 내우외환이 겹쳐 밖으로 힘을 떨칠 여가가 없었다. 이 틈에 한나라, 위나라, 조나라에 하서의 땅을 빼앗기고, 제후들에게 오랑캐라 불리는 등 큰 치욕을 당했다. 헌공獻公께서 즉위하신 뒤 변경을 안정시키고 수도를 역양櫟陽으로 옮기셨다. 헌공은 동쪽으로 군사를 일으켜 목공 시절의 옛 땅을 회복하고 목공의 정치와 정책을 이어받으려 하셨다. 나는 선군들의 심중을 헤아릴 때마다 가슴이 아프다. 과객과 군신들 중 계책을 잘 꾸려 진나라를 강성하게 만드는 이가 있다면, 나는 그의 관위를 높여주고 토지를 내려 보답할 것이다."

이 공고문을 읽고 공손앙公孫鞅이라는 인물이 찾아왔다. 위衛나라 출신인 그는 후에 위앙衛鞅 혹은 상앙商鞅이라고 불리게 된다. 당초 공손앙은 고국을 떠나 강대국 위魏나라에서 재상 공숙좌公叔座를 모셨다. 공숙좌는 공손앙의 재능을 간파했지만 미처 왕에게 추천하지 못한 채 그만 중병이 들어 자리에 드러눕고 말았다. 위나라 혜왕이 문병을 왔을 때 공숙좌가 말했다.

"공손앙이라는 자는 아직 젊지만 세상의 드문 인재입니다. 아무쪼록 국정을 맡기심이 좋을 듯합니다. 만일 쓰지 않으실 요량이라면 그를 결코 나라 밖으로 내보내서는 안 됩니다."

왕이 돌아간 뒤 공숙좌는 공손앙을 불러놓고 자신이 왕에게 한 이야기를 들려주었다. 그러고는 하루빨리 달아나라고 권했다. 공손앙은 "왕의 성품으로 미루어 짐작컨대 저를 임용하지 않을 것이거니와 죽이지도 않을 것이옵니다"라고 말하며 달아나려 하지 않았다. 과연 혜왕은 공숙좌의 말을 병자의 헛소리 정도로 치부하고 아무런 행동도 취하지 않았다.

공숙좌가 죽은 뒤, 공손앙은 진나라 효공이 현자를 모집하고 있다는 소식을 듣고 진나라로 찾아갔다. 위앙은 효공의 두터운 신임을 받고 있던 환관 경감景監을 통해 효공과 만났다. 그는 첫 번째 만남에서 전설 속 제왕의 길에 대해, 두 번째 만남에서 왕의 길에 대해 유세했지만 효공은 관심을 보이지 않았다. 세 번째 만남에서는 패자의 길에 대해 설명했다. 그러자 효공이 드디어 관심을 보이기 시작했다. 네 번째 만남에서는 효공이 위앙의 이야기에 너무 집중한 나머지 위앙과 무릎을 맞대는 줄도 모를 정도였다. 며칠이 지나도록 전혀 질리지 않고 계속 이야기를 나누고자 했다.

_ 이상 제68 「상군열전」, 제5 「진본기」

변법을 시행하다

효공은 위앙에게 좌서장左庶長이라는 자리를 마련해주고 변법變法을 시행하도록 했다. 변법에 따르면 백성은 5호 또는 10호 단위로 조가 짜이고, 만일 누군가가 죄를 범하면 연좌제에 따라 전원이 처벌받는다. 나쁜 짓을 저지른 자가 있는데도 그를 관청에 고발하지 않으면 허리를 잘라 죽이는 형벌에 처하고, 고발하는 자에게는 적의 수급을 거둔 것과 동일한 상을 내린다. 죄인을 감추어준 자에게는 적에게 항복한 것과 같은 형벌을 가한다. 집에 두 사람 이상의 남자가 있는데도 분가하지 않으면 세금을 두 배로 늘려 부과한다. 군공을 세운 자에게는 그에 합당한 작위를 내리고, 사사로운 싸움을 벌인 자에게는 각각의 경중에 따라 형벌을 가한다. 본업인 농경과 베 짜기를 열심히 해 식량과 직물을 많이 공출한 자는 과세를 면제한다. 본업을 등한시하고 장사 등에 따른 이익을 좇다 가난해진 자는 모두 노예로 삼는다. 공경 집안 출신이라도 군공이 없는 자는 가문의 호적에 올리지 못한다. 신분의 귀천, 작위의 등급을 명확히 해 각각 그에 따른 생활을 이루게 한다. 공을 세운 자는 명예를 높여주고, 공이 없는 자는 부유해도 호화로운 생활을 못 하게 한다. 이런 갖가지 원칙이 정해졌다.

변법의 방침은 정해졌지만 백성이 그것을 믿지 않는다면 아무런 의미가 없었다. 위앙은 한 가지 계책을 강구했다. 시장의 남문에 큰 나무 기둥을 세우고, 이것을 북문으로 옮기는 자에게 10금의 현상금을 준다고 공지했다. 사람들은 괴이한 일이라고 생각하며 누구 하나 나무를 옮기려 들지 않았다. 현상금을 50금으로 올리자 장난삼아 한 사람이 나서 그 나무를 북문으로 옮겼다. 그 사람에게는 나무를 옮긴 즉시 50금이 지급됐다. 위앙은 이를 통해 나라에서 내놓는 법령에 거짓이 없다는 것을 분명히 했다.

이렇게 기초를 다져놓고 마침내 변법을 공포했다. 처음 1년 동안에는 도성으로 몰려와 변법의 불편함을 호소하는 사람이 5천 명을 넘었다. 그때 진나라의 태자가 법을 위반했다. 위앙은 "법이 제대로 시행되지 않는 까닭은 윗사람이 법을 어기기 때문이다"라고 말하며 태자를 벌하려했다. 그러나 차마 태자를 처벌할 수 없었던 위앙은 태자의 수호역을 맡은 공자 건虔에게 장형을 가하고, 태자의 스승이었던 공손고公孫賈에게 얼굴에 먹물을 입히는 형벌을 가했다. 이튿날부터 진나라 사람은 모두 법령에 크게 주의를 기울이게 되었다.

법령이 공포된 지 10년이 지나자 길에 떨어진 물건조차 주우려는 사람이 없었고, 산에는 도적이 사라졌으며, 집집마다 부유해졌다. 진나라

의 모든 사람이 크게 기뻐했다. 백성은 공적인 전쟁
에는 용감하게 나서는 반면 사적인 싸움은 피했다.
당연히 마을마다 치안이 잘 유지되었다. 법령이 불
편하다고 불평했던 사람들이 이제는 편리하다고 찾
아왔다. 위앙은 "교화를 어지럽히는 자들"이라고
말하며 이들을 모두 변경으로 이주시켰다.
이로부터 법령에 대해 이러쿵저러쿵 말하는
사람이 없어졌다. 변법은 무려 19년 동안 시
행되었고, 진나라의 국력은 크게 신장되었다.

_ 이상 제68 「상군열전」, 제5 「진본기」

▎상앙은 변법을 시행해 진나라의 개혁을 이끌
었다. 하지만 법 적용이 지나치게 가혹해 많은
적을 만들었고, 결국 자신이 만든 법에 걸려
목숨을 잃고 말았다.

법의 폐해가 이 정도였던가?

기원전 352년, 대량조大良造에 임명된 위앙은 군사를 거느리고 위나라 안
읍安邑을 포위해 항복을 받아냈다. 2년 뒤인 기원전 350년, 효공은 위앙
과 합심해 함양咸陽에 문과 궁전을 짓고 진나라의 수도를 옹雍에서 함양
으로 옮겼다. 한편 민정 개혁에도 힘을 기울였다. 작은 마을들을 모아 현
으로 삼고, 영令과 승丞을 둔 뒤 전국을 31개 현으로 편성했다. 밭과 밭
사이의 경계를 폐지하고 과세를 균등히 했다. 부모와 자식이 같은 집에
사는 것을 금지했으며, 저울과 잣대 등을 표준화했다. 법령이 공포된 뒤
공자 건이 다시금 법을 어기자 코를 베는 형벌에 처했다. 진나라 사람들
은 살수록 부유해졌고, 국력 또한 승강되었다. 주나라의 천자가 제사용
고기를 보내오고, 제후들이 저마다 축하했다.

▌진나라의 수도였던 함양성의 오늘날 모습이다.

기원전 342년, 제나라가 마릉 전투에서 위나라를 격파했다(손빈이
자신의 발을 자른 원수 방연에게 복수한 전투이기도 하다*).

2년 뒤인 기원전 340년, 위앙은 효공에게 지금이야말로 위나라를
칠 때라고 진언했다. 위앙이 대장이 되어 출격하자 위나라는 공자 앙卬을
대장으로 삼아 방어에 나섰다. 양군이 대치했을 때 위앙이 공자 앙에게
서간을 보냈다.

"저는 한때 공자님과 가까이 지냈습니다. 그런데 서로 공격해야 하
는 상황이 되니 견디기 어렵습니다. 공자님의 면전에서 맹약식을 갖고 주
연을 베푼 뒤 군사를 물리고 진과 위 양국 모두 평안히 지낼 수 있기를
소망합니다."

공자 앙은 그 말이 합당하다고 생각해 위앙의 말에 따랐다. 회맹을
마치고 술잔을 돌릴 때 복병이 들이닥쳐 공자 앙을 포로로 삼았다. 그
뒤 진나라 군은 위나라 군을 공격해 큰 타격을 입히고 돌아갔다.

위나라 혜왕은 제와 진 두 나라와의 전쟁에서 몇 번씩이나 패해 국고가 텅텅 비어가고 영토 또한 줄어드는 큰 위기에 처했다. 고심 끝에 하서의 땅을 진나라에 할양하고 휴전하기로 했다. 그리고 수도를 안읍에서 대량으로 옮겼다. 혜왕은 공숙좌의 말을 따르지 않은 것을 후회했다.

상앙이 위나라를 격파하고 개선하자 효공은 상商과 오於의 15개 읍을 하사하고, 위앙을 상군商君이라 부르도록 조치했다. 이때부터 사람들은 위앙을 상앙商鞅이라 부르게 되었다.

상앙은 10년 동안 진나라의 재상직을 맡으며 권력을 좌지우지해왔기 때문에 진의 공자와 외척들 가운데 그에게 원한을 품은 사람이 많았다. 어느 날 조량趙良이라는 이가 상앙을 찾아와 충고했다.

"귀하가 가는 길은 마치 짙은 안개 속 같아 위험하기 짝이 없습니다. 그럼에도 천수를 누리고 싶으시다면 영지를 조정에 반납하고 시골로 내려가 은거하는 수밖에 없습니다. 그렇게 하면 위험의 정도가 조금은 줄겠지요."

상앙은 이 충고를 따르지 않았다. 그로부터 다섯 달 뒤 효공이 죽고(기원전 338년) 태자가 뒤를 이었다. 이가 혜왕惠王(재위 기원전 338~311년)이다. 혜왕의 측근인 공자 건 등은 상앙이 모반을 꾀하고 있다며 그를 모함했다. 이에 상앙은 반역자로 몰려 쫓기는 몸이 되었다. 도망가던 상앙은 진나라의 국경 근처까지 와 여관에서 숙박하기를 청했다. 그러자 여관 주인이 이렇게 말했다.

"상군께서 만든 법에 따라 증서를 갖고 있지 않은 여행객에게는 숙박을 제공할 수 없습니다."

상앙은 불현듯 한숨을 내쉬며 말했다.

"아아, 법의 폐해가 이 정도였단 말인가?"(여기서 작법자폐作法自斃란 고사성어가 나왔다. 자기가 만든 법에 걸려 죽는다는 뜻이다.*)

상앙은 위나라로 달아나려 했지만 위나라에서는 상앙이 공자 앙을 속인 것에 원한을 품고 그를 받아들이지 않았다. 상앙은 다시 다른 나라로 달아나려 했으나 위나라 사람들이 "상앙은 진나라의 반역자다. 진나라는 강한 나라다. 반역자를 잡아 보내지 않으면 나중에 문제가 될지 모른다"라며 그를 진나라로 호송했다.

진나라로 돌아온 상앙은 상읍商邑으로 달아났다. 그곳에서 무리를 동원해 북쪽으로 나아간 뒤 정현鄭縣을 공격했다. 진나라는 거듭 병력을 파견해 상앙을 공격했다. 그리고 민지黽池라는 곳에서 그를 죽였다. 진나라 혜왕은 상앙의 주검을 사지를 찢는 거열형車裂刑에 처하고 조리돌림을 시킨 뒤 "상앙과 같은 모반자가 두 번 다시 나오지 않도록 하라"고 명했다. 상앙의 일족은 모두 죽임을 당했다.

_ 이상 제68 「상군열전」, 제5 「진본기」

소진과 장의, 세 치 혀로 세상을 주무르다

6국의 합종을 성사시키다

진나라 혜왕 시대에 천하를 돌며 이름을 알린 유세객이 있었다. 바로 소진蘇秦(기원전 ?~?)과 장의張儀(기원전 ?~309년)다.

소진은 동주의 낙양 사람이다. 제나라의 귀곡 선생 밑에서 학문을 배웠다. 공부를 마친 뒤 소진은 여러 해 동안 많은 나라를 전전하다 땡전 한 푼 없는 신세로 고향에 돌아왔다. 형제와 형수 그리고 아내마저 그를 대놓고 조롱했다.

"우리 주나라 사람들은 농사짓기에 온 힘을 기울인다. 2할의 벌이를 할 수 있는 것이 우리네 일이다. 너는 본업을 버리고 그저 입으로 먹고 살려 한다. 그러니 한 푼 없는 비렁뱅이 신세가 된 건 당연한 일이다."

이 말을 들은 소진은 크게 부끄러움을 느껴 일절 밖으로 나가지 않고 오로지 공부에만 힘을 쏟았다. "무릇 선비된 자, 명예를 얻지 못한다면 아무리 많은 책을 읽는다 해도 아무 소용없는 것 아닌가"라고 탄식하는데, 마침 서주시대에 쓰인 『음부陰符』라는 책이 눈에 들어왔다. 소진은 1년 동안 이 책을 읽고 또 읽으며 권력자를 설득하는 심리술을 익혔다. 이로써 소진은 어떤 군주를 만나든 설득할 수 있다는 자신감을 얻었다. 그는 우선 주나라의 현왕顯王을 찾아가 만나기를 청했다. 현왕의 측근들은 이전의 소진에 대해서만 알고 있었기 때문에 소진과 현왕의 만남을 허락하지 않았다.

다음으로 소진은 가장 강한 진나라를 찾아갔다. 하지만 운 나쁘게도 상앙이 죽임을 당한 직후여서 혜왕이 언변이 능한 재사들을 싫어하던 차였다. 처음에 소진은 진나라를 강력하게 만드는 계책을 제시함으로써 공명을 이루려 했지만, 진나라에서의 공작이 실패로 돌아가자 이번에는 거꾸로 진나라를 제외한 나머지 6국이 힘을 합하는 계책으로 방향을 틀었다.

소진은 조나라로 갔으나 재상인 봉양군奉陽君이 그를 탐탁지 않게 여

닭의 머리가 될지언정 소의 꼬리는 되지 말라

영위계구寧爲鷄口 · 무위우후無爲牛後

소진이 한나라 선혜왕宣惠王에게 한 말에서 유래한다. 커다란 조직에 빌붙어 가벼이 여겨지기보다는 작은 조직의 우두머리가 되어 무겁게 쓰이는 편이 낫다는 의미. 여기서 '소꼬리'라 함은 진나라에 복종하는 것을 가리킨다. 출전 제69 「소진열전」

기는 바람에 그곳에서도 유세에 실패하고
말았다.

이번에는 연나라로 갔다. 그곳에
머물기를 1년여, 드디어 기원전 334년
에 소진은 문공文公(재위 기원전 361~333
년)을 만나 그의 관심을 끄는 데 성공했다.
소진은 문공의 청으로 다시 조나라를 찾아갔
다. 봉양군은 이미 죽고 없었고, 숙공肅公이란
인물과 대화할 수 있었다. 마침내 소진은 조나
라를 설득하는 데 성공한다.

소진은 원대한 구상을 세우고 있었다. 그
것을 실현하려면 진나라가 조용히 지내줘야만
했다. 이를 위해 소진은 공작을 꾸몄다. 친구 장

전국시대 말기에 활약했던 유세가 소진은
뛰어난 언변으로 강국 진나라를 제외한 여
섯 나라의 합종을 성사시켰다.

의에게 은혜를 베풀어 그가 진나라에서 자리를 얻을 수 있도록 만들었
던 것이다. 소진과 달리 6국의 동맹을 깨는 연횡을 구상하고 있던 장의
는 소진에게 받은 은혜를 갚기 위해 소진이 죽을 때까지 자신은 아무것
도 하지 않겠다고 선언했다.

소진은 한, 위, 제, 초 등을 돌아다니며 유세에 성공해 마침내 6국
합종이라는 맹약을 결성하기에 이른다. 이때가 기원전 333년이었다. 이
로부터 진나라 군은 15년 동안 함곡관 밖으로 나오지 못했다.

_ 이상 제69 「소진열전」, 제70 「장의열전」

소진의 합종·장의의 연횡 유세도

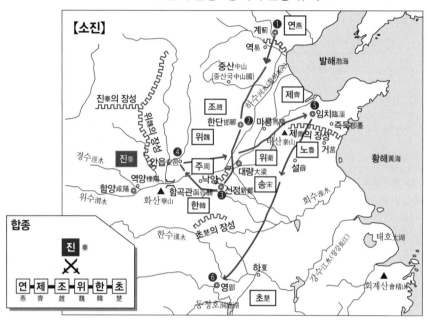

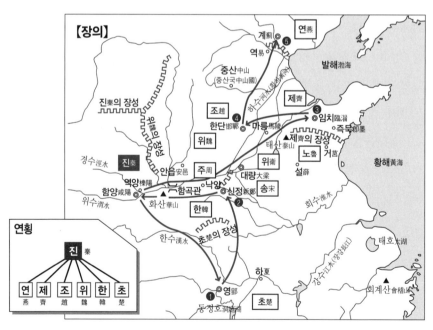

합종을 깨뜨린 연횡

장의는 위魏나라 출신이다. 귀곡 선생 아래에서 공부할 때 소진이 "장의에게는 이길 수 없다"고 말할 정도로 뛰어난 인물이었다.

장의도 학문을 마친 뒤 여러 나라를 떠돌았다. 초나라에 가 재상이 주최한 주연 자리에 참석했을 때 재상의 벽옥이 사라지는 사건이 일어났다. 재상의 가신들은 장의가 훔쳤다고 단정했다. 채찍으로 얻어맞은 장의는 초주검이 되고 말았다. 집에 돌아가자 장의의 무참한 모습을 본 아내가 한마디 했다.

"이제 독서나 유세 따위는 집어치우는 게 어때요? 그러면 이렇게 창피한 일은 당하지 않을 거 아니겠어요?"

장의가 아내에게 말했다.

"좀 봐줄 텐가? 내 입 안에 혀가 아직 남아 있나?"(여기서 '혀가 아직 있다'는 뜻의 설상재舌尙在라는 성어가 탄생했다.*)

아내가 웃으며 "있어요" 하니, 장의가 말했다.

"그렇다면 충분해."

이 무렵 소진은 6국 사이를 돌아다니며 공작을 벌이고 있었다. 이럴 때 진나라의 공격을 받게 되면 합종의 맹약은 깨져버리고 말 것이었다. 그것을 방지하려면 어떻게 해야 할 것인가, 소진은 생각에 생각을 거듭했다. 그러곤 앞서 말한 대로

▌장의에게 속아 진나라에서 객사하고 만 초나라 회왕의 상이다.

장의를 진나라로 보내 일을 시키는 것이 제일 좋겠다는 결론을 내렸다.

소진이 취한 방법은 아주 절묘했다. 장의를 일부러 화나게 해 자신을 미워하는 상태에서 진나라로 들어가게 만든 것이었다.

장의가 진나라를 향해 가는데 우연히 같은 여관에 들른 한 남자가 수레와 금전을 융통해주는 등 온갖 편의를 다 봐주었다. 장의가 진나라 혜왕의 객경이 되는 것을 확인한 뒤에야 그 남자는 비로소 자신이 소진의 명을 받은 인물임을 밝혔다. 장의는 말했다.

"아니 이 정도 책략이라면 나도 이미 다 배운 것 아닌가! 그런데도 전혀 눈치 채지 못했다니! 소진에게 전해주시게. 소진이 살아 있는 동안에는 이 사람이 결코 방해물이 되지 않을 것이라고."

기원전 322년, 장의는 진나라의 재상이 되었다. 그리고 소진이 실각하자 비로소 연횡 공작에 힘을 쏟았다. 6국을 돌며 각국이 진나라와 개별적으로 맹약을 맺도록 공작을 펼친 것이다. 이 공작은 큰 성공을 거둬 합종의 동맹을 완전히 무너뜨렸다.

기원전 311년에 혜왕이 죽고 아들인 무왕武王(재위 기원전 311~307년) 이 뒤를 이었다. 무왕은 태자 시절부터 장의를 좋지 않게 보았다. 이를 눈치 챈 장의는 핑계를 대고 위나라로 떠나 두 번 다시 진나라로 돌아가지 않았다. 기원전 309년, 장의는 그곳에서 세상을 떠났다.

_ 이상 제70 「장의열전」, 제69 「소진열전」

장평 전투, 비정한 노장의 승리

소문을 퍼뜨려 적을 속이다

진나라의 무왕이 죽자 배다른 동생인 소왕이 뒤를 이었다. 소왕은 기원전 307년부터 기원전 251년까지 무려 56년간 진나라를 다스렸다.

소왕 대에는 백기白起라는 무장이 활약했다. 백기는 한나라와 위나라를 격파하고 수많은 성을 차지한 뒤, 초나라로 침공해 들어가 수도인 영을 함락시켰다. 이 때문에 초나라 왕은 동쪽으로 달아나 진陳으로 수도를 옮겼다.

소왕 34년(기원전 273년), 백기는 위나라를 공격해 15만 명을 죽이고, 조나라와의 전쟁에서 적군 2만 명을 익사시켰다. 소왕 43년(기원전 264년)에는 한나라로 공격해 들어가 다섯 개의 성을 함락시키고 5만 명을 죽였다.

소왕 47년(기원전 260년), 진나라 군은 조나라 영내로 쳐들어가 장평長平에서 조나라 군과 대치했다. 조나라 군을 지휘한 인물은 백전노장 염파廉頗였다. 염파는 야전에서 패배를 거듭하자 토성을 굳게 지키며 싸움에 나서지 않는 전략을 취했다. 지구전 태세를 갖추고, 진나라 군의 양식이 떨어지기를 기다리는 작전이었다.

진나라 군은 조나라 군이 도발에 응하지 않는 것을 보고는 작전을 바꾸었다. 간첩을 뽑아 각각 천 금씩 나누어주고 그 돈을 조나라 곳곳에 뿌리도록 했다. 그러면서 진나라에서 만들어낸 다음과 같은 소문을 널리 퍼뜨렸다.

"진나라는 지금은 돌아가신 조사趙奢 장군의 아들 조괄趙括이 조나라의 총사령관이 되는 것을 가장 두려워한다. 염파 따위는 상대가 되지 않는다. 염파는 조만간 항복할 것이다."

마침 조나라 왕은 염파의 군이 수비에만 치중하고 적을 공격하지 않는 것에 불만을 품고 거듭 문책하는 사신을 보내던 차였다. 그 와중에 이런 소문이 퍼졌으니 당연히 의심하는 마음이 커졌다.

조나라의 늙은 신하 가운데 염파와 문경지교를 맺은 인상여藺相如란

흠 없는 옥

조나라 혜문왕은 화씨벽和氏璧이라는 아름다운 옥을 손에 넣었다. 이 소식을 들은 진나라 소왕은 혜문왕에게 진나라의 성 15개와 화씨벽을 바꾸자고 제안했다. 조나라는 거절하지도 승낙하지도 못할 난감한 상황에 빠졌다. 거절하면 전쟁이 일어날 것이고, 승낙한다 하더라도 진나라가 정말 성을 넘겨준다고 볼 수 없었던 것이다. 이때 인상여가 나서 화씨벽을 들고 진나라로 갔다. 그는 조나라의 체면을 구기지 않으면서 무사히 화씨벽을 가지고 돌아왔다. 여기서 완벽귀조完璧歸趙란 사자성어가 파생되었고, 이 고사에서 완전무결한 것을 가리키는 '완벽'이란 성어가 나왔다. 출전 제81 「염파인상여열전」

완벽
完璧

인물이 있었다. 그가 "임금께서는 평판만으로 조괄을 쓰려 하시지만 조괄은 결코 그만한 인물이 아닙니다. 조괄은 서생에 불과하며 임기응변의 조치를 취할 그릇이 못 됩니다"라고 반대했지만 조나라 왕은 귀담아듣지 않았다. 그러고는 끝내 염파 대신 조괄을 총대장으로 임명했다.

_ 이상 제73 「백기왕전열전」, 제81 「염파인상여열전」

어머니의 두려움

어려서부터 병법을 배워온 조괄은 천하에 자신보다 나은 사람은 없다고 자부했다. 아버지 조사와 군략을 논의할 때면 조괄의 의견이 나을 때가 더 많았다. 그러나 조사는 아들을 인정하지 않았다. 아내가 그 이유를 묻자 조사가 이렇게 말했다.

"전쟁은 죽느냐 사느냐가 걸린 큰 문제요. 조괄은 자신이 아는 것에만 취해 생사를 너무 가벼이 논하고 있소. 만약 저 아이를 대장으로 삼기라도 한다면 조나라 군은 파멸을 면치 못할 거요."

고사성어

우정 목을 내놓을 정도의

문경지교 刎頸之交

인상여는 무사히 벽옥을 가지고 되돌아온 공으로 조나라의 상경이 되었다. 인상여에게 뒤지는 입장이 돼버린 명장 염파는 이를 불쾌하게 생각했다. 그러나 인상여는 "진나라가 조나라를 공격하지 않는 까닭은 염파와 내가 있기 때문이다"라고 말하며 염파와의 대립을 피했다. 이를 알게 된 염파는 크게 부끄러움을 느꼈고, 이후 두 사람은 서로를 위해 목숨까지 버릴 수 있는 둘도 없는 벗이 되었다. 이 고사에서 생사를 함께할 성노로 친밀한 우성을 의미하는 '문경지교'라는 성어가 나왔다. 출전 제81 「염파인상여열전」

조사의 아내는 남편의 말을 늘 가슴에 담고 있었다. 조괄이 대장에 임명되자 그녀는 왕에게 명을 거두어달라고 요청하는 서간을 올렸다. 왕이 조사의 아내에게 그 이유를 물었다. 그녀는 다음과 같이 대답했다.

"저 아이의 아비는 함께 밥 먹고 술 마시자는 사람이 수십 명이나 되었고, 친구처럼 지내는 사람 또한 수백 명이나 되었습니다. 임금께서 하사하신 물건이 있으면 모두 군문의 직을 얻은 사람들에게 두루 나누어주고 자기 주머니에는 일절 집어넣지 않았습니다. 그러나 제 자식 놈은 그런 아비의 길을 전혀 따르지 않고 있습니다. 군의 직을 맡은 사람들에게 언제나 주인처럼 행세하려 하고, 임금께 받은 물건은 하나같이 집으로 가져와 쌓아둡니다. 그러고는 매일처럼 사들일 만한 논밭이나 집이 없는가 주위를 두리번거립니다. 아비와 아들의 마음가짐이 이렇게나 다릅니다. 아무쪼록 제 아들을 총대장으로 삼는 것만은 멈춰주소서. 정히 그리하시겠다면 나중에 어떤 상황이 도래한다 해도 저희에게 죄를 묻지 않겠다고 말씀해주시기를 청할 따름입니다."

조나라 왕은 어떤 일이 벌어지더라도 죄를 묻지 않겠다고 답했다. 조괄은 염파와 교대하자마자 모든 원칙을 바꾸고, 군 내부의 주요 보직도 마구 바꿔버렸다. 이런 상황을 모두 파악하고 있던 진나라는 때가 무르익었다고 판단했다. 진나라는 백기를 총대장으로 삼고 이를 누설시키는 자는 사형에 처하겠다고 전군에 엄명을 내렸다.

백기는 정면의 군대를 일부러 패주시켜 조나라 군을 끌어낸 뒤 별동대를 써 조나라 군을 둘로 나눔과 동시에 양곡 보급로를 끊어버렸다. 진나라 소왕은 조나라 군이 덫에 걸렸다는 보고를 받고 손수 하내河內까지 찾아와서는 그곳에 사는 조나라 주민들에게 각각 진나라의 작위를 내렸다. 그리고 15세 이상의 남자를 모두 징발해 조나라 본국에서 오는 지원군과 양곡을 저지하도록 했다.

이렇게 포위당한 지 46일이 지나자 조나라 군의 식량은 바닥이 나고 말았다. 서로 잡아 죽이며 사람고기를 먹는 지경에 이르렀다. 조나라 군은 어떻게든 포위를 풀어보겠다고 군사를 네 개 부대로 나눠 네 번, 다섯 번 돌파를 시도했지만 모두 실패로 끝났다. 조괄은 정예병을 이끌고 몸소 전투에 임했다 사살당했고, 40만에 달하는 조나라 병사는 모두 백기

▍장평 전투에서 조나라 군을 무찌른 백기. 그는 속임수를 써 조나라 군 40만 명을 생매장하는 잔인한 일면을 보였다.

에게 항복했다. 그런데 이때 백기의 머리를 스치는 생각이 있었다.

'앞서 진나라는 한나라의 상당上黨을 공격해 함락시켰다. 상당 지역의 주민들은 진나라의 지배를 기뻐하지 않고 조나라로 넘어갔다. 조나라의 병사들도 때가 되면 배반할 것임에 틀림없다. 모두 죽여 없애지 않으면 반란을 일으킬지 모른다.'

백기는 속임수를 이용해 40만 대군을 구덩이에 생매장했다. 나이가 어린 240명만 조나라로 돌려보냈다. 이 전투로 죽은 숫자가 모두 45만 명에 달했다. 조나라 왕은 큰 충격을 받았지만 앞서 한 약속이 있었기 때문에 조괄의 어머니를 벌하지 못했다. 중원의 강국이었던 조나라는 장평 전투 이후 다시는 일어서지 못하고 얼마 뒤 진나라에 합병되고 말았다.

_ 이상 제73 「백기왕전열전」, 제81 「염파인상여열전」

진秦나라 백기의 활약

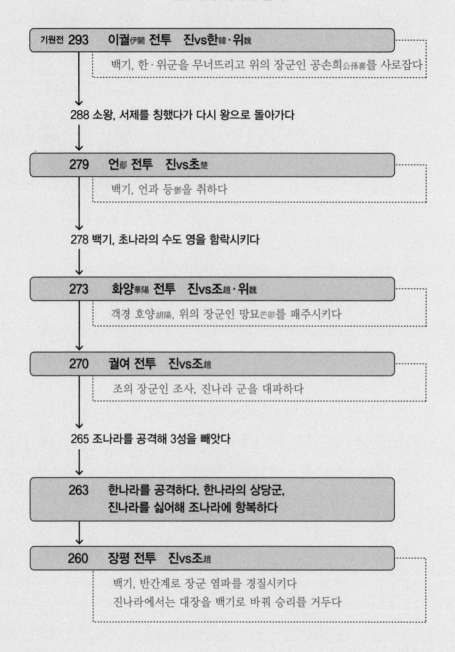

기원전 293 **이궐伊闕 전투 진vs한韓·위魏**

백기, 한·위군을 무너뜨리고 위의 장군인 공손희公孫喜를 사로잡다

288 소왕, 서제를 칭했다가 다시 왕으로 돌아가다

279 **언鄢 전투 진vs초楚**

백기, 언과 등鄧을 취하다

278 백기, 초나라의 수도 영을 함락시키다

273 **화양華陽 전투 진vs조趙·위魏**

객경 호양胡陽, 위의 장군인 망묘芒卯를 패주시키다

270 **궐여 전투 진vs조趙**

조의 장군인 조사, 진나라 군을 대파하다

265 조나라를 공격해 3성을 빼앗다

263 **한나라를 공격하다. 한나라의 상당군,**
진나라를 싫어해 조나라에 항복하다

260 **장평 전투 진vs조趙**

백기, 반간계로 장군 염파를 경질시키다
진나라에서는 대장을 백기로 바꿔 승리를 거두다

이유 있는 죽음

소왕 48년(기원전 259년) 10월, 진나라는 다시 한나라의 상당 지역을 평정했다. 진나라 군은 상당에서 병사를 둘로 나눠 피뢰皮牢와 태원太原을 공략해 들어갔다. 두려움에 사로잡힌 한과 조 두 나라는 소대에게 선물을 잔뜩 들려 진나라의 재상 범수范睢에게 보냈다. 소대는 온갖 수를 다 동원해 백기에 대한 범수의 질투심과 경쟁심을 부추겼다. 이 공작이 효과를 거둬 진나라는 공격의 손길을 늦추고 한과 조 두 나라와 화의를 맺었다. 백기는 이 화의에 불만을 품었고 이로 인해 범수와 불화하게 되었다.

그 후 조나라와 화의가 깨졌지만 백기는 질병 때문에 출진할 수가 없었다. 이듬해인 기원전 258년, 백기가 회복되자 소왕은 왕릉王陵 대신 백기를 한단 공격의 총대장으로 삼고자 했다. 그러나 백기는 다음과 같은 말로 사양했다.

"한단을 공격하기란 분명 용이한 일이 아닙니다. 제후들이 속속 그쪽으로 원군을 투입할 것입니다. 제후들은 우리나라를 대단히 원망하고 있습니다. 우리 진은 장평에서 대승리를 거두었지만 전사자가 많았고 현재 국내에는 일손 또한 부족한 상태입니다. 멀리 산과 들을 건너 남의 나라 수도를 두고 다투면 조나라는 성내에서 버티고, 제후들은 밖에서 공격해와 우리 군이 패배할 것이 뻔합니다. 한단을 공격해서는 안 됩니다."

소왕이 몸소 명령을 내렸지만 백기는 전혀 움직이려 들지 않았다. 소왕은 도리 없이 다른 장군을 파견했다. 그러나 8, 9개월이 지나도록 한단을 함락시킬 수 없었다.

그러는 사이 초나라의 춘신군과 위나라의 신릉군이 원군을 이끌고

와 진나라 군을 공격했다. 이로 인해 진나라 군은 수많은 사상자를 내고 말았다. 백기는 "내가 제안한 계책대로 하지 않았기 때문에 일이 이렇게 된 것이다"라고 말했고, 이 말을 들은 소왕은 무리해서라도 백기를 출진시키고자 했다. 범수가 부탁해왔는데도 백기는 중병을 핑계 대며 움직이려 하지 않았다. 이 일로 백기는 관직을 박탈당하고 일개 병사로 강등되어 음밀陰密로 유배 보내졌다.

백기에 대한 처벌은 이것으로 끝나지 않았다. 수도 함양을 떠난 지 얼마 되지 않아 왕의 사신이 찾아왔다. 사신은 검을 건네며 이 검으로 자살하라는 명령이 떨어졌다고 말했다. 백기는 검을 목에 대고 자문했다.

"내가 하늘에 얼마나 큰 죄를 지었길래 이런 최후를 맞이하는가?"

이윽고 그는 답을 찾아냈다.

"당연한지도 모른다. 장평 전투에서 항복한 조나라 병사 수십만 명을 속임수를 써 죽였으니, 충분히 죽임을 당할 만하다."

백기는 그렇게 말하고 자결했다. 소왕 50년(기원전 257년) 11월의 일이었다.

소왕 54년(기원전 253년), 소왕은 옹에서 상제上帝에게 제를 올렸다.

소왕 56년(기원전 251년), 소왕이 죽고 아들 효문왕孝文王이 뒤를 이었다. 효문왕이 죽자 아들 장양왕壯襄王이 뒤를 이었다. 장양왕이 죽고 아들 정政이 뒤를 이으니 이가 바로 진나라 시황제이다. 기원전 247년의 일이었다.

_ 이상 제73 「백기왕전열전」, 제79 「범수채택열전」

『사기』 문답 史記問答

❖ 어째서 연대의 모순이 생겨났는가?

『사기』의 기술에 근거해 춘추전국시대의 연표를 만들면 모순이 발생한다. 예를 들어 위衛나라 멸망이 진나라 2세 황제 시대가 되는 것이다. 이것은 분명 사실과 다르다. 왜 이런 문제가 생겨나는 것일까?

최근의 연구 결과 사마천이 연대를 정리하며 여러 곳에서 잘못을 범했다는 것이 밝혀지고 있다. 나라와 제후에 따라 역법과 연호의 계산 방식이 달랐음에도 모두 같은 방식으로 계산했기 때문이다.

그렇다고 사마천에게 책임을 묻는 것은 가혹하다고 할 수 있다. 진나라 시황제의 분서에 의해 수많은 자료가 사라져 지적 재산의 단절 현상이 벌어진 까닭이다.

❖ 제자백가란 무엇인가?

전국시대에 활약한 사상가와 유세가를 총칭해 제자백가諸子百家라고 부른다. 동한의 반고班固가 저술한 역사서인 『한서漢書』에는 "무릇 제자는 189가 (……) 볼 만한 것은 9가뿐"이라는 대목이 나온다. 여기서 9가라 함은 유가, 묵가, 도가, 명가, 법가, 음양가, 농가農家, 종횡가縱橫家, 잡가雜歌를 말한다.

다만 이것은 어디까지나 한나라 시대의 명칭이다. 전국시대에는 이 같은 호칭이 없었다. 따라서 누가 어느 가에 속했는지 설명하기가 어려운 경우도 적지 않다.

진의 시황제 시대

4장

짧고 강렬했던 황제의 나라,

여불위,
그는 누구인가

여불위의 선견지명

진나라 왕 정에 대해 이야기하려면 우선 여불위呂不韋를 언급할 수밖에
없다. 여불위는 한나라 양책陽翟의 대상인이었다.

당시 진나라에서는 소왕 40년(기원전 267년)에 태자가 죽고, 그 2년
뒤에 차남인 안국군安國君이 태자로 옹립되었다(기원전 265년). 안국군에
게는 20명 이상의 아들이 있었는데 공교롭게도 안국군의 총애를 업고
측실에서 정실로 올라선 화양부인華陽夫人에게는 아들이 없었다.

안국군의 아들 가운데 중간 서열쯤 자초子楚라는 인물이 있었다. 자
초는 어릴 때 조나라에 인질로 보내졌다. 어머니인 하희夏姬가 안국군에
게 사랑받지 못했기 때문에 그녀의 아들인 자초가 차출되었던 것이다.
자초는 조나라에서 푸대접을 받았다. 당시 진나라가 조나라를 종종 공

격해왔으므로 이는 당연한 일이었다. 진나라에서 보내오는 생활비 또한 넉넉지 않아 자초의 생활은 어렵기만 했다.

여불위는 조나라 수도 한단에 간 뒤에야 자초라는 존재를 알게 되었다. 그는 자초를 보자마자 '기화가거'라는 말을 뇌까렸다. 그가 후에 큰 인물이 될 것임을 직감했던 것이다. 여불위는 자초와 인사를 나눈 뒤 "제가 귀하의 문을 크게 높여드리겠습니다"라고 말했다. 자초는 자신을 놀리고 있다고 생각해 여불위의 말을 웃어넘겼다. 그러자 여불위가 다시 말했다.

"귀하께선 아직 모르시겠지만 저희 집 문은 귀하 덕분에 크게 될 것입니다."

자초는 여불위가 하는 말을 알아듣고 그를 안쪽 자리로 이끌었다. 여불위는 이런 계획을 세웠다. 늙은 소왕이 안국군을 태자로 세우긴 했지만 안국군이 가장 총애하는 화양부인에게는 아들이 없다. 지금과 같은 상황에서는 자초가 안국군의 뒤를 이을 가능성은 거의 없다고 봐야 한다. 어떻게든 화양부인에게 접근해 그녀의 양자로 들어가면 수가 생길 것이다. 화양부인의 입을 통해 안국군의 자리를 물려받을 수도 있다. 여불위는 이 계획을 실현하는 데 드는 경비는 얼마든지 제공하겠다고 말했다. 자초는 기뻐하며 여불위의 말에 따르기로 했다.

여불위는 우선 자초에게 5백 금을 주며 교제 범위를 넓히라고 말했다. 그리고 자신은 5백 금으로 진기한 물품을 준비해 서쪽 진나라로 떠났다. 진나라에 도착한 여불위는 화양부인의 언니를 통해 화양부인에게 선물을 바쳤다. 물론 자초를 치켜세우는 일을 잊지 않았다.

화양부인이 대단히 기뻐했다는 사실을 안 여불위는 화양부인의 언니를 통해 설득을 시작했다. 그때 특별히 강조한 것이 '용모로 사랑받는

사람은 용모를 잃으면 버림받는다'(여기서 '이색사인자以色
事人者, 색쇠이애이色衰而愛弛'라는 명언이 탄생했다●)는 말이었
다. 화양부인의 위기감을 건드린 여불위는 '공자들 가
운데 누군가를 선택해 모자관계를 맺는 것이 좋다.
그러면 왕이 돌아가신 뒤에도 그 아들이 왕이 돼
부인을 존중하며 돌봐줄 것이다. 공자들 중
자초만큼 뛰어난 인물은 없다. 자초는 화
양부인을 실제 어머니처럼 그리워하고 있
다'는 요지의 말을 건넸다.

화양부인은 옳은 말이라고 생각해 안
국군에게 자초를 칭찬하는 한편, 눈물을
흘리며 아무쪼록 자초를 후계자로 지명해

한나라의 대상인이었던 여불위는 조나라에 인질로
와 있던 자초를 도와 그를 진나라 태자로 만드는
데 성공한다. 진시황의 친아버지가 자초가 아닌 여
불위라는 설이 있다.

달라고 끈덕지게 호소했다. 안국군은 이를 승낙하고 자초에게 두둑한
선물을 보냄과 동시에 여불위에게 자초의 보좌역을 부탁했다. 이로부터
자초의 이름이 제후들 사이에 널리 퍼져 나가게 되었다.

_ 이상 제85 「여불위열전」, 제6 「진시황본기」

고사성어

얻기 힘든 귀한 물건을
차지해 두다

기화가거 奇貨可居

여불위가 자초를 처음 보고 한 말에서 유래했다. 진기한 물건을 사서 잘 간
직하면 나중에 큰 이익이 될 것이라는 의미에서 '진귀한 재물은 잘 간수해두
고, 비싼 값이 될 때까지 기다리는 것이 좋다'는 의미로 변화해 사용되고 있
다. 출전 제85 「여불위열전」

정의 출생과 관련한 미스터리

여불위는 한단의 여자들 중에서 용모가 빼어나고 무용에 특출난 이를 여럿 거느리고 있었는데, 그중 한 여자가 여불위의 아이를 뱄다. 마침 그 무렵 자초가 그녀에게 첫눈에 반해 여불위에게 그녀를 넘겨달라고 청했다. 여불위는 화가 났지만 여기서 그 청을 거절하면 모든 계획이 물거품이 돼버릴지 모른다고 판단해 임신 사실을 숨긴 채 그녀를 자초에게 헌상했다. 달이 차자 여자는 아들을 낳았다. 이 아들이 바로 정이다. 자초는 정식으로 그녀를 자신의 부인으로 삼았다.

소왕 50년(기원전 257년), 진나라는 군대를 파견해 한단을 포위했다. 조나라는 인질인 자초를 죽이려 했다. 여불위는 감시하는 관리들을 매수해 자초를 빼돌린 뒤 진나라 진영으로 들여보냈다.

소왕 56년(기원전 251년), 소왕이 죽고 태자인 안국군이 즉위했다. 화양부인은 왕후, 자초는 태자가 되었다. 태자의 처자를 죽일 수도 그저 억류하고 있을 수도 없었던 조나라는 자초의 부인과 정에게 호위를 붙여 진나라로 돌려보냈다.

안국군은 재위한 지 1년 만인 기원전 250년에 죽고, 효문왕이라는 시호를 받았다. 뒤이어 태자 자초가 즉위하니 이가 바로 장양왕이다.

장양왕은 즉위하자마자 여불위를 승상丞相으로 삼는 한편 문신후文信侯로 봉하고 낙양 10만 호의 영지를 하사했다. 여불위는 집안의 노비가 만 명에 이를 정도로 권세를 누렸다.

장양왕이 재위 3년 만에 죽고(기원전 247년), 태자 정이 왕위에 올랐다. 정은 여불위를 받들어 상국相國(재상)으로 삼고 중보仲父라 불렀다. 정은 아직 13세의 어린 나이였다. 정의 생모인 태후는 기회를 보아 여불위

▌진시황의 아버지 장양왕의 무덤이다.

와 지속적으로 불륜관계를 맺었다.

　　당시 위나라의 신릉군, 초나라의 춘신군, 조나라의 평원군, 제나라의 맹상군이 저마다 식객을 늘리기 위해 경쟁을 벌이고 있었다. 여불위 또한 이에 뒤질세라 수많은 식객을 불러들이니 그 수가 3천 명에 달했다. 당시는 제후를 찾아 몸을 의탁하는 유세객이 많았기 때문에 순자荀子를 비롯한 유세객들의 저서가 천하에 널리 퍼졌다. 여불위도 모여든 식객들에게 저마다 문장을 짓게 해 「팔람八覽」, 「육론六論」, 「12기紀」 등 모두 20여 만 자에 이르는 책을 만들었다. 그러고는 천지, 만물, 고금의 사건 등을 모두 망라했다고 칭하며 이를 『여씨춘추呂氏春秋』라 이름 붙였다.

_ 이상 제85 「여불위열전」

여불위의 실각

진왕 정이 성장해가는 와중에도 태후의 음란한 행위는 멈출 줄 몰랐다. 여불위는 재난이 닥쳐올까 두려워 자신을 대신할 남자를 찾았다. 마침 적당한 사람이 나타났는데, 남근男根이 유달리 큰 노애嫪毒라는 사내였다. 여불위는 노애를 가짜 환관으로 만든 뒤 태후 곁에서 시종을 들게 했다. 태후는 노애와 사통하며 그를 매우 총애했다. 결국 노애와의 사이에서 아이를 갖게 되자 태후는 이 일이 외부에 알려질까 두려워 한 가지 꾀를 냈다. 그녀는 점을 친 결과 재액을 피하라는 점괘를 받았노라고 둘러대고는 옹이라는 지역의 이궁으로 거처를 옮겼다. 노애가 거느린 노복이 수천 명에 이르렀고, 관직을 얻기 위해 그에게 빌붙어 일하는 사인舍人 또한 수천 명에 이르렀다.

진왕 정 9년(기원전 238년), 노애와 태후의 관계를 밀고하는 자가 나타났다. 조사 결과 사실로 드러났고, 이 일에 여불위가 관계되어 있음이 밝혀졌다. 정은 노애의 3족을 멸하고, 태후가 낳은 두 아들을 죽였다. 노애의 사인들은 재산을 몰수당하고 촉 땅으로 유배되었다.

정은 여불위도 죽이려 했지만 선왕을 모신 공적이 크고, 여불위를

고사성어

글자 하나에 천금

일자천금一字千金

여불위는 『여씨춘추』를 함양 시장 문에 걸어놓고 그 위에 천금을 놓은 뒤 누구든 이 책에서 한 글자라도 더하거나 뺄 수 있는 사람이 나온다면 이 돈을 주겠다는 내용의 방을 내걸었다. 여기서 빼어난 문장을 가리키는 '일자천금'이란 성어가 나왔다. 출전 제85 「여불위열전」

위해 중재에 나서는 사람도 많았기 때문에 극형을 내리지는 않았다.

진왕 정 10년(기원전 237년) 10월, 정은 여불위에게 내린 상국의 지위를 박탈하는 한편 낙양의 영지에서도 추방했다. 그로부터 1년이 지난 뒤에도 여불위의 거처에는 손님들이 끊일 줄 몰랐다. 그대로 둔다면 언젠가는 반란을 일으킬지도 모른다고 생각한 정은 여불위에게 이런 내용이 담긴 편지를 보냈다.

"귀하는 진나라에서 어떤 공적을 올렸기에 하남에 봉해져 10만 호를 받았는가? 우리 진나라와 어떤 혈연관계가 있길래 내가 중보라고 부르는가? 일족과 함께 촉 땅으로 이주토록 하라."

여불위는 사형당할지 모른다는 두려움에 독을 마시고 자살했다.

_ 이상 제85 「여불위열전」, 제6 「진시황본기」

절대자를 키운 사람들

출세욕에 사로잡힌 지식인

진왕 정을 잘 이해하려면 그의 성격뿐 아니라 이사李斯, 한비韓非, 위료尉繚 이 세 사람에 대해서도 반드시 알아두어야 한다.

이사는 초나라 상채上蔡 출신이다. 젊은 시절 군의 하급 관리로 일한 적이 있었다. 당시 관청의 화장실에 쥐가 살았는데 그 쥐들은 지저분한 것을 먹으며 사람이나 개가 가까이 오면 늘 쭈뼛쭈뼛 놀랐다. 그러나 창고 안에 있는 쥐들은 곡물을 먹고 싶은 대로 먹고, 커다란 지붕 아래 머물며 인간이나 개를 두려워하지 않았다. 이를 본 이사는 한숨을 내쉬며 말했다.

"인간의 현명함이나 어리석음도 비유하자면 쥐와 똑같다. 각자 자리 잡은 장소에 따라 결정되고 만다."

그 뒤 이사는 순자에게 가 제왕학을 배웠다. 학업을 마치자 이사는 누구를 섬기면 좋을지에 대해 숙고했다. 초나라 왕은 섬길 만한 그릇이 못 되고, 동방의 6국은 하나같이 허약해서 이렇다 할 공을 세울 여지가 없었다. 그렇다면 서쪽으로 가 진나라를 섬기는 수밖에 없었다. 결심을 굳힌 이사는 순자의 문하를 떠났다.

당시는 진의 장양왕이 막 죽은 시점이었다. 이사는 우선 여불위의 사인으로 들어갔다가 그의 추천을 받아 정의 시종이 되었다. 이를 계기로 이사는 정에게 여러 계책을 올렸다. 그중에는 6국의 합종을 깨뜨리고 각국을 격파해야 한다는 내용도 들어 있었다.

정은 이사를 장사長史로 임명해 그 계획을 실천하라고 명했다. 이에 이사는 밀사를 파견해 매수할 수 있는 자는 매수하고, 유혹을 물리친 자는 암살하고, 상대국의 국력이 쇠약해진 틈을 타 공격하는 행위를 반복했다. 이 작전이 잘 들어맞았기 때문에 정은 이사를 객경客卿으로 승진시켰다.

_ 이상 제87 「이사열전」, 제6 「진시황본기」

▌이사는 진시황을 도와 진나라의 기반을 닦는 데 큰 공을 세웠다. 하지만 진시황에게 분서를 건의하고, 진시황 사후 환관 조고를 도와 호해를 왕으로 세우는 등 출세와 부귀에 집착하는 천박한 지식인의 모습을 보였다.

타국 사람은 방해물인가?

당시 진나라에서는 한나라에서 온 정국鄭國이란 인물이 대규모 관개공사를 진행하고 있었다. 공사가 한창 진행 중인 와중에 그것이 진나라의 국력을 쇠약하게 만들려는 한나라의 모략이라는 사실이 발각되었다. 이 사건을 계기로 왕족 사이에서 타국 출신 관리를 모두 추방하는 축객령逐客令을 시행해야 한다는 의견이 강하게 대두되었다. 추방자 명부에는 이사의 이름도 적혀 있었다. 이사는 다음과 같이 진언했다.

"지난날 우리 진나라 목공께서는 유여를 서방의 융에서 발탁했고, 백리해를 완의 땅에서 얻었으며, 건숙을 송에서 맞아들이고, 비표와 공손지公孫枝를 진晋나라에서 구해와 신하로 삼았습니다. 그 결과 20여 개의 나라를 병합하고 서융의 땅에서 패자로서의 입지를 굳혔습니다. 효공께서는 위나라 출신 상앙의 변법을 채용해 뭇 제후들을 복종시키고 오늘에 이르기까지 진을 잘 다스려 강국으로 만들었습니다. 혜왕께서는 위나라 출신인 장의의 계략을 채용해 6국의 합종을 해체시키고 6국이 진나라를 섬기도록 만들었습니다. 소왕께서는 범수를 얻어 진나라의 왕실을 강화했습니다. 네 군주께서 거둔 성공은 모두 타국의 객인들이 힘써 만든 것입니다. 객인이 어째서 진나라에 불리하다는 말씀이신지요? 지금 빈객을 쫓아내면 제후들에게 이로운 일이 될 것입니다. 이는 적병에게 무기를 빌려주고, 도둑에게 식량을 주는 것과 같습니다."

정은 이사의 진언이 옳다고 여겨 축객령을 철회하고 이사를 원직으

태산은 한 줌의 흙이라도 마다하지 않는다

태산불양토양 泰山不讓土壤

진나라에 축객령이 떨어졌을 때 이사는 이에 반대하는 글을 썼다.
"태산은 한 줌의 흙을 마다하지 않는다. 그리하여 그 거대함을 이룬다. '큰 강과 바다는 자잘한 물줄기를 가리지 않는다(하해불택세류河海不擇細流).' 그리하여 그 깊음을 이룬다."
이 말은 도량을 크게 해 이질적인 것을 많이 받아들여야 한다는 의미로 사용된다. 출전 제6「진시황본기」

로 복직시켰다. 그 뒤 이사는 더욱 출세해 정위廷尉가 되었다. 이때가 대략 기원전 237년경이었다.

_ 이상 제87 「이사열전」, 제6 「진시황본기」

질투가 불러온 비극

한비는 한나라의 공자다. 형명법학을 좋아했는데, 이 학문의 사상적 뿌리는 황제와 노자의 가르침이었다. 천성적으로 말을 더듬었기 때문에 말투가 어눌했다. 하지만 학문과 문장은 뛰어났다. 이사와 마찬가지로 순자의 문하에서 공부했는데, 이사는 스스로 한비에게 뒤진다고 생각했다.

한비는 한의 영토가 점점 줄어드는 것을 보고 여러 차례 의견을 냈지만 왕은 이를 받아들이지 않았다.

한비는 강직한 선비가 타락한 신하들에게 배척당하는 현실을 슬퍼하며 『고분孤憤』, 『오두五蠹』, 『내외저內外儲』, 『설림說林』, 『세난說難』 등 모두 10만 자가 넘는 글을 지었다.

그런데 이 글을 옮겨 써 진나라로 가져온 사람이 있었다. 진왕 정은 그 가운데 『고분』과 『오두』를 읽고 "아아, 내가 이 사람을 만나볼 수만 있다면 죽어도 여한이 없을 것

▌법가사상을 대표하는 인물 한비자. 진시황은 그의 저서를 읽고 "내가 이 사람을 만나볼 수만 있다면 죽어도 여한이 없다"고 말했다. 이사의 농간에 빠져 죽임을 당했다.

이다"라고 말했다. 이사가 "이 사람은 한비라고 합니다"라고 말하자 정은 군대를 파견해 한나라를 공격했다. 한나라 왕은 처음부터 한비를 중시하지 않았기 때문에 한비를 넘겨달라는 진나라의 요구에 선선히 응했다. 정은 매우 기뻐했지만 한비를 신뢰하며 중용하지는 않았다.

이사는 언젠가 한비가 중용되면 자신의 입지가 줄어들 것이라 생각해 정에게 다음과 같이 속닥거렸다.

"한비는 한나라의 공자입니다. 한비는 결국 한나라를 위한 계책을 짤 것임에 틀림없습니다. 그를 기용하는 것도 바람직하지 않고, 한나라로 되돌려보내는 것도 좋지 않습니다. 재앙의 싹을 제거하려면 차라리 잘못을 잡아내어 처벌하심이 낫지 않을까 합니다."

정은 이사의 말에 넘어가 한비를 투옥시켰다. 이사는 사람을 보내 독약을 건네주었다. 한비는 정에게 해명하고 싶었지만 알현은 허락되지 않았다. 정이 후회하며 사면 명령을 내렸지만 사자가 도착하기 전에 이미 한비는 독약을 먹고 죽은 뒤였다. 이때가 기원전 233년이었다.

_ 이상 제87 「이사열전」, 제63 「노자한비자열전」, 제6 「진시황본기」

범과 이리 같은 마음

위료는 위나라 출신이다. 기원전 237년 무렵 위료는 진왕 정에게 다음과 같이 진언했다.

"진나라의 강성함으로 따지자면 제후들은 군현의 우두머리 정도에 불과하지만, 만일 그들이 합종하게 되면 방심할 수 없습니다. 노나라 지백이나 오왕 부차, 제나라 민왕이 멸망한 것도 이 때문입니다. 바라옵건대 대왕께서는 여러 제후의 유력한 신하들에게 아낌없이 뇌물을 뿌려 합종의 계략을 차단하십시오. 30만 금 정도만 뿌리면 모든 제후에게 영향을 미칠 것입니다."

정은 이 계략을 채택함과 동시에 의복과 음식을 위료와 같이 하는 등 그를 크게 존중했다. 그러나 위료는 이러한 조치를 탐탁지 않게 생각했다. 그는 진왕 정을 이렇게 평가했다.

"진왕은 코가 높고 눈이 길며 독수리 같이 가슴이 튀어나오고 새소리를 낸다. 그 사람됨이 잔인해 범과 이리와 같은 마음을 갖고 있다. 나는 일개 서생의 몸이지

■군사, 병법 부문에서 뛰어남을 보였던 위료. 진시황은 위료를 크게 존중해 의복과 음식을 그와 같이 했으나 위료는 진시황을 탐탁지 않게 생각했다.

만 진왕은 내게 자신을 낮추고 있다. 진왕이 천하를 얻는다면 천하의 모든 사람이 진왕의 포로가 되고 말 것이다. 오래도록 함께 지낼 수 없는 인물이다."

위료는 도망가려 했지만 정이 그것을 막았다. 위료는 국위國尉(군사 부문의 최고 장관)라는 벼슬자리에 임명되었고, 그가 제시한 정책은 과감하게 추진되었다. 이를 실행한 사람이 이사였다.

_ 이상 제6 「진시황본기」

고사성어

용의 목 아래에 있는 비늘

역린逆鱗

역린에 손을 대는 사람은 반드시 죽임을 당한다는 말이 있다. 여기서 누군가의 격렬한 분노를 일으키는 것을 '역린을 건드리다'라고 말하게 되었다. 출전은 한비의 저술을 모아놓은 『한비자韓非子』다.

암살을 계획하다

자객 형가

진왕 정 17년(기원전 230년), 진나라는 한나라 왕 안安을 포로로 잡고 그 영토를 모조리 차지했다. 그해에 화양태후가 죽었다.

진왕 정 19년(기원전 228년), 조나라 왕을 포로로 잡고 한단을 공략했다. 조나라 공자 가嘉가 대代 땅으로 도망친 뒤 자립해 대왕이 되었다. 정은 몸소 한단으로 가 지난날 어머니 집안과 원수졌던 사람들을 모두 잡아들여 생매장했다. 그해에 정의 생모인 태후가 죽었다.

진왕 정 20년(기원전 227년), 진나라 군의 침공을 두려워한 연나라 태자 단丹이 자객을 보냈다. 자객의 이름은 형가荊軻였다.

연나라의 공자 단은 진나라에서 인질생활을 한 적이 있었다. 그때 푸대접을 받았기 때문에 진나라를 매우 증오했다. 진나라의 예봉이 동방

■연나라의 태자 단은 진시황을 암살하기 위해 형가를 파견했다. 형가는 아슬아슬하게 진시황 암살에 실패하고 목숨을 잃고 만다.

으로 향할수록 남보다 더 독하게 기사회생의 비책을 모색했다. 단이 가까운 참모인 국무鞠武에게 조언을 구하자 국무는 전광田光이라는 처사를 소개했고, 전광은 다시 형가를 소개해주었다.

형가는 위衛나라 사람이다. 독서와 무예를 좋아해 그 재주로 위나라의 원군元君을 모시려 했지만 채용되지 않았다. 위나라 국토가 진나라 군에 의해 유린당하자 형가는 여러 나라를 떠도는 여행길에 나섰다. 유차楡次라는 곳에서 개섭蓋聶이라는 사람과 검에 대해 논하는 자리가 있었는데, 개섭이 불현듯 화를 내며 형가를 노려보았다. 형가는 조용히 그 자리에서 물러났다. "한 번 더 불러보면 어떻겠소"라고 건의하는 사람이 있었지만 개섭은 이렇게 말했다.

"내가 일부러 노려보았소. 한번 가서 보라오. 놈은 틀림없이 이곳을 떠났을 거요."

숙소로 사람을 보내 찾았더니 과연 그는 이미 유차를 떠난 뒤였다.

다음으로 형가는 한단을 찾았다. 노구천魯勾踐과 쌍륙雙六이라는 주사위 놀음을 하는데, 쌍륙 판에 말 놓는 것을 두고 다툼이 벌어졌다. 노구천이 화를 내며 소리 지르자 형가는 조용히 그 자리를 빠져나와 두 번다시 돌아가지 않았다.

형가는 연나라의 수도로 와서 개고기와 축筑의 명인인 고점리高漸離와 친교를 맺었다. 매일같이 함께 술을 마셨는데 흥이 나면 마을 한가운데서 축을 뜯고 노래를 불렀다. 여기서 더더욱 흥이 나면 옆에 사람이 있건 없건 상관하지 않고 함께 통곡하기까지 했다.

그렇다고 형가가 늘 고주망태로 지낸 것은 아니었다. 평상시에는 침착하고 냉정해 현인, 호걸, 명망가와 사귀기를 게을리하지 않았다. 그중에서 전광은 특별한 존재였다. 그는 형가가 비범한 인물임을 꿰뚫어보고 있었다.

_ 이상 제86 「자객열전」, 제6 「진시황본기」

방약무인傍若無人
옆에 아무도 없는 것처럼 행동하다

형가는 벗과 술을 마실 때에는 그 자리가 어디든, 주변에 사람이 있든 없든 떠들썩하게 즐겼다. 이 고사에서 주위에 상관하지 않고 멋대로 구는 것을 의미하는 '방약무인'이란 성어가 나왔다. 흔히 '안하무인眼下無人'이라고도 한다. 출전 제86 「자객열전」

지도에 숨긴 비수

형가에게 맡겨진 사명은 진왕 정의 암살이었다. 형가는 정에게 가까이 다가가기 위해 두 가지 진귀한 물건을 준비했다. 하나는 연나라 독항督亢 땅의 지도였고, 또 다른 하나는 진나라에서 망명해온 번어기樊於期라는 장수의 목이었다. 번어기는 형가에게 사정 설명을 듣자마자 흔쾌히 자신의 목을 내주었다.

무기는 치명적인 독을 묻힌 날카로운 비수였다. 조그마한 상처만 입혀도 상대를 죽일 수 있었다. 남은 문제는 동행할 인물을 한 명 고르는 것뿐이었다. 형가가 원하는 사람은 멀리서 오는지라 도착이 늦어지고 있었다. 형가는 시기를 좀 늦추더라도 기다릴 생각이었지만 태자 단이 조급해했다. 단은 진무양秦舞陽이라는 인물을 추천하며 그와 함께 가기를 희망했다. 진무양은 어렸을 적부터 여러 사람을 죽여온 상습 살인자였다. 태자 단은 그라면 현장에 가서도 능히 담대하게 일을 처리할 수 있으리라 보았다.

기원전 227년, 형가와 진무양은 진나라 왕궁에 도착했다. 형가는 번어기의 목이 담긴 상자를 들고, 진무양은 독항 땅의 지노가 담긴 상자를 들고 진왕 정 앞으로 나아갔다. 옥좌 가까이

▌ 역수 가에 세워놓은 형가탑荊軻塔. 형가는 진나라로 떠나기 전 역수 근처에서 친구 고점리와 이별의 정을 나누었다.

다가갔을 때 진무양의 얼굴색이 바뀌었다. 그는 전신을 부들부들 떨며 걸음을 떼지 못했다. 늘어선 진나라의 신하들이 이를 이상하게 여겼다. 형가는 순간적으로 기지를 발휘했다. 진무양을 향해 미소 지으며 앞으로 나서 이렇게 말했다.

"이 녀석은 북방 변경 출신의 시골뜨기이옵니다. 대왕님을 배알하는 것이 처음인지라 너무 긴장한 나머지 떨고 있는 것입니다. 아무쪼록 너그러운 마음으로 사신으로서의 역할을 다할 수 있게 해주시옵소서."

진왕 정은 형가에게 "지도를 이리 가져오라"고 명했다. 형가가 둘둘 말려 있는 지도를 끄집어냈다. 정이 그것을 펼쳐나가자 마지막에 비수가 나타났다. 형가는 왼손으로 정의 옷소매를 잡고 오른손에 비수를 쥐고는 "에잇" 하며 휘둘렀다. 그러나 간발의 차이로 비수가 빗나가고 말았다. 놀란 정이 몸을 뒤로 빼며 일어서자 소매가 잘려나갔다. 정은 검을 뽑아들려 했지만 당황한 데다가 검이 너무 길어 뽑히질 않았다. 정은 칼집을 쥔 채 기둥 사이를 돌며 달아나려 했다.

진나라 신하들은 모두 놀라 어쩔 줄 몰라 했다. 진나라에는 신하가 어전 위에 올라가려면 몸에 쇳조각 하나라도 지녀선 안 된다는 법이 있었다. 무기를 소지하고 있던 낭중郎中들은 올라오라는 왕의 명령이 없는 한 어전에 오를 수 없었다. 사태는 긴급했고, 밖에 있는 병사들을 부를 상황도 아니었다. 형가는 멈출 줄 모르고 계속 정을 쫓았다.

어전의 신하들 가운데 맨손으로 덤벼드는 자가 있었지만 형가의 적수가 되지 못했다. 형가는 금세 정을 따라잡을 기세였다. 그때 시의侍醫 하무저夏無且가 형가를 향해 약주머니를 던졌다. 형가가 주춤하는 순간 정은 형가와의 사이를 벌렸다. 이때 측근 한 사람이 큰 소리로 외쳤다.

"대왕마마, 검을 등으로 돌려 쥐십시오!"

정은 칼집을 등으로 돌린 뒤에야 비로소 검을 빼낼 수 있었다. 그러고는 형가의 왼쪽 허벅지에 일격을 가했다. 움직임이 부자유스러워진 형가는 비수를 잡아당긴 뒤 정을 겨냥해 힘껏 던졌다. 비수는 정이 아닌 동으로 된 기둥에 맞았다. 정은 다시 형가를 베어 여덟 군데에 상처를 입혔다. 실패를 직감한 형가는 기둥에 기댄 채 웃으며 말했다.

"일이 틀어진 이유는 내가 너를 사로잡은 뒤 약속을 받아내 태자님께 보답하려 했기 때문이다."

정은 좌우의 신하들에게 형가의 숨통을 끊으라고 명했다.

이 사건으로 진왕 정은 엄청나게 분노했다. 정은 전선의 군대를 증원해 연나라로 공격해 들어갔다. 연나라의 도성은 10개월 만에 함락됐다. 연나라 왕은 요동遼東으로 도망쳤다가 그곳에서 이듬해(기원전 226년) 태자 단의 목을 보내 사죄했다. 정은 공격의 끈을 조금도 늦추지 않았다.

_ 이상 제86 「자객열전」, 제6 「진시황본기」

중국 최초의
통일국가

진나라의 질주가 시작되다

진왕 정 22년(기원전 225년), 진은 위魏나라를 병합했다. 이어 정은 초나라를 멸망시키고자 했다. 젊은 장군 이신李信에게 "병사가 어느 정도 있으면 충분하겠는가"라고 물었다. 이신은 "20만이면 문제없습니다"라고 답했다. 정은 노장 왕전王翦에게도 똑같은 질문을 던졌다. 왕전은 "60만이 아니면 이길 수 없습니다"라고 답했다. 정은 "왕 장군, 그대도 나이가 드셨소이다. 무얼 두려워하시는 게요? 이 장군은 용감무쌍한 사람이오. 하는 말도 아름답소이다"라고 말하며, 이신과 몽염蒙恬에게 20만의 병사를 주어 초나라 토벌에 임하도록 했다. 왕전은 자신의 의견이 받아들여지지 않자 병을 핑계 대고 함양을 떠나 시골로 내려갔다.

하지만 왕전이 예측한 대로 초나라에는 아직 상당한 힘이 남아 있었다. 이신은 적진 깊숙이 공격해 들어갔다가 반격당해 패주를 거듭했다.

급보를 전하는 사자가 잇따르자 정은 자신의 잘못을 깨달았다. 정은 손수 왕전이 머무르는 빈양頻陽까지 찾아가 머리를 숙이며 출전해주기를 요청했다. 왕전은 처음에 말한 것처럼 60만의 병사가 있어야 한다는 조건을 내걸고 출전을 승낙했다.

출정에 앞서 왕전은 정에게 좋은 논밭과 집을 하사해달라고 요구했다. 정은 이를 흔쾌히 받아들였다. 진군 중에 왕전은 다섯 차례나 사자를 보내 왕이 논밭과 집을 하사했는지 확인했다. 너무 지나치게 집착하는 것 아니냐고 우려하는 부하에게 왕전은 그 이유를 다음과 같이 설명했다.

중국 최초의 통일국가를 세운 진시황. 그동안 역사적인 평가는 진시황의 폭압 정치에 초점을 맞춰 그가 역사 발전에 기여한 긍정적인 부분은 외면해온 것이 사실이다.

"대왕은 성미가 격하고 남을 잘 믿지 않으신다. 이번에 온 나라 병사들을 나 혼자 거느리게 되었다. 만약 내가 물욕을 보이며 상에 관심을 드러내지 않는다면 대왕이 내가 모반할 것이라는 의심을 품었을 때 뭐라고 해명할 수 있겠는가?"

이신을 대신해 초나라로 들어간 왕전은 싸움을 서두르지 않았다. 임지에 도착하자마자 방벽을 굳게 세우고 그저 지키기만 했다. 초나라 군이 아무리 도발해도 상대하지 않았다. 그러면서 병사들에게 매일 목욕을 시킴과 동시에 좋은 것을 먹고 마시게 했다. 물론 자신도 그들과 함께 식사했다. 그렇게 얼마간 시간이 지난 뒤 왕전은 사람을 시켜 병사들의 상황을 조사해 보고토록 했다. 그러자 병사들이 돌 던지기나 뜀뛰기 따위를 즐긴다는 보고가 들어왔다. 왕전은 만족스럽게 고개를 끄덕였다.

"이제 쓸 만하게 되었다."

초나라 군은 진나라 군이 일절 싸움에 응하지 않자 동쪽으로 군을 물렸다. 왕전은 재빨리 추격해 초나라 군을 철저히 무너뜨리고 장군 항연項燕(항우의 할아버지)을 죽였다. 왕전은 승세를 타고 초나라 성읍을 하나하나 공략해나가다 마침내 초나라 왕 부추負芻를 사로잡았다. 이어 초나라 전역을 병합해 진나라의 군과 현으로 만들었다. 왕전은 그 기세를 몰아 월나라까지 병합했다.

_ 이상 제6 「진시황본기」, 제73 「백기왕전열전」

시황제의 탄생

진왕 정 25년(기원전 222년), 진은 대와 연 두 나라를 병합했다.

진왕 정 26년(기원전 221년), 진나라는 제나라를 병합함으로써 마침내 천하통일을 이뤘다. 정은 중신들에게 말했다.

"나는 일개 보잘것없는 몸으로 군을 일으켜 난을 진압했다. 조상의 신령이 돌봐주셨기 때문에 6국의 왕에게 죄를 물을 수 있었고 천하는 크게 안정되었다. 이제 이 성취를 후세에 전하기 위해서라도 왕이라는 칭호를 바꿔야만 한다. 의논해 제호를 정하도록 하라."

승상 왕관王綰, 어사대부御史大夫 풍겁馮劫, 정위 이사 등이 논의해 다음과 같이 상주했다.

진시황제의 통일 과정

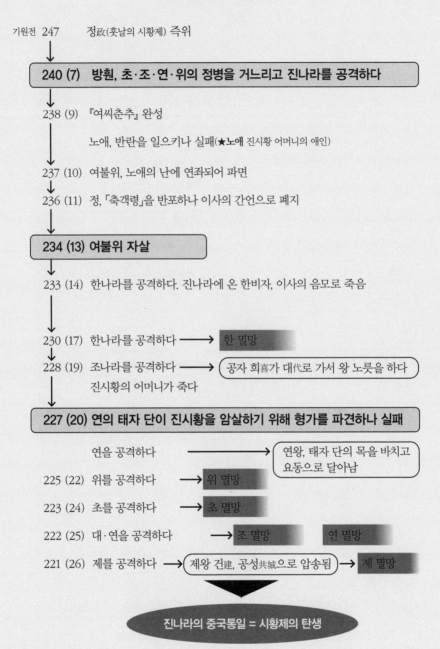

기원전 247   정政(훗날의 시황제) 즉위

240 (7) 방훤, 초·조·연·위의 정병을 거느리고 진나라를 공격하다

238 (9) 『여씨춘추』 완성

노애, 반란을 일으키나 실패(★노애 진시황 어머니의 애인)

237 (10) 여불위, 노애의 난에 연좌되어 파면

236 (11) 정, 「축객령」을 반포하나 이사의 간언으로 폐지

234 (13) 여불위 자살

233 (14) 한나라를 공격하다. 진나라에 온 한비자, 이사의 음모로 죽음

230 (17) 한나라를 공격하다 ⟶ 한 멸망

228 (19) 조나라를 공격하다 ⟶ 공자 희흠가 대代로 가서 왕 노릇을 하다

진시황의 어머니가 죽다

227 (20) 연의 태자 단이 진시황을 암살하기 위해 형가를 파견하나 실패

연을 공격하다 ⟶ 연왕, 태자 단의 목을 바치고 요동으로 달아남

225 (22) 위를 공격하다 ⟶ 위 멸망

223 (24) 초를 공격하다 ⟶ 초 멸망

222 (25) 대·연을 공격하다 ⟶ 조 멸망   연 멸망

221 (26) 제를 공격하다 ⟶ 제왕 건建, 공성共城으로 압송됨 ⟶ 제 멸망

진나라의 중국통일 = 시황제의 탄생

"옛날에 '천황天皇, 지황地皇, 태황太皇'이 있는데 그중에 태황이 가장 귀하다'고 했습니다. 감히 그 존호를 따서 왕을 '태황'이라 하고, 내리시는 명을 '조詔'라 하며, 천자의 자칭을 '짐朕'으로 하시면 어떨까 합니다."

그러자 정이 말했다.

"태황의 태를 버리고 상고시대 오제의 호를 취해 '황제皇帝'라 하며, 그 밖의 것들은 그대들이 말한 대로 하라."

정은 다시 이렇게 말했다.

"짐이 듣기에 태고 적에는 호는 있되 시호가 없었는데, 중고에 접어들자 호는 있되 시호는 죽은 뒤 생전의 행위에 따라 붙였다고 한다. 이는 아들이 아비의 행위에 대해, 신하가 군주의 행위에 대해 왈가왈부하는 것으로 이치에 닿지 않으므로 나는 이를 취하지 않겠다. 앞으로는 시호를 없애고 짐을 시황제라 하되 그 뒤로는 2세, 3세로 칭하며 만세에 이르기까지 대대로 전하도록 하라."

이렇게 해서 역사상 그 유명한 시황제가 등장하게 되었다. 그는 기원전 221년부터 기원전 210년까지 12년 동안 황제로 재위했다.

_ 이상 제6 「진시황본기」

국가의 틀을 잡다

시황제는 목·화·토·금·수의 5행이 번갈아 작용한다는 5행설을 채용했다. 주나라는 화덕을 얻었으므로 주를 대신해 일어난 진나라는 화덕을 이기는 수덕에 따라야 한다고 보았다. 수덕은 검은색을 숭상하고, 숫자 6을 기본으로 삼기 때문에 의복과 깃발 등을 검은색으로 만들고 머리에

시황제 통일 시대의 중국

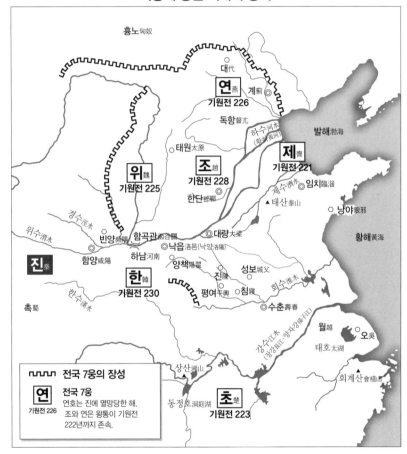

흉노匈奴

대代

연燕
기원전 226

계蓟薊

독항督亢

하수河水
(황허黃河)

발해渤海

태원太原

조趙
기원전 228

제齊
기원전 221

위魏
기원전 225

한단邯鄲

제수濟水

임치臨淄

태산泰山

낭야琅邪

경수涇水

위수渭水

빈양頻陽

함곡관函谷關

대량大梁

황해黃海

진秦

함양咸陽

하남河南

낙읍洛邑(낙양洛陽)

양책陽翟

진陳

성보城父

회수淮水

한수漢水

촉蜀

한韓
기원전 230

평여平輿

침寢

수춘壽春

강수江水
(창장江江, 양쯔강揚子江)

월越

오吳

태호太湖

상산湘山

전국 7웅의 장성

연燕
기원전 226

전국 7웅

연호는 진에 멸망당한 해.
조와 연은 왕통이 기원전
222년까지 존속.

동정호洞庭湖

초楚
기원전 223

회계산會稽山

쓰는 관은 모두 6촌 길이로 통일하도록 했다. 또 6척을 1보步라 하고, 수레바퀴의 폭을 6척으로 했으며, 수레 한 대를 여섯 마리의 말이 끌도록 했다.

왕관이 수도에서 먼 지역에 공자들을 배치하는 봉건제 채용을 건의하자 시황제는 그에 관해 논의하라고 명했다. 대부분의 신하가 왕관의 견해에 동의했지만 이사만이 홀로 반대 의견을 제시했다.

"주나라는 무왕 때 많은 자제와 동족을 각지의 왕으로 파견했습니다. 그러나 날이 갈수록 친족의 연계가 흐려져 서로 원수처럼 공격을 가했습니다. 지금 천하는 신과 같은 폐하의 힘에 의해 통일되어 모두 군과 현으로 행정구역이 나뉘어 있습니다. 여러 황자와 공신들에게는 국가의 조세로 은상을 내리면 충분하고 또 이를 통해 통제가 가능합니다. 천자에게 다른 생각을 가진 자가 없는 것, 이것이야말로 안정의 제일조건입니다. 수도에서 먼 지역에 왕을 세워 제후를 배치하는 것은 좋은 계책이 아니옵니다."

시황제가 단안을 내렸다.

"천하가 겨우 안정되었는데 다시 제후의 나라를 세우는 것은 전쟁의 씨앗을 뿌리는 일이다. 참으로 천하를 안정시키기란 어렵다. 왕을 두지 말자는 정위 이사의 의견이 옳다."

시황제는 천하를 나누어 36군으로 삼고 수도에 수守, 위尉, 감監의 3관官을 배치했다. 백성을 검수黔首라 부르게 하고 전국에 큰 잔치를 베풀었다. 천하의 온갖 무기를 다 거둬들인 뒤 이를 녹여 종과 큰북을 얹는 누대, 청동인형을 만들어 궁정에 배치했다. 되, 저울, 잣대의 도량형 및 수레, 문자의 서체를 통일했다.

진나라의 판도는 동으로는 바다와 조선에 이르고, 서로는 임조林洮

▌시황제는 흉노를 막기 위해 장성을 구축했다. 사진은 만리장성의 모습이다.

와 강중羌中에 이르고, 남으로는 북호北戶에 이르고, 북으로는 황하를 의지해 장성을 쌓으니 음산陰山에서 요동에 이르렀다. 사당과 장대궁章臺宮, 상림원上林苑 등은 모두 위수 남쪽에 두었다.

　　진나라는 제후를 두는 봉건제를 혁파함과 동시에, 각 제후들의 궁실을 본뜬 건물을 함양 북쪽에 지었다. 이 건물들은 모두 남쪽으로 위수를 내려다보았다. 옹문雍門의 동쪽 경수, 위수에 이르는 곳에는 서로 이어진 궁전과 복도, 회랑이 들어섰고, 가는 곳마다 제후들에게서 얻은 미인과 악기가 가득 차 있었다고 한다.

_ 이상 제6「진시황본기」

인간 이상의 인간

황제의 목숨을 노리다

시황제 27년(기원전 220년), 시황제는 농서隴西의 북지北地를 순유했다.

시황제 28년(기원전 219년), 시황제는 동방을 순유하며 태산과 양보산에서 하늘과 땅에 제사 지내는 봉선의식을 거행했다. 아울러 낭야대琅邪臺에 송덕비를 세웠다. 제나라 출신의 서불徐市이라는 자가 찾아와 이렇게 진언했다.

"바다 멀리 봉래蓬萊, 방장方丈, 영주瀛州라는 세 개의 신산이 있고, 거기에는 선인仙人이 살고 있습니다. 정갈하게 재계한 뒤 동녀동남童女童男을 이끌고 선인을 찾아보고자 합니다."

시황제는 서불에게 동녀동남 수천 명을 주고 선인을 찾아보라고 명했다.

시황제는 팽성彭城을 통과할 때 사수에 빠진 주나라의 정鼎을 건져 올리려고 목욕재계하고 기도드린 뒤 수천 명을 풀어 수색했지만 끝내 찾지 못했다. 시황제는 남군南郡에서 무관武關을 거쳐 함양으로 돌아왔다.

시황제 29년(기원전 218년), 시황제는 동방을 순시하던 중 양무陽武의 박랑사博浪沙라는 곳에서 자객에게 습격당했다. 이 사건의 주범은 장량張良이라는 사나이였다.

장량은 한韓나라 사람이었다. 그의 할아버지와 아버지는 모두 한나라에서 요직을 지냈다. 한나라가 진나라에 멸망당했을 때 장량은 아직 어려 관직에 나아가지 않은 상태였다. 집에는 3백 명이 넘는 노복이 있었다. 장량은 동생이 죽었는데도 장례를 치르지 않고 집안의 재산을 모두 털어 자객을 고용했다. 진왕을 죽임으로써 복수하리라고 결심했던 것이다.

장량은 동방에서 창해군滄海君을 만나 그에게 힘이 장사인 사나이를 소개받았다. 장량은 그 장사가 쓸 무기로 무게가 120근이나 나가는 철퇴를 만들었다. 시황제가 동방을 순시하러 올 때 암살을 실행하기로 계획했다. 습격 지점은 박랑사. 철퇴를 내던져 수레를 깨부수자는 계획이었다. 그러나 불행하게도 철퇴로 내리친 수레에는 시황제가 타고 있지 않았다.

시황제는 격노했다. 열흘에 걸쳐 부근을 샅샅이 수색하도록 명했지만 끝내 장량을 잡지 못했다. 그 뒤 시황제는 지부산之罘山과 낭야를 경유한 후 상당을 거쳐 함양으로 돌아왔다.

시황제 30년(기원전 217년) 어느 날 밤, 시황제는 무사 네 명을 거느리고 몰래 함양의 시가지를 걷다가 난지蘭池 부근에서 도적들의 습격을 받았다. 호위 무사들이 분전해 시황제는 상처를 입지 않았다. 그로부터 20여 일 동안 관중에 대대적인 수색이 벌어졌다.

_ 이상 제6 「진시황본기」

분서를 건의한 이사

시황제 32년(기원전 215년), 시황제는 갈석산喝石山으로 가 연나라 출신 노생盧生에게 선인으로 알려진 선문고羨門高를 찾으라고 명했다. 한종韓終, 후공侯公, 석생石生 등에게는 선인이 지녔다는 불사의 약을 찾게 했다.

시황제는 북쪽 변경을 돌아 상군上郡에서 수도로 돌아왔다. 그때 노생이 귀신이 일러주었다며 예언서를 선물로 가져왔다. 그곳에는 "진나라를 멸망시킬 자는 호胡이리라"라고 쓰여 있었다. 시황제는 장군 몽염에게 30만이라는 대군을 주어 북방의 호胡(동호東胡·임호林胡·누번樓煩)를 토벌하도록 했다(진시황은 노생이 가져온 예언서를 잘못 풀이했다. 훗날 진나라는 진시황의 작은아들 2세 황제 호해胡亥 때 멸망하게 된다. 예언에 나온 '호'는 북방 오랑캐가 아닌 진시황의 아들 호해의 '호'였던 셈이다*).

시황제 33년(기원전 214년), 남방에 계림桂林·상군象郡·남해南海의 3군을 두었다. 또 서북방의 흉노를 몰아냈다. 유중楡中에서 황하 이동의 땅을 음산이라 했으며, 그곳에 44개의 현을 두고 황하 부근에 성채를 쌓았다.

시황제 34년(기원전 213년), 제 출신의 박사 순우월淳于越이 봉건제를 채용할 것을 진언했다. 승상 이사는 다음과 같은 말로 반대했다.

"지난 시대 제후들이 서로 다툴 때에는 유세하는 학자들을 크게 대우해 저마다 모셔 가려 들었습니다. 그러나 이제 천하는 정해졌고, 법령은 오로지 황제 한 분에게서 나옵니다. 검수는 집에 주거하며 농공에 힘쓰고, 사인은 관직에 나아가 법령을 배우면 됩니다. 그런데 학자들은 법령을 모범으로 삼지 않고 고대의 전적을 배워 지금 세상을 비난하며 검수를 미혹시켜 혼란에 빠뜨리고 있습니다. 궁정에 들어와서는 공적으로

드러내 말하지 않고 마음속으로 비난하며, 궁정을 나서면 시중에서 논란을 벌이고 많은 문하생을 거느리며 비방하기에 바쁩니다. 그런 까닭에 저는 다음과 같은 조치를 취하시길 바라옵니다.

우선 사관의 자료가 되는 진나라의 역사기록 이외에는 모두 불태우고, 박사관이 직무상 보관하고 있는 것 이외에 『시경』, 『서경』 및 제자백가의 어록 등을 소장하는 자가 있으면 모두 군의 관리인 수와 위에게 출두해 제출하도록 한 뒤 이를 모두 불살라 버릴 것, 『시경』, 『서경』을 논하는 자가 있으면 기시棄市의 형에 처할 것, 고대를 기준으로 삼아 지금을 비난하는 자는 일족을 주살하는 형벌에 처할 것, 명령이 나가고 30일 이내에 불태우지 않는 자는 얼굴에 먹물을 들여 중죄인으로 잡아들일 것, 남겨두어도 좋은 것은 의약·복서·농업 관련 서물로만 한정할 것, 법령을 배우고자 하는 자가 있다면 관리를 스승으로 삼을 것, 이상

이옵니다."

시황제는 이사의 의견을 재가했다.

_ 이상 제6 「진시황본기」

학자를 구덩이에 파묻다

시황제 35년(기원전 212년), 시황제는 도로를 정비해 구원九原에서 운양雲陽에 이르는 길을 개통했다. 시황제는 생각했다.

'함양은 사람이 많지만 궁궐이 작다. 주나라 문왕은 풍豊에, 무왕은 호鎬에 도읍했다. 풍과 호 사이야말로 제왕의 수도로 적당한 곳 아닐까?'

그래서 위수 남쪽의 상림원에 궁정을 짓기로 결정했다. 전전前殿의 공사가 시작되었는데 동서 5백 보, 남북 50장丈에 2층 건물로 그 위에 만 명이 앉을 수 있는 대단히 넓은 궁이었다. 완성하고 난 뒤 이름을 붙일 예정이었지만 세상 사람들이 지명에서 따와 아방궁阿房宮이라고 불렀다. 당시 궁형이나 도형徒刑을 당한 죄수 70여 만 명이 있었는데 그들을 나누어 여산의 능묘와 아방궁을 짓는 데 충당했다.

노생은 아직 선인을 찾지 못하고 있었다. 그는 그 이유를 다음과 같이 설명했다.

"이는 틀림없이 악기惡氣가 방해하고 있기 때문이옵니다. 악기를 제거하려면 군주의 처소를 다른 사람이 모르게 할 필요가 있습니다."

시황제는 어떻게 하면 신하들에게 자신의 처소를 숨길 수 있을지 강구했다.

언젠가 시황제는 높은 곳에서 이사의 행렬을 보고 수행하는 말과

▌시황제릉의 부장품인 병마용의 모습이다. 약 8천여 점이 묻혀 있는 것으로 추정되는 병마용은 표정과 머리 모양이 모두 다르고, 장수와 일반 병사, 기병과 보병, 장수들의 계급에 따라 장비와 복장이 모두 달라 실물을 모델로 했음을 알 수 있다.

수레가 많은 것에 불쾌감을 표현했다. 환관 가운데 이를 이사에게 알려주는 이가 있었다. 이사가 수행원의 수를 줄이자 시황제가 노해 "이는 환관 가운데 내 말을 누설하는 자가 있기 때문이다"라고 말하며 이 일을 조사하라고 명했다. 하지만 아무도 자백하는 자가 없었다. 시황제는 당시 곁에 있던 환관을 모두 붙잡아 남김없이 죽여버렸다.

이 같은 상황을 보고 후생侯生과 노생이 몰래 이야기를 나누었다.

"시황제의 사람됨은 천성적으로 오만방자하고 제멋대로다. 한갓 제후였다가 천하를 얻더니 무엇이든 자기 뜻대로 하기를 바라며, 역사상 자신보다 나은 사람은 없다고 스스로 도취해 있다. 그러다 보니 감옥을 관리하는 자만이 신임을 얻는다. 박사가 70명이나 있지만 그저 숫자뿐이지 그들에게 무엇 하나 제대로 일이 맡겨지지 않는다. 승상이나 뭇 대신들도 모두 황제가 결재한 명령을 받들어 실행할 뿐 위로 의견 하나 올리지 않는다. 주인은 형벌을 휘둘러 백성 위협하기를 즐기고, 천하 사람들은 죄 지을까 두려워하며 그저 목이 달아나지나 않을지 전전긍긍할 뿐이다. 그러니 감히 충성을 다하고자 하는 사람이 없다. 주상은 자신의 잘못을 알지 못한 채 날이 갈수록 교만만 더해간다. 반면에 신하들은 두려움에 바싹 엎드려 그저 처벌받지 않기만을 빌고 있을 따름이다. 진나라 법에는 방술을 맡은 방사들이 영험을 드러내지 못하면 즉시 죽임을 당한다. 하늘의 별 기운을 헤아리는 자가 3백 명이나 되지만 노여움을 살까 두려운 나머지 아부하기에 바쁘다. 황제의 잘못을 잘못이라고 말해주는 사람이 아무도 없다."

비밀리에 의논을 마친 두 사람은 진나라에서 도망쳤다. 이 소식을 들은 시황제는 분노했다. 분노의 창끝은 함양에 있는 학자들에게 향했다. 시황제는 "요사스런 말로 검수를 현혹시키는 자들이 있다"고 호통치며 학자들을 엄하게 취조하도록 했다. 그들은 서로 책임을 떠넘기기에 바빴다. 시황제는 금령을 어긴 자 460여 명을 산 채로 구덩이에 파묻어 천하의 본보기로 삼았다. 이로부터 법의 적용이 더욱 엄격해지고, 변경으로 떠도는 사람이 급증했다. 이에 시황제의 큰아들 부소扶蘇가 나서 간언했다.

"천하가 이제 막 평정되었을 뿐, 먼 지역의 검수들은 아직 마음으로 복종하지 않고 있습니다. 학자들은 모두 공자의 가르침을 따릅니다. 지금 주상께선 법을 중시하며 그들을 벌하려 하시옵니다만, 그렇게 하다가는 천하가 다시 소란스러워지지 않을까 저어되옵니다. 아무쪼록 깊이 헤아려주시기를 바라옵나이다."

시황제는 이 말에 크게 역정을 냈다. 그리고 부소를 북방 지역의 상군으로 보내 몽염의 감독 아래 두었다.

_ 이상 제6 「진시황본기」

시황제, 죽다

시황제 36년(기원전 211년), 동군에 운석이 떨어졌다. 누군가가 이 돌에다 "시황제가 죽고 나라가 나뉜다"라는 글을 새겨넣었다. 시황제는 어사에게 조사하라 명했지만 아무도 자백하고 나서는 이가 없었다. 운석이 떨어진 지역 부근에 살던 사람을 모두 죽이고, 돌은 녹여버렸다.

같은 해 가을 밤, 관동關東에서 수도로 오던 사신이 화음華陰과 평서平舒를 지날 무렵, 벽옥을 주웠다는 한 남자가 그를 불러 세웠다. 남자는 "나 대신 이 벽옥을 호지滈池의 수신에게 보내달라"고 부탁한 뒤 "내년에 조룡祖龍이 죽을 것이다"라는 말을 덧붙였다. 사신이 그 이유를 물으려 했지만 남자는 벽옥만 남긴 채 벌써 사라진 뒤였다. 사신이 벽옥을 헌상하며 사정을 보고하자 잠시 묵묵히 있던 시황제가 "산 귀신은 당년의 일만 알 뿐"이라고 말했다. 사신이 물러나자 시황제는 "조룡이란 선조를

고사성어

결단코 행하면
귀신도 이를 피한다

단이감행斷而敢行!
귀신피지鬼神避之

조고趙高가 호해를 음모에 끌어들이면서 사용한 말이다. 진시황은 죽기 전 환관 조고에게 유서를 맡기고, 그 유서를 전할 전령을 불러들였다. 그런데 안타깝게도 진시황은 전령이 도착하기 전 숨을 거두고 만다. 진시황의 유언을 아는 사람은 조고뿐이었다. 간사한 조고는 자신의 영달을 위해 만만한 둘째아들 호해를 찾아가 그를 설득하기 시작한다. 유서를 조작해 호해를 왕위에 앉히고 자신이 뒤에서 권력을 주무를 속셈이었던 것이다. 호해를 설득하며 조고는 다음과 같이 말한다.

"작은 것에 매여 큰일을 잊으면 반드시 해가 돌아옵니다. 의심하고 머뭇거리면 뒷날 반드시 후회할 것입니다. 자르고 과감하게 앞으로 나아가면 귀신도 피할 것이며, 성공할 것입니다."

여기서 '단이감행, 귀신피지'라는 성어가 나왔다. 출전 제6 「진시황본기」

▌시황제의 능은 내부 건축 기술이나 규모 면에서 타의 추종을 불허한다. 도굴하려는 자가 접근하면 저절로 발사되는 강궁을 달고, 수은으로 만든 백여 개의 내와 강, 바다가 흘러다니게 꾸며놓았다.

말하는 것이리라"라고 뇌까렸다. 어부에게 벽옥을 조사해보라고 명하니, 8년 전 순시 도중 장강을 건널 때 빠뜨린 것이라는 결과가 나왔다.

시황제 37년(기원전 210년) 10월, 시황제는 다시 순시에 올랐다. 좌승상 이사가 동행했다. 시황제에게 특별히 귀여움을 받던 막내아들 호해도 동행을 희망해 허락받았다.

11월, 시황제는 구의산九疑山에서 우순에게 제사를 올린 뒤, 장강을 건너 회계산으로 갔다. 진나라의 덕을 칭송하는 비석을 세우고 북상해 낭야로 갔다. 바다로 신약을 구하러 나간 서불은 몇 년이 지났음에도 성과를 올리지 못한 채 계속 경비만 축내고 있었다. 서불은 벌을 받을까 두려워 적당한 말로 둘러대며 속이려 들었다.

"봉래로 가면 신약은 얻을 수 있을 것입니다만, 언제나 큰 상어가 방해해 섬에 접근할 수가 없습니다. 뛰어난 사수를 붙여주시면 어떻게든

▌진시황은 함양에는 사람이 많은 데 비해 궁궐이 작다며 더 큰 궁궐을 지으라 명했다. 그래서 짓기 시작한 것이 이 아방궁이다.

성공할 수 있지 않을까 합니다."

시황제는 자신이 해신과 싸우는 꿈을 꾸기도 했던 터라 이 이야기를 곧이들었다. 서불이 말하는 대로 사수들을 붙여주었다.

그 뒤 시황제는 평원진平原津이라는 곳에서 질병을 얻었다. 증상이 무겁고 아무래도 일어나지 못할 것 같자 시황제는 큰아들인 부소 앞으로 유서를 남겼다. 거기에는 "나의 관을 함양에서 맞이하고 장례식을 주재하라"고 쓰여 있었다. 유서는 밀봉된 채 환관 조고에게 맡겨졌다. 시황제는 이해 7월 병인일에 사구沙丘의 평대平臺에서 죽음을 맞았다.

_ 이상 제6 「진시황본기」

아방궁의 조성

시황제는 진나라 왕에 즉위한 직후 바로 능묘를 조성하기 시작했다. 천하통일 후에는 사형수 70여 만 명을 동원해 공사에 더욱 박차를 가했다. 지하 3층의 수맥까지 파 내려가 밑을 구리로 다지고, 외관外棺을 넣었다. 무덤 중앙 궁전에는 백관의 좌석을 만들었으며 진기한 물건들을 궁중에서 가져와 무덤 안에 가득 채웠다. 기술자들에게 도굴하려는 자가 접근하면 저절로 발사되는 강궁을 만들게 해 달아두었다. 그리고 또 다른 기계 장치를 달아 수은으로 만든 백여 개의 내와 강, 바다가 흘러다니게 꾸며놓았다. 2세 황제는 "선제의 후궁 가운데 자식이 없는 자를 궁전에서 내보내는 것은 좋지 않다"고 말하고는 전부 순장시켰다. 관을 묻은 뒤 "기술자들은 내부의 비밀을 너무 많이 알고 있습니다"라고 말하는 자가 있어 봉토를 덮으면서 전원 생매장시켰다. 능묘 위에는 초목을 심어 마치 산처럼 보이도록 꾸몄다.

2세 황제 원년(기원전 209년), 황제 나이 21세였다. 황제는 조고를 낭중령郎中令으로 삼아 정무를 맡겼다.

2세 황제는 남몰래 조고와 상담했다.

"대신들은 나에게 복종하지 않고, 관리들은 여전히 힘을 가지고 있

고사성어

사슴을 말이라 한다

지록위마 指鹿爲馬

조고는 중신들의 속마음을 알아보기 위해 2세 황제 앞에서 사슴을 가리키며 말이라고 말했다. 이후 이 말은 진실을 왜곡하는 언행을 비유하는 성어로 정착했다. 나아가 언행을 자신에게 찬성하거나 반대하는 사람을 가려내는 수단으로 사용할 때도 인용하곤 한다. **출전 제6 「진시황본기」**

다. 뭇 공자들의 동향도 걱정된다. 어떤 대책이 없겠는가?"

조고는 법의 적용을 더욱 엄격히 하라고 진언했다. 2세 황제는 그 말이 옳다고 생각해 조금이라도 불온한 모습을 보이는 자가 있으면 대신이든 공자든 가리지 않고 속속 잡아들여 처형했다.

4월, 2세 황제는 아방궁 공사를 본격화했다. 공사에 필요한 인원을 충당하기 위해 전국에서 노동자를 징발했다. 또 방위를 위해 5만 명의 정예부대를 조직했는데, 이때 필요한 병사와 말의 식량을 각 군현에서 징발했다. 그것을 실어나르는 데 드는 일꾼들의 식량도 스스로 준비토록 했다. 함양에서 3백 리 이내의 농민은 자신이 재배한 곡물을 먹지 못하게 하는 등 법의 적용이 갈수록 혹독해졌다.

기원전 209년 7월, 진승과 오광吳廣이 난을 일으켰다.

같은 해 이사가 실각하고 투옥되었다가 이듬해인 기원전 208년에 조고에게 죽임을 당했다.

_ 이상 제6 「진시황본기」, 제7 「항우본기」, 제8 「고조본기」

『사기』문답 史記問答 ━━━━━━━━━━━━━━━━ ◈

◈ 시황제는 누구의 아들인가?

『사기』에는 시황제의 아버지에 대한 기록이 모순되게 나타난다. 「시황제본기」에는 장양왕의 아들이라고 되어 있지만, 「여불위열전」에는 여자가 임신한 상태임을 숨기고 장양왕에게 넘겼다고 되어 있다. 후자의 기록에 따른다면 진시황의 아버지는 여불위가 된다.

나아가 「여불위열전」에는 또 한 가지 이상한 기록이 남아 있다. 여자가 장양왕에게 시집온 지 12개월 만에 아이를 낳았다는 것이다. 임신 기간이 1년이라는 것은 아무리 생각해도 이상하다. 이것을 도대체 어떻게 해석하면 좋을까?

'12개월은 사실 10개월 후의 잘못이고, 시황제의 진짜 아버지는 여불위'라고 해석하는 것이 가장 합리적일까?

◈ 서불은 정말 일본에 온 것일까?

일본의 사가현 사가시를 비롯한 여러 곳에서는 진나라의 서불이 찾아왔었다는 전설이 전해지고 있다(서불이 제주도로 왔다는 설도 있다. 제주도에는 서복徐福[서불] 기념관이 조성되어 있다*). 과연 서불이 정말 일본에 왔던 것일까?

그 가능성을 완전히 부인할 수는 없지만, 그것을 증명하는 것 또한 불가능하다. 한때 교토 지역의 고대 호족 하타[秦]씨를 시황제의 후손이라고 했지만 이는 사실이 아니다. 하타씨의 실제 고향은 한반도였다고 한다. 그렇다면 전란과 포악한 정치를 피해 도망친 난민들이 일본에 표류해왔을 가능성이 있다. 그 후손들이 『사기』를 보고 서불 전설을 지어낸 것 아닐까.

◈ 왜 『사기』에는 병마용에 대한 기록이 전혀 없는 걸까?

사마천은 시황제릉 내부에 대해 상세하게 기술했다. 그런데 왜 병마용兵馬俑은 전혀 언급하지 않았을까? 이것은 커다란 수수께끼다. 병마용이 은밀하게 제작되었다는 것을 의미하는 것일까?

지금까지의 연구에 따르면 68명의 도편수가 병마용 제작에 관여했음이 밝혀졌다. 어느 연구자는 도편수마다 다섯 명의 조수가 붙으면 1~2년 동안 8천 개의 병마용을 완성할 수 있다고 주장했다. 이 말이 맞는다 하더라도 8천 개나 되는 병마용을 제작하려면 상당히 넓은 작업장이 필요했을 것이다. 그런 제작 공정이 사료에 일절 남지 않았다는 것 역시 수수께끼라고 할 수밖에 없다.

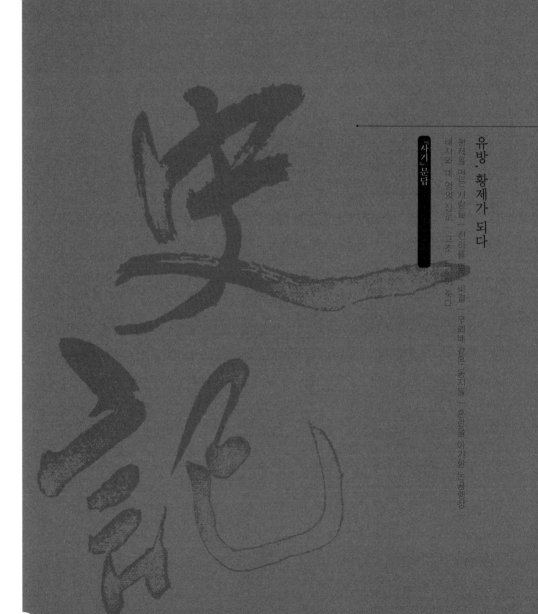

유방, 황제가 되다

「사기」 문답

황제를 만든 사람들 | 천하를 얻은 비결 | 우리배 같은 동지들 | 혼란을 야기한 논공행상 | 태자와 대 명의 장모 | 그 초 | 유방의 죽음

5장

초한쟁패의 드라마를 쓰다,

항우와 유방의 시대

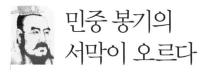

민중 봉기의
서막이 오르다

진나라 멸망의 불씨

진승은 양성陽城, 오광은 양하陽夏 출신이다.

진승은 젊은 날 남의 밭에서 머슴 노릇을 한 적이 있다. 어느 날 그
는 일손을 멈추고 함께 일하던 일꾼들에게 말했다.

"훗날 부귀영화를 누리게 되면 서로 잊지 맙시다."

일꾼들은 그의 말을 비웃으며 "머슴 주제에 어떻게 부귀영화를 누
린단 말이냐"라고 빈정거렸다. 진승은 한숨을 내쉬며 이렇게 말했다.

"제비나 참새 따위가 고니와 기러기의 큰 뜻을 어찌 알겠는가!"(연작
안지홍곡지지燕雀安知鴻鵠之志)

진나라 2세 황제 원년(기원전 209년) 7월, 과세를 면제받던 빈민들까
지 징발돼 북방 어양漁陽 지역 방어에 나서야 하는 상황이 되었다. 진승

과 오광의 순번이 돌아왔고, 두 사람은 둔장屯長이 되었다.

어양으로 향하던 도중 홍수로 길이 막혀 대택향大澤鄉이란 곳에서 발이 묶이고 말았다. 도저히 지정받은 기일까지 도달할 수 없는 상황이었다. 진나라에는 '정해진 기일 내에 도착하지 못한 자는 전원 사형시킨다'는 법이 있었다. 진승과 오광은 함께 의논했다.

"지금 도망친다 해도 어차피 죽을 것이란 점에는 차이가 없네. 한번 일을 벌인다 해도 죽는 건 마찬가지일세. 이왕 죽을 거라면 큰일을 도모해보고 죽는 게 어떤가?"

진승이 말했다.

"천하가 진나라 때문에 고통을 겪은 지 벌써 오래네. 들리는 바에 따르면 막내아들인 2세 황제는 본래 제위에 오를 자가 아니었어. 제위에 오를 사람은 맏아들인 부소였지. 부소는 기회가 닿을 때마다 시황제에게 바른말을 했기 때문에 미움을 받아 변경에 보내졌다는군. 그런데 듣자 하니 2세 황제가 죄도 없는 부소를 죽였다는 거야. 세상 사람들은 부소가 현명한 줄은 알지만 아직 그가 억울하게 죽음을 당했다는 것은 몰라. 또 항연은 초나라 장군으로서 수많은 공적을 세우고 병사들을 소중히 여겼다고 해. 초나라 사람들은 그를 매우 아껴서 어떤 사람들은 그가 죽었다 하고, 어떤 사람들은 도망쳤다고도 말하지. 지금 우리가 무리를 이끌고 공자 부소와 항연을 앞세워 천하에 이름을 드러내면 우리 쪽에 가담할 사람이 틀림없이 많을 것이야."

오광은 그 말이 옳다고 생각해 점쟁이에게 가 점괘를 뽑아봤다. 점쟁이는 그들의 의도를 파악하고 이렇게 말했다.

"당신들이 하려는 일은 모두 성공할 것이다. 귀신을 이용하면 좋다."

진승과 오광은 기뻐하며 구체적인 방책을 짰다. 우선 사람들을 깜짝

▌진승은 중국에서 최초로 농민 봉기를 일으킨 인물이다. 진승이 일으킨 이 농민 봉기가 거대한 통일제국 진나라를 무너뜨리는 불씨가 되었다.

놀라게 할 필요가 있다고 생각했다. 그리하여 천 조각에 붉은 글씨로 '진승왕陳勝王'이라고 쓴 뒤, 그것을 그물에 걸린 물고기 배 속에 넣어두었다. 병졸들이 물고기를 요리해 먹으려는 순간, 배 속에서 글씨가 적힌 천이 나왔다. 그들은 모두 이를 의아하게 여겼다.

진승은 또 오광을 근처 사당에 잠복시킨 뒤, 밤중에 화톳불을 밝히고 여우 울음소리를 흉내 내 "대초大楚가 일어난다! 진승이 왕이다"라고 외치게 했다. 한밤중에 들려오는 영문 모를 소리에 깜짝 놀란 병졸들은 몸을 부들부들 떨었다. 이튿날 병졸들은 저마다 지난밤 일을 이야기하며 진승을 곁눈질로 바라보았다.

_ 이상 제48 「진섭세가」, 제6 「진시황본기」

왕후장상의 씨가 따로 있더냐

오광은 평상시 싹싹했기 때문에 많은 병졸이 그를 잘 따랐다. 인솔자인 현위縣尉가 술에 취한 것을 보고 오광은 일부러 도망치겠다고 말했다. 현위의 화를 돋우어 자신을 욕보이게 만든 뒤 이를 기회 삼아 다른 병사들을 분노케 할 심산이었다. 과연 현위는 오광을 채찍으로 후려쳤다. 그때 현위의 칼이 떨어졌다. 오광은 일어나 그것을 집어 들고 현위를 베어 죽였다. 진승이 가세해 남은 두 명의 현위마저 죽였다. 진승과 오광은 병졸들을 모아놓고 다음과 같이 말했다.

"우리들은 모두 홍수 때문에 도착 날짜를 맞추지 못한다. 이대로라면 사형을 당하고 말 것이다. 설령 나라에서 용서해준다 해도 변경의 수비에 나선 자 중 열에 예닐곱은 죽음을 당하게 마련이다. 어차피 죽을 목숨이라면 어엿한 사나이로서 한번 크게 이름을 내는 것이 옳지 않겠는가? 왕후장상의 씨가 따로 있는 것이 아니지 않은가?"

일동은 "삼가 명령에 따르겠습니다"라고 화답했다.

진승과 오광은 공자 부소와 초나라 장군 항연을 사칭했다. 함께하려는 사람들의 의지를 끌어모으기 위한 조치였다. 그들은 적과 아군을 구별하기 위해 오른쪽 어깨를 드러내게 하고, 대초大楚라 이름 붙였다. 제단을 만들고 맹서의 글을 올린 뒤, 현위 세 사람의 머리를 제물로 바쳤다. 진승은 스스로 장군이 되고, 오광은 도위都尉가 되었다.

반란군은 연전연승을 거두었다. 진陳 지역에 다다랐을 무렵에는 전차가 6, 7백 승, 기병이 천여 기, 병졸이 수만에 이르렀다. 진을 점령한 뒤 진승은 그곳의 장로와 호걸들의 권유에 따라 왕의 자리에 오르고 국호를 장초張楚라 칭했다. 장초는 초나라를 크게 넓힌다는 뜻이었다.

반란군은 거듭 승리를 거두었고, 진승은 마침내 진나라 수도를 공격하기로 결정했다. 진陳의 현자인 주문周文에게 장군의 인수[印]를 주어 서방으로 진격하도록 했다. 반란군에 합류하는 세력이 끊일 줄 몰라, 함곡관에 도달했을 때에는 전차가 천여 승, 병졸이 수십만에 이르렀다.

한편 진나라는 여산의 능묘 노역에 동원된 사형수와 노예의 자제 등을 해방시켜준다는 조건으로 새로이 군을 모집했다. 이 계책을 마련한 소부少府 장한章邯이 지휘를 맡았다. 장한이 이끄는 진나라 군은 주문을 철저히 무너뜨렸다. 장한은 승세를 타 각지의 반란 세력을 속속 격파해 나갔다.

오광은 동료들과의 의견 충돌 끝에 죽임을 당했다. 진승 또한 왕을 칭한 지 반년 만에 살해당하고 말았다.

_ 이상 제48 「진섭세가」, 제6 「진시황본기」

왕후장상의 씨가
따로 있더냐?
왕후장상영○유종호
王侯將相寧有種乎

진승의 말에서 유래했다. 왕, 제후, 장군, 대신 등은 가문과 혈통이 아닌 운과 노력을 통해 누구든 될 수 있다는 뜻이다. 이 한마디가 거대한 통일제국 진나라를 무너뜨리는 결정적 구호로 작용했고, 훗날 신분해방의 상징으로 동양사회에 적지 않은 영향을 미쳤다. 출전 제48 「진섭세가」

세기의 라이벌의 등장

항우, 세상 밖으로 나오다

진승과 오광의 봉기군이 세력을 확대해감에 따라 각지에서 군웅들이 봉기했다. 그 가운데 큰 세력을 형성한 이가 항우와 유방이었다.

항우는 하상下相 출신이다. 거병했을 때가 그의 나이 24세였다. 대대로 초나라 장군이었던 항씨는 그 공을 인정받아 항項이라는 지역에 봉해졌다. 성을 '항'이라 한 것도 이 때문이다. 항우는 숙부인 항량項梁에게 교육받았다. 항량은 진나라 장군 왕전에게 죽임을 당한 항연의 아들이었다.

항우는 어렸을 적 글자를 익혔지만 도중에 그만두고 검술을 배웠다. 그러나 이 또한 신통치 않았다. 항량이 화를 내자 항우는 이렇게 맞받았다.

"글자는 이름을 쓸 수 있으면 충분하고, 검술은 한 사람을 상대할 수 있을 정도면 됩니다. 저는 만인을 상대할 수 있는 기술을 익히고 싶습니다."

항량이 병법을 가르쳐주자 항우는 크게 기뻐했다. 그러나 이 또한 핵심적인 것을 익히고는 더 이상 배우려 들지 않았다.

그 뒤 사람을 죽이게 된 항량은 보복을 피하기 위해 온 가족을 데리고 오나라로 향했다. 항량은 오의 명사들에게 환영을 받았고, 그 후 노역이나 장례 따위가 있을 때마다 조정 역할을 맡았다.

항우와 항량은 순시에 나선 시황제가 오를 지날 때 그 모습을 직접 보게 되었다. 그때 항우가 "저 자리를 내가 차지할 것이다"라고 말했다. 놀란 항량이 항우의 입을 틀어막으며 "허튼소리를 입 밖에 내면 안 된다! 온 가족이 몰살당할지도 모른단 말이다"라고 주의를 주었

뛰어난 무장으로서 유방과 천하를 다투었던 항우의 상이다. 초반에는 항우의 세력이 강했으나 그 세를 유지하지 못하고 후에 해하 전투에서 유방에게 패해 자살하고 만다.

다. 말은 그렇게 했지만 항량은 항우가 믿음직스러웠다. 키가 8척 장신에 힘이 장사였던 항우는 커다란 솥단지를 능히 들어 올렸고, 재기에도 남다른 점이 있었다. 따라서 오의 젊은이들은 모두 항우를 높이 쳐주었다.

진나라 2세 황제 원년 7월, 진승과 오광이 난을 일으켰다. 9월, 회계 태수太守 은통殷通이 항량에게 상담을 청해왔다.

"강북 각 지역에서 반란이 일어나고 있소. 진이 멸망할 때가 왔다는 하늘의 뜻일 것이오. 한발 앞서면 남을 제압하고, 뒤지면 남에게 제압당한다는 말이 있지 않소? 나는 군사를 일으켜 그대와 환초桓楚를 장군으로 삼았으면 하오."

▌항우의 고향인 항왕고리項王故里의 모습이다.

　항량은 항우라면 환초가 어디 있는지 알 것이라고 둘러대고는 은통에게 항우를 부르러 사람을 보내라고 권했다. 은통이 승낙하자 항우가 안으로 들어왔다. 항량과 눈짓을 교환한 항우는 검을 뽑아들고 은통의 머리를 베었다. 이 일로 관청 안에 큰 난리가 났지만 항우가 수십 명을 쳐 죽이자 모두 바싹 엎드려 누구 하나 저항하지 못했다. 항량은 평소 잘 알고 지내던 호걸과 관리들을 불러 대사를 일으킨 이유를 설명하고, 당당하게 거병의 발걸음을 내디뎠다. 이웃한 여러 현에 동조할 것을 권유하자 순식간에 8천 명의 정예병이 모였다.

　항량과 항우는 싸움마다 승리를 거머쥐며 군사의 수를 늘려갔다. 양성襄城은 격렬하게 저항한 곳 중 하나였다. 항우는 양성을 함락시킨 뒤 적병을 모두 구덩이 속에 넣어 죽였다.

　진승이 죽었다는 소식이 날아들었다. 항량과 항우는 향후 계획에 대해 논의했다. 이때 범증范增이라는 70세 노인이 찾아와 진언했다.

"진승이 패한 것은 당연한 일입니다. 원래 진나라가 6국을 공격할 때 가장 적극적으로 대항하지 않은 것이 초나라였는데 진나라는 초나라의 회왕懷王을 사로잡아 귀국시키지 않았습니다. 초나라가 진나라를 원망하는 마음은 이로부터 비롯된 것으로써 초나라 사람들이 회왕을 사모하는 마음은 지금도 변함없습니다. 따라서 초나라의 남공南公은 '설사 세 집밖에 남지 않는다 해도 진나라를 멸망시키는 것은 반드시 초나라 사람일 것이다'라고 말했던 것입니다. 그런데도 진승은 초왕楚王의 자손을 세우려 하지 않고 스스로 왕위에 올랐기 때문에 세력을 계속 뻗어 나가지 못했던 것입니다. 항 장군께서 강동江東에서 군사를 일으키시자 각지의 장수들이 경쟁적으로 몰려들고 있습니다. 그 까닭은 장군의 집안이 대대로 초나라의 장군이고, 장차 초왕의 자손을 옹립할 것임에 틀림없다고 기대하고 있기 때문입니다."

항량은 범증의 진언이 옳다고 보고, 민간에서 양치기를 하고 있던 초나라 회왕의 손자 심心을 찾아내 그를 옹립한 뒤 초 회왕이라 이름 붙였다. 백성이 바라는 바대로 했던 것이다.

_ 이상 제7 「항우본기」, 제8 「고조본기」

남을 제압한다
한발 앞서면
선발제인先發制人

회계 태수 은통은 항량을 불러 "반란은 장강의 서북 일대로 퍼져 나갔다. 지금 진나라는 하늘로부터 버림받았다. 이 기회를 놓쳐선 안 된다. '한발 앞서면 남을 제압하고 뒤처지면 남에게 제압당한다'는 말이 있다"고 말했다. 당시의 격언이있을 깃이다. 출선 제8 「고조본기」

천하를 차지할 관상

유방은 패沛 지역의 풍읍 중양리中陽里 출신이다. 그의 출생에 관해 신비한 이야기가 전한다. 여자가 물을 모아둔 못의 제방에 앉아 쉬고 있다 신을 만나는 꿈을 꾸었다. 이때 천지가 새까매지고 번개가 격렬하게 내리쳤다. 남편 유씨가 달려가 보니 교룡蛟龍이 여자 위에 올라가 있었다. 그 뒤 여자의 배가 점점 불러왔다. 열 달 뒤 여자는 아들을 낳았는데 그가 유방이었다.

유방은 코가 높고 생김새가 용을 닮았다(여기서 용안龍顔이란 단어가 유래했다*). 수염을 멋지게 길렀으며, 왼쪽 다리에는 72개의 점이 있었다. 너그럽고 사람을 좋아해 베풀기를 즐겨했으며 작은 일에 얽매이지 않았다. 배는 두툼했고, 집안일은 거들지 않았다. 장년이 되어서야 겨우 사수의 정장亭長 자리를 얻었는데, 관청 사람들을 안중에 없는 것처럼 깔보았다.

유방은 술과 여자를 좋아해 언제나 왕온王媼과 무부武負의 술집에 가 외상술을 마셨고, 취하면 그 자리에서 뻗어 잠을 잤다. 왕온과 무부는 유방의 벌거벗은 몸통 위에 늘 용이 똬리를 틀고 있는 것을 보고는 기이하게 여겼다. 유방이 술을 마시러 오면 틀림없이 매상이 두 배로 늘어나곤 했기 때문에 왕온과 무부는 매년 연말에 외상값을 장부에서 지워버렸다.

유방은 노역을 하기 위해 함양에 갔다 우연히 시황제의 행차를 목격했다. 그때 자신도 모르게 한숨을 쉬며 "아아, 사나이로 태어나 저렇게 되면 좋겠다"라는 말을 내뱉었다.

단보單父의 여공呂公이라는 사람이 원수진 사람을 피해 패 땅으로 도망쳐 왔다. 그는 패의 현령과 매우 친한 사이였다. 패의 호걸과 관리들은 현령에게 귀한 손님이 왔다는 소식을 듣고는 선물을 준비해 찾아갔다. 현의 살림살이를 관리하던 소하가 접수를 맡았다. 소하는 장내를 정리하기 위해 "축하금 천 전 이하인 사람은 당의 아래에 앉아주십시오"라고 말했다.

■유방은 항우와의 오랜 싸움에서 승리해 결국 천하통일의 대업을 달성했다.

유방 또한 이곳을 찾았다. 그는 1전도 지니고 있지 않았지만 "축하금 만 전"이라고 허풍을 떨었다. 명함이 안으로 전달되자 여공은 크게 놀라며 벌떡 일어나 문 앞에서 유방을 맞았다. 여공은 사람의 관상을 잘 봤다. 그는 유방의 상을 보더니 정중히 안으로 모셔 가 윗자리에 앉혔다. 소하가 "저 사람은 허풍쟁이입니다. 써놓은 대로 믿을 수 없습니다"라고 말했지만 여공은 조금도 개의치 않았다. 유방 또한 태연하게 윗자리를 차지하고 앉았다.

분위기가 한창 달아오르자 여공은 유방의 소맷귀를 잡아당겼다. 다른 손님이 다 돌아간 뒤 여공이 유방에게 말했다.

"나는 젊어서부터 관상 보기를 좋아해 많은 사람의 얼굴을 보아왔다네. 하지만 그대 같은 상을 가진 사람은 아직 보지 못했네. 아무쪼록 자중자애하기 바라네. 나에게 딸이 있는데 청소하는 아낙으로라도 삼아주지 않겠는가?"

유방이 놀아간 뒤 여공의 처가 길길이 뛰며 남편에게 대들었다.

"당신은 늘 우리 딸은 비범하다며 귀인에게 시집보낼 거라고 말해왔

■ 유방의 아내인 여태후는 유방이 죽은 뒤 정치 실권을 장악하며 여장부다운 면모를 보였다.

잖아요. 사이가 좋은 현령이 혼인을 맺자 할 때도 거절했으면서 어떻게 저런 자에게 딸을 준다는 거예요?"

여공은 "이 문제는 아녀자가 알 바가 아니오"라고 말하고는 딸을 유방에게 시집보냈다. 이 딸이 바로 나중에 여후가 된다. 그녀는 유방과 혼인해 혜제惠帝와 노원공주魯元公主를 낳았다.

여부인이 두 아이와 함께 밭일을 하고 있을 때였다. 한 노인이 지나가다 먹을 것을 부탁했다. 여부인이 먹을거리를 건네주자 노인이 여부인을 보고 "부인은 천하를 틀어쥘 귀상을 갖고 계시는군요"라고 말했다. 여부인이 두 아이의 얼굴을 보여주자 노인은 우선 아들의 얼굴을 보고 "부인이 귀하게 되는 것은 이 아이 때문입니다"라고 말했다. 그러고는 딸의 얼굴을 보고 이 또한 귀상이라고 말했다.

노인이 떠난 뒤 유방이 돌아왔다. 여부인이 조금 전 이야기를 들려주자 유방은 그 노인을 쫓아가 자신의 상도 보아달라고 청했다.

노인이 "앞서 본 부인과 아이들의 귀상은 모두 당신을 닮은 것이오. 당신은 입으로는 어떻게 말할 수 없을 정도로 귀한 상이오"라고 답했다. 유방은 "노인께서 말씀하신 대로라면 이 은혜는 결코 잊지 않겠소"라고 말하며 예를 올렸다.

_ 이상 제8 「고조본기」

유방, 봉기하다

사수의 정장직을 맡고 있던 유방은 노역에 동원된 노동자들을 거느리고 여산으로 가게 되었다. 노역을 하는 노동자들의 사망률이 높았기 때문에 가는 도중 달아나는 사람이 줄을 이었다. 여산에 도착할 무렵에는 한 사람도 남아 있지 않을 것이라는 생각이 들자 유방은 일을 저질러버려야겠다고 결심했다. 풍읍의 서택西澤에 도착한 날 밤 유방은 엄청나게 술을 퍼마신 뒤 노동자들을 모두 풀어주었다.

"모두 어디든 가고 싶은 곳으로 가라. 나도 여기서 도망갈 것이다."

노동자들 가운에 유방을 따르겠다는 사람이 열 명 있었다. 한밤중에 소택지를 걷던 유방은 일행 중 한 사람에게 먼저 가 길 사정을 알아보라고 지시했다. 길을 살펴보고 돌아온 이가 "커다란 뱀이 앞을 가로막고 있습니다. 돌아서 가는 게 좋지 않겠습니까"라고 말했다. 술에 취한 유방은 "장사가 나아가는 길에 무엇을 두려워한단 말인가"라고 큰소리친 뒤 혼자 앞으로 나아갔다. 그러고는 칼을 뽑아들고 큰 뱀을 두 조각으로 갈랐다. 뱀을 죽인 뒤 몇 리 더 걸어간 유방은 길가에 누워 곯아떨어졌다. 뒤따라오던 일행이 큰 뱀이 있던 곳에 다다르자 웬 노파가 엎드려 울고 있었다. 왜 우느냐는 일행의 질문에 노파는 "우리 아들이 죽임을 당했기 때문입니다"라고 답했다. 일행이 왜 죽임을 당했느냐고 다시 묻자 노파는 이렇게 대답했다.

"우리 아이는 백제白帝의 아들로서 뱀의 모습으로 변해 있었습니다. 지금 적제赤帝의 아들이 그걸 두 동강 내 죽인 것입니다."

일행은 노파가 황당무계한 이야기를 한다고 생각해 혼을 내주려고 다가갔다. 그 순간 노파가 모습을 감추었다. 이 사건이 있은 뒤 모두 유

▌유방의 고향인 패현의 모습이다.

방을 두려워하게 되었다.

진나라의 시황제는 "동남쪽에 천자의 기운이 있다"고 말하며 그 기운을 누르기 위해 종종 순행에 나서곤 했다. 2세 황제가 뒤를 이은 후에도 진나라는 동남쪽을 경계했다. 따라서 유방은 자신이 죽임을 당할지도 모른다고 두려워하며 망芒과 탕碭 사이의 산간에 몸을 숨겼다. 그런데 여부인은 유방이 어디에 숨어 있든 귀신같이 찾아냈다. 유방이 이를 기이하게 생각해 물어보니 여부인이 이렇게 답했다.

"당신이 있는 곳의 상공에는 항상 운기가 모여 있어요. 그걸 보고 찾으면 돼요."

이 소문을 듣고 유방을 따르고자 하는 패의 자제가 끊이지 않았다.

2세 황제 원년 가을, 진승과 오광의 난에 호응해 봉기하는 사람이 잇따랐다. 신변이 위태롭다고 여긴 패의 현령은 자신도 반기를 들어야겠다고 생각했다. 그는 관청에서 인사 업무를 보는 소하와 감옥 일을 담당하는 조참曹參에게 조언을 구했다. 두 사람은 말했다.

"현령께서 봉기해도 패의 자제들은 말을 듣지 않을 겁니다. 그보다 패 출신 인물 중 지금 외부로 도망가 있는 이를 불러오면 아마 수백 명은 모을 수 있을 것입니다. 그렇게 힘을 모으면 패의 자제들도 명령을 듣지 않을 수 없을 것이라 생각합니다."

이에 현령은 짐승 도축 일을 하는 번쾌樊噲에게 유방을 불러오라고 명했다. 번쾌를 만난 유방은 곧바로 수백 명의 부하를 데리고 찾아왔다. 현령은 번쾌를 심부름꾼으로 보낸 뒤 곧바로 후회하는 마음이 들어 반역 행위를 포기하려 했다. 그는 성문을 닫고 소하와 조참을 죽이려 들었다. 소하와 조참은 성벽을 넘어 달아나 유방에게 합류했다. 유방이 격문을 묶은 화살을 성내로 쏘아 보내 호응하기를 촉구하니 성내의 부로父老들이 자제를 이끌고 현령을 죽인 뒤 성문을 열어 유방을 맞이했다. 유방은 몇 번씩이나 사양했지만, 모두 나서 거듭 권하는 바람에 어쩔 수 없다는 심정으로 패공沛公(패의 현령)의 자리를 승낙했다.

_ 이상 제8 「고조본기」

고사성어

칼에 베여
밖으로 베여 나온 내장이
땅바닥을 적신다

일패도지 _ 敗塗地

패의 부로들이 유방을 반란군의 지도자로 옹립하려 했을 때 유방이 "천하는 실타래처럼 엉켜 있다. 각 지역에서 제후들이 봉기한 지금 지도자가 제 역할을 해내지 못한다면 '일패도지'할 것이다"라고 말했다. 이 고사에서 본 모습을 찾아보기 어려울 지경으로 패배하는 것을 뜻하는 '일패도지'란 성어가 나왔다. 출전 제8 「고조본기」

관중을 점령하라

거록 전투

항량이 초의 회왕을 옹립했다. 유방은 세력을 모아 항우에게 합류했다. 이 밖에 위魏, 조趙, 제齊 등이 각각 자립했다.

항우는 옹구雍丘를 공격해 들어가 이유李由(이사의 아들)를 베어 죽였다. 이 승리 후 항량은 교만해져 송의宋義(과거 초나라의 영윤)의 충고를 귀담아들으려 하지 않았다. 얼마 뒤 항량은 정도定陶에서 장한에게 패배해 전사했다. 이를 보고받은 회왕은 진나라 군이 공격해올 것을 두려워해 본거지를 우이盱眙에서 팽성으로 옮겼다. 회왕은 군을 재편성했다. 송의를 상장군, 항우를 차장, 범증을 말장으로 삼아 옛 조나라 지역의 구원군으로 보냈다.

안양安陽(지금의 하남성 안양)으로 가는 동안 송의는 무려 46일이나 군

▌항우의 열병식이 거행된 희마대戱馬臺의 모습이다.

을 주둔시킨 채 전진하지 않았다. 항우는 "조나라 지역의 아군은 지금 진나라 군에 포위되어 있다. 빨리 황하를 건너가 조나라 군과 안팎으로 호응해 싸우면 반드시 승리할 수 있다"고 주장했지만 송의는 "진나라 군이 피로해지는 틈을 타 공격하는 것이 상책이다. 갑옷을 입고 무기를 들고 싸우는 것이라면 내가 그대에게 미치지 못하지만 앉아서 책략을 짜는 것에는 그대가 내게 미치지 못한다"라고 말하며 항우의 의견을 묵살했다.

항우는 송의를 죽이고 병권을 빼앗았다. 회왕은 이를 추인하고 항우를 상장군으로 삼았다.

거록鉅鹿에서 구원 요청이 오자 항우는 군사를 이끌고 황하를 건넜다. 황하를 다 건너자마자 '밥 짓는 솥을 부수고 타고 간 배를 모두 가라앉힌(파부침주破釜沈舟)' 뒤 병사들에게 3일분의 식량만을 휴대하게 했다. 이를 통해 전투에 결사적으로 임할 각오를 다졌다. 장병들이 이에 호응

▮항우는 거록 전투에서 '파부침주'의 각오로 싸워 승리를 거두었다.

해 장한이 이끄는 군과 아홉 번 싸워 아홉 번 다 승리를 거두었다. 항우의 군대가 하나같이 1당 10의 기세로 승리하는 것을 본 제후의 장수들은 모두 항우를 두려워하며 따르게 되었다.

이에 앞서 회왕은 "가장 먼저 함곡관을 점령하고 관중을 평정하는 사람을 관중의 왕으로 삼겠노라"고 약속한 바 있었다. 하지만 장한이 연전연승을 거둘 때였기 때문에 제후들은 모두 엉덩이를 빼고 있었다. 오직 항우와 유방만이 서쪽으로 진군하기를 희망했다.

항우가 숙부의 원수인 장한과 정면으로 맞부딪치는 길을 선택한 반면, 유방은 적의 숫자가 비교적 적은 길을 택했다. 고양高陽 지역을 통과할 때 유방은 역이기酈食其라는 유학자를 알게 되었다.

_ 이상 제7 「항우본기」, 제8 「고조본기」

유방, 역이기를 만나다

역이기는 진류현陳留縣 고양 사람이다. 학문을 좋아했지만 집안이 지독하게 가난했기 때문에 마을의 문지기가 되었다. 현의 관리들은 그의 노역을 면제해주었고, 현 사람들은 그를 미치광이라고 불렀다.

진승에서 항량까지 봉기군의 우두머리 중 상당수가 고양을 지나갔다. 역이기는 그때마다 두루 살펴보았지만 자신의 원대한 계책을 받아들여 줄 만한 인물을 찾을 수 없었다. 어쩔 수 없이 조용히 시기가 오기를 기다리고 있었다.

역이기는 유방이 진류의 교외로 진격해왔다는 것을 알게 되었다. 유방의 기병부대에 속해 있던 사람이 역이기와 동향 출신이었다. 역이기는 그에게 유방에 관한 이런저런 정보를 얻었다. 어쩌면 유방이 자신의 계책을 받아들여 줄지도 모른다고 생각한 역이기는 그 기병에게 중개 역할을 부탁했다.

"'우리 마을에 역이기라는 사람이 있는데 나이는 환갑을 넘겼고 키는 8척에 이릅니다. 마을 사람들은 그를 미치광이라고 부르지만 본인은 아니라고 합니다.' 이렇게 좀 전해주게나!"

기병이 역이기에게 말했다.

"패공께서는 유학자를 좋아하지 않으십니다. 손님 가운데 유학자의 모자를 쓴 사람이 오면 패공은 그 모자를 빼앗아 거기에다 오줌을 쌉니다. 남과 이야기할 때면 언제나 큰 소리로 유학자들에 대한 악담을 퍼붓습니다. 선생께서 유학자 입장에서 계책을 올린다 해도 아마 귀를 기울이지 않을 것입니다."

기병이 이렇게 충고했지만 역이기는 물러서지 않고 "한 말씀만 드려

주게"라고 다시 청했다. 기병은 역이기의 부탁을 들어주었다. 드디어 역이기는 유방을 만나러 갔다.

숙소 안으로 들어선 역이기의 눈에 몸을 젖히고 앉은 유방과 그의 발을 씻기고 있는 두 여인의 모습이 들어왔다. 역이기는 평복의 예를 취하지 않고 두 손을 맞잡으며 가볍게 목례했다. 그리고 유방에게 이렇게 말했다.

"귀하는 진나라를 도와 제후를 공격할 생각입니까, 아니면 제후들을 이끌고 진나라를 멸망시킬 생각입니까?"

이 말을 들은 유방이 성을 내며 소리쳤다. 그러나 역이기는 태연하게 말을 이어갔다.

"정의로운 군대를 일으켜 무도한 진나라를 타도하겠다는 귀하께서 발을 쭉 뻗은 채 연장자를 대하는 것이 옳은 일입니까?"

유방은 발 씻기기를 중단시키고 의복을 정돈한 후 역이기를 상좌에 앉히며 무례했던 점을 사과했다. 역이기는 과거의 다양한 사례를 들며 현재의 정세를 하나하나 짚어나갔다. 유방이 "지금은 어떤 방책을 취하는 것이 좋겠습니까"라고 묻자 역이기는 이렇게 답했다.

"진류는 천하의 요충지입니다. 그야말로 사통팔달의 핵심 지역입니다. 이곳에서는 곡물이 풍부하게 생산됩니다. 저는 진류의 현령과 절친한 사이입니다. 저를 사신으로 보내주신다면 틀림없이 항복하게 만들 수 있습니다. 만약 항복하려 들지 않는다면 곧바로 공격을 개시해주십시오. 제가 성안에서 호응하도록 하겠습니다."

유방은 이 계책을 따름으로써 어렵지 않게 진류를 손에 넣을 수 있었다.

_ 이상 제8 「고조본기」, 제7 「항우본기」

함곡관을 향하여

유방은 계속 서진했다. 수비가 굳건한 완宛 지역을 포기하고 전진하려 했지만 장량이 반대 의견을 제시했다.

"패공께선 서둘러 함곡관으로 달려가려 하시지만 진나라 군사는 여전히 막강하며, 험준한 지형을 의지한 채 지키고 있습니다. 지금 완을 점령하지 못하면 배후에서 습격받게 될 것입니다. 자칫 앞뒤로 적을 맞이할 공산이 큽니다. 이것은 위험한 생각입니다."

유방은 장량의 의견에 따라 완을 공격했다. 약골이었던 완의 태수는 유방이 공격해오자 자살하려 했다. 그때 측근인 진회陳恢가 자신이 유방을 만나보겠다며 태수를 말리고 나섰다.

진회는 유방을 만나 이렇게 이야기했다.

"완은 커다란 군의 중심지로서 성시가 수십 개나 되며 백성도 많고 재물도 넉넉합니다. 잘 아시겠지만 관리나 백성은 모두 스스로 항복하면 진나라의 법에 따라 죽임을 당할 것이라고 생각하고 있습니다. 그러니 필사적으로 싸우려 들 것입니다. 그렇게 되면 귀하의 군대는 쓸데없이 시간을 허비하고, 많은 사상자를 내게 됩니다. 그렇다고 완을 지나쳐 전진하면 뒤에서 추격당할 우려가 있습니다. 귀하의 군대를 위해 생각한다면 완의 태수가 항복해오는 것을 받아들이되 그로 하여금 완의 성을 지키게 하는 것이 좋습

▎헌신, 소하와 함께 서한삼걸로 불리는 징량의 상이다. 유방의 책사로서 중요한 순간마다 적절한 조언을 해 유방이 천하를 통일하는 데 큰 공을 세웠다.

니다. 그리고 태수 휘하의 병졸을 거두어 함께 서쪽으로 데리고 가면 앞으로 거치게 될 여러 성들 또한 이 소문을 듣고는 다투어 문을 열고 귀하를 기다릴 것입니다. 통과를 방해하는 자가 없어지리라고 봅니다."

유방은 이 계책에 따라 완의 태수를 은후殷侯로 임명함과 동시에 진회를 천호千戶에 봉했다.

_ 이상 제8 「고조본기」, 제7 「항우본기」

신비한 노인과의 만남

한편 박랑사에서 시황제 암살을 시도했던 장량은 지명수배를 당하자 이름을 바꾸고 하비下邳로 숨어들었다. 유방을 만나기 전의 일이었다.

수배자로 숨어 지내던 어느 날, 장량은 한 다리 위(초나라에서는 흙으로 만든 다리를 '이圯'라 불렀다. 그래서 장량이 노인을 만난 다리 위를 '이상圯上'이라 하는데, 이때부터 '이상'은 기이한 만남을 비유하는 단어가 되었다*)를 지나다 누추한 차림의 노인을 만났다. 노인은 일부러 신발을 다리 밑으로 떨어뜨리고는 장량에게 "젊은이, 다리 밑으로 내려가 신발을 주워오게"라고 말했다.

장량은 끓어오르는 화를 억누르며 신발을 주워왔다. 노인은 한술 더 떠 장량에게 "신기게"라고 말했다. 장량은 무릎을 굽혀 노인에게 신발을 신겨주었다. 노인은 한바탕 웃음을 터뜨린 뒤 떠나갔다. 장량은 노인의 뒷모습을 바라보며 배웅했다. 그런데 노인이 한 1리쯤 가다 되돌아와서는 장량에게 말했다.

"젊은 놈이 가르칠 만하구나(여기서 '유자가교孺子可敎'라는 고사성어가 유

▎장량이 신비한 노인을 만났다는 하비의 모습이다.

래했다●). 닷새 후 새벽에 이곳으로 오너라."

장량은 이상하다고 생각하면서도 그러겠다고 대답했다.

닷새 후 새벽, 장량이 다리에 도착하니 노인이 먼저 와 기다리고 있었다. 장량을 본 노인은 불같이 화를 냈다.

"노인과 약속을 해놓고 늦게 온다는 게 말이 되느냐? 돌아갔다가 닷새 후에 다시 오너라."

닷새 후 닭이 울 무렵, 장량이 다리에 가니 노인이 또 먼저 와 기다리고 있었다. 노인은 또다시 닷새 후에 다시 오라며 화를 냈다. 닷새 후 장량은 아예 한밤중에 가 노인을 기다렸다. 얼마 뒤 노인이 왔다. 노인은 기뻐하며 "당연히 이렇게 해야지"라고 말하고는 품에서 책을 한 권 꺼냈다.

"이것을 읽으면 왕의 스승이 될 수 있을 것이야. 앞으로 10년이 지나면 세상에 나설 수 있을 것이고, 13년이 지나면 나와 다시 만나게 될 게야. 제북濟北의 곡성산穀城山 기슭에 있는 노란 돌, 그것이 바로 나일세."

노인은 그렇게 말하고는 어디론가 사라져버렸다. 날이 밝은 뒤 책을 살펴보니 그것은 태공 망 여상이 지은 병법서였다. 장량은 그 책을 암송할 수 있을 때까지 숙독했다.

이 일이 있은 뒤 장량은 살인을 저질러 쫓기고 있던 항백項伯을 숨겨주었다. 진승과 오광의 난이 일어나자 장량도 젊은이 백여 명을 모아 병사를 일으켰고, 마침내 유방의 휘하로 들어갔다.

_ 이상 제8 「고조본기」, 제55 「유후세가」

가장 먼저 관중에 입성하다

유방이 압박하자 진나라의 재상 조고가 화의를 요청해왔다. 관중의 땅을 나눠 둘이 왕이 되자는 것이었다. 유방은 이를 상대조차 하지 않고, 장량의 계책에 따라 역이기와 육고陸賈를 진나라 장군에게 보내 항복을 권했다. 항복을 거부하는 자에게는 무력을 행사하며 무관을 돌파했다. 남전藍田에서도 승리를 거두었다. 유방은 병사들의 약탈을 엄격하게 금지했기 때문에 진나라 민중은 이들을 크게 환영했다. 이를 보고 진나라 군은 전의를 상실해 하나하나 무너져내렸다.

기원전 206년 10월, 유방은 드디어 제후들 중 최초로 패상霸上에 도달했다. 2세 황제는 이미 조고에게 살해당하고, 조고 또한 부소의 아들인 자영子嬰에게 살해당한 뒤였다. 황제에서 왕으로 자신을 낮춘 진왕 자영은 유방에게 순순히 항복했다. 장수들 중에는 진왕을 죽여야 한다고 주장하는 이들이 있었다. 그러나 유방은 "회왕이 나를 파견한 이유는 내가 관용을 베풀 줄 알기 때문이다. 게다가 이미 항복한 자를 죽이는 것

진나라 말기의 반란 및 항우군과 유방군의 관중 진격로

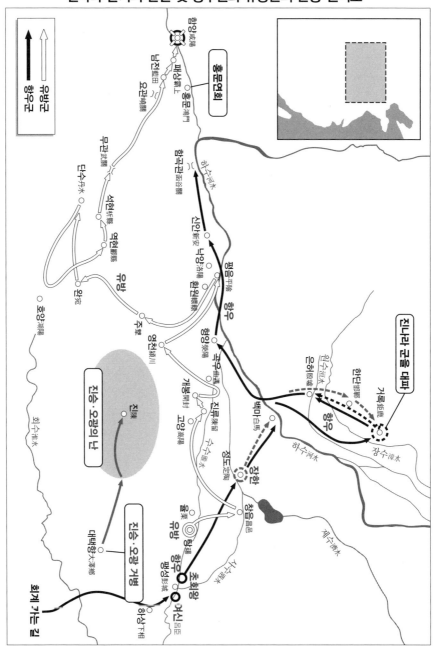

은 불길하다"며 자영을 연금 상태에 두었다.

유방은 진나라의 궁전을 직접 보고는 그곳을 거처로 삼고 싶어 했다. 번쾌가 그래서는 안 된다고 간했지만 유방은 그 말을 들으려 하지 않았다. 결국 장량이 설득에 나섰다.

"이제야 간신히 진나라에 들어왔는데 벌써 쾌락에 몸을 맡기려 하시니, 이는 하나라의 걸왕과 조금도 다를 바 없는 처신입니다. 충성스런 말은 귀에 거슬리나 행동에는 이로우며, 좋은 약은 입에 쓰나 병에는 이롭습니다(여기서 '충언역이忠言逆耳, 양약고구良藥苦口'라는 말이 나왔다. 충성스런 말은 귀에 거슬리고, 좋은 약은 입에 쓰다는 뜻이다*). 아무쪼록 패공께서는 번쾌 장군의 말을 귀담아들으시길 바랍니다."

장량의 말을 들은 유방은 패상으로 군사를 돌렸다.

11월, 유방은 뭇 현의 부로와 호걸들을 불러 위로하고 진나라의 법은 단 세 조항만 남기고 모두 없애겠다고 약속했다(이것이 그 유명한 '약법삼장約法三章'이다*). 남을 죽인 자는 사형에 처하고, 남에게 상처 입히거나 남의 물건을 훔친 자는 그에 상응하는 벌을 내린다는 매우 간략한 것이었다. 진나라 사람들은 크게 기뻐하며 유방이 행여나 관중왕이 되지 않을까 걱정했다. 어떤 사람은 이렇게 진언하기까지 했다.

"관중의 부는 천하의 부와 견주어 열 배나 많으며, 지형은 험해서

고사성어

입추의 여지가 없었다

무입추여지無立錐餘地

역이기가 유방에게 "진나라가 6국의 자손을 다 끊어 이제는 송곳을 세울 정도의 영지조차 남지 않았습니다"라고 말한 데서 유래했다. 흔히 '입추의 여지가 없다'고 말한다. 사람들이 빼곡히 들어차 있을 때도 이 말을 사용한다. 출전은 『여씨춘추』이다.

천하를 제압하기에 부족함이 없습니다. 만약 항우가 공격해 들어온다면 당신은 이곳을 지킬 수 없을 것입니다. 서둘러 함곡관으로 군사를 보내 제후들의 군이 들어오지 못하도록 지키고, 관중의 병사들을 조금이라도 더 징발해 군의 숫자를 늘리는 것이 좋지 않겠습니까?"

유방은 그 계책에 따랐다.

_ 이상 제8 「고조본기」, 제7 「항우본기」, 제6 「진시황본기」

홍문의 연회

범증의 경고

유방이 거침없이 서진하고 있을 무렵, 항우는 극성棘城에서 장한과 격렬한 전투를 치르고 있었다. 형세는 진나라 군에 불리하게 돌아갔다. 장한은 계속 밀리고 있었다. 그때 함양에 사자로 갔던 장사 사마흔司馬欣이 재상 조고가 권력을 쥐었으며, 이기든 지든 장한은 제거당할 수밖에 없는 입장이라는 정보를 가져왔다. 상황이 이렇게 되자 장한은 항우와 교섭하기로 결정했다.

항우가 측근들에게 "양식이 떨어져가므로 항복을 받아들이는 것이 좋겠다"고 말하자 모두 찬성했다. 항우는 원수洹水의 남쪽, 은허殷墟 위에서 장한의 항복을 받아들였다.

초나라 병사 중에는 지난날 노역을 경험하며 진나라에 원한을 품은 사람이 많았다. 그 때문에 승자의 위치에 올라선 것을 기화로 진나라 병졸들에게 못된 짓을 하는 경우가 끊이지 않았다. 그래서 진나라 병사들은 이런 말을 주고받았다.

"장한 장군은 우리에게 거짓말을 하고 적에게 항복했다. 함곡관에 들어가 진나라를 무너뜨리면 다행이지만 그렇지 못한다면 제후들은 우리를 포로로 삼아 동쪽으로 끌고 갈 것이고, 진나라는 우리의 부모·형제와 처자를 몰살할 것이다."

이 이야기를 몰래 엿듣고 항우에게 일러바친 자가 있었다. 항우는 장수들과 상의해 장한과 사마흔 및 도위 동예董翳를 제외한 진나라 병사 20여 만 명을 신안성新安城 남쪽에서 구덩이에 몰아넣어 몰살시켰다.

기원전 206년 12월, 항우가 제후들을 거느리고 함곡관에 이르렀다. 그러나 관문은 굳게 닫혀 있었다. 항우는 격노하여 힘으로 함곡관을 돌파하고 희戱 지역에 이르렀다. 그곳으로 유방의 좌사마左司馬인 조무상曹無傷이 찾아와 "패공은 관중왕이 되고 싶어 자영을 재상으로 삼고 진나라의 금은보화를 혼자 차지했습니다"라는 거짓 보고를 올렸다. 화가 머리끝까지 치솟은 항우는 내일 유방을 토벌하겠다고 선언했다. 이때 항우의 군 40만은 신풍新豊의 홍문鴻門에 진을 치고 있었고, 유방의 군 10만은 패상에 있었다. 범증도 다음과 같이 말하며 항우를 부추겼다.

"산동에 있을 때 패공은 재물을 탐내고 미녀를 좋아했습니다. 헌데 관중에 들어온 지금은 재

▌항우의 책사인 범증의 상이다. 항우는 유방 쪽 신하인 진평의 이간책에 넘어가 유일한 책사 범증을 내치고 말았다.

물을 거들떠보지 않고 미녀도 가까이하지 않습니다. 이는 그냥 보아 넘길 일이 아닙니다. 제가 운기를 살필 줄 아는 자에게 패공의 몸에서 나오는 정기를 헤아려보라 했더니 그가 '모두 용의 형상에 5색이 영롱하다'고 답했습니다. 이는 천자가 될 정기입니다. 하루라도 빨리 그자를 쳐 화근을 뿌리 뽑아야 합니다."

_ 이상 제7 「항우본기」, 제8 「고조본기」

목숨이 걸린 술자리

항우의 숙부 항백은 과거 장량에게 도움을 받은 일이 있었다. 그는 유방을 제거하려는 조카 항우의 계획을 알게 되자 서둘러 말을 달려 장량을 찾아갔다. 사정을 전해 들은 장량은 자신만 도망칠 수는 없다며 항백을 유방에게 소개했다. 유방은 항백과 의형제의 서약을 맺은 뒤 다음과 같이 변명했다.

"저는 함곡관에 들어온 뒤로 일절 재물에 손대지 않고 창고는 모두 봉인한 채 항우 장군이 오시기만을 기다렸습니다. 함곡관을 지킨 이유는 도적이 드나들까 염려했기 때문입니다. 이런 저에게 어떻게 배신했다는 말씀을 하실 수 있습니까?"

항백은 유방에게 "날이 밝으면 손수 항우에게 가 사죄하는 것이 좋겠다"고 말한 뒤 돌아갔다. 항우의 진영으로 돌아온 항백은 곧바로 항우를 만나 유방의 편에서 이야기를 해두었다.

다음 날 아침 유방은 기병 백여 명을 거느리고 홍문으로 찾아가 항우를 만났다. 유방이 다시 변명하자 항우는 "그것은 그대의 좌사마 조무

▌유방의 목숨이 풍전등화의 위기 속에 놓였던 홍문의 연회를 묘사한 부조이다. 유방은 장량과 번쾌의 도움
으로 이 위기를 무사히 벗어날 수 있었다.

상이 내게 한 말이다. 그 말이 없었더라면 어찌 내가 그대에게 의심을 품었겠는가"라고 말하며 유방에게 자리에 앉을 것을 권하고는 함께 술을 마셨다.

항우와 항백은 동면해 상좌에 앉고, 범증은 남면해 그다음 자리에 앉았다. 유방은 북면해 세 번째 자리에 앉고, 장량은 서면해 아랫자리에 앉아 시중을 들었다. 범증은 항우에게 몇 번이나 눈짓을 보내 유방을 죽이라고 종용했지만 항우는 이에 응하지 않았다. 그러자 범증은 밖으로 나가 항장項莊(항우의 종제)을 불렀다. 그는 항장에게 틈을 봐 유방을 죽이라고 명령했다.

항장이 연회장으로 들어섰다. 그는 여흥 삼아 검무를 추겠다고 말하고는 검을 뽑아들고 춤을 추기 시작했다. 항장의 의도를 알아차린 항백은 자신도 검무를 추겠다며 앞으로 나서 자기 몸으로 유방을 보호했다.

항백 때문에 항장은 유방을 찌를 수 없었다.

이때 장량이 밖으로 나가 번쾌를 불렀다. 사정을 전해 들은 번쾌는 곧바로 방패를 손에 들고 군막 안으로 들어오더니 위병들을 쓰러뜨리고 연회장에 난입했다. 항우가 누구냐고 묻자 장량이 대신 답했다. 항우는 "장사로구나"라고 말하며 번쾌에게 술과 고기를 내렸다. 번쾌가 호쾌하게 술을 다 비우고 고기를 뜯어 먹자 항우는 "장사, 더 마실 수 있겠는가"라고 물었다. 번쾌는 물론이라고 대답한 뒤 유방에게는 전혀 악의가 없다는 것을 정연한 논리로 대변했다. 항우는 마땅한 대답을 찾지 못한 채 "그리 앉으라"고 말할 뿐이었다.

주연이 다시 시작되었다. 잠시 후 유방이 자리에서 일어났다. 번쾌는 유방에게 뒷일은 장량이 알아서 잘 처리할 것이니 이대로 돌아가자고 권했다. 유방은 번쾌를 포함한 몇 명만 데리고 초군 진영을 빠져나와 자기 진영으로 달아났다.

장량은 유방이 진영에 도착할 시간을 계산해 항우에게 유방이 술이 약해 더는 견디지 못하고 먼저 돌아갔다고 고했다. 범증은 분해했지만 이미 어쩔 수 없는 상황이었다.

_ 이상 제7 「항우본기」, 제8 「고조본기」

애송이와는 일을 도모하기 어렵다

수자부족여모 竪子不足與謀

홍문의 연회에서 유방이 도망쳐버리자 범증이 한 말에서 유래했다. '애송이'란 어린아이를 얕잡아 부르는 표현이다. 어린 사람이 천하의 대계를 달성할 수 없다는 의미로, 생각이 얕은 사람과는 중대한 일을 상의해봤자 소용없다는 뜻으로도 사용된다. 출전 제7 「항우본기」

284   단숨에 읽는 사기

천하에 둘도 없는 뛰어난 인재

무사히 군영으로 돌아온 유방은 곧바로 조무상을 잡아 죽였다.

며칠 뒤 항우는 군사를 거느리고 함양에 들어와 자영을 죽이는 한편, 진나라의 여러 궁전에 불을 놓았다. 불은 석 달 동안 꺼지지 않았다고 한다. 거리낌 없이 약탈을 자행한 항우는 재물과 부녀들을 멋대로 취한 뒤 동쪽으로 돌아갔다. 어떤 이가 관중에 거점을 두라고 건의했지만 항우는 "부귀하게 되어 고향에 돌아가지 않는 것은 '비단옷을 입고 밤길을 가는(의수야행衣繡夜行)' 것과 같다. 아무도 알아주지 않는다"고 말하며 들은 척도 하지 않았다.

항우는 회왕을 높여 의제義帝라 부르게 하는 한편, 여러 장수들을 후侯나 왕으로 삼았다. 유방을 어떻게 할 것인가가 제일 큰 문제였지만 범증의 진언을 받아들여 한중漢中의 왕, 즉 한왕漢王으로 삼았다. 한중도 관중의 일부라고 유방을 달래고는 실제 관중에는 장한 등 항복한 진나라 장수들을 봉했다.

항우 자신은 서초의 패왕이 되었다. 아홉 개 군을 다스리는 왕이었다. 도읍은 팽성으로 정했다. 얼마 뒤 항우는 의제에게 사람을 보내 "지난날 제왕은 땅이 사방 천 리에 이르렀으며 반드시 강의 상류에 살았다"라는 이유를 대며 장사長沙의 침현郴縣으로 거처를 옮기라고 요구했다. 의제는 침현으로 가던 도중 암살당하고 말았다.

제후들은 모두 자신의 봉국으로 떠났다. 유방은 한중으로 향하면서 장량의 진언에 따라 잔교棧橋에 불을 질러 다시는 돌아올 의사가 없음을 표명했다. 이런 유방의 행동에 불안감을 느껴 진영을 탈출하는 병사가 끊이지 않았다. 그중에는 한신이라는 사나이도 있었다.

한신은 회음淮陰 출신이다. 젊었을 때에는 매우 가난해 언제나 남에게 빌어먹고 다녔다. 한번은 남창南昌의 정장에게 신세를 진 적이 있었는데, 몇 달이 지나자 정장은 한신에게 식사를 제대로 대주지 않았다. 한신은 정장과 절교하고 그곳을 떠났다.

그 후 한신은 도리 없이 회음의 성벽 아래에서 낚시를 해 먹을거리를 구하려 했다. 그곳에는 빨래를 하러 나온 아주머니가 있었다. 한신은 이 아주머니에게 한 달 가까이 밥을 얻어먹었다(여기서 '표모반신漂母飯信'이란 고사성어가 유래했다. '빨래하는 아주머니가 한신에게 밥을 주다'라는 의미다●). 한신은 "제가 언젠가 반드시 보답하겠습니다"라고 말했지만 아주머니는 그 말을 농담 정도로 받아들였다 (훗날 한신은 금의환향錦衣還鄉해 이 아주머니에게 천금으로 은혜를 갚는다. 여기서 '밥 한 번 얻어먹고 천금으로 은혜를 갚는다'는 '일반천금一飯千金'이란

■ 장량과 소하가 머리로 유방을 도왔다면 한신은 직접 전장을 누비며 유방의 천하통일을 도왔다. 항우, 유방과 함께 천하를 셋으로 나눌 수 있을 정도의 힘을 지녔으나 유방에게 입은 은혜를 생각해 배신하지 않았다.

고사성어가 나왔다. 어려울 때 도와준 사람의 은혜를 잊지 않고 훗날 크게 갚는다는 뜻을 가진 성어다●).

회음에서 도축업을 하는 자 가운데 한신을 매우 깔보는 이가 있었다. 남자는 여러 사람 앞에서 한신에게 "너는 체격도 크고 칼을 차고 다니길 좋아하지만 배짱이 없잖아"라고 말하며 창피를 주었다.

"억울하면 그 칼로 나를 찔러봐. 못 하겠다면 내 가랑이 밑으로 기어라."

한신은 남자를 물끄러미 바라보다가 머리를 숙이고 가랑이 밑을 기었다(여기서 그 유명한 '과하지욕胯下之辱'이란 고사성어가 탄생했다. '가랑이 밑을 기는 치욕'이란 뜻이다. 큰 뜻을 품은 한신은 이런 사소한 치욕 정도는 견뎌야 한다고 생각했기 때문에 가랑이 밑을 기었던 것이다*). 그것을 본 사람들은 모두 박장대소하며 한신을 겁쟁이 취급했다.

이윽고 한신은 항량의 군에 들어갔다. 항량이 죽은 뒤에는 항우의 휘하에서 낭중이 되었다. 한신은 여러 차례 항우에게 계책을 건의했지만 항우는 이를 단 한 번도 받아들이지 않았다. 한신은 항우를 버리고 유방의 막하로 몸을 옮겼다.

한신은 뜻밖의 일로 하후영夏候嬰의 눈에 들었다. 그리고 그의 추천을 받아 드디어 유방의 승상인 소하와 뜻을 나누는 사이가 되었다. 한신

▌ 항우에게 인정받지 못해 유방의 휘하로 들어온 한신은 유방에게서도 인정받지 못하자 다시 탈주를 감행한다. 한신이 뛰어난 인물임을 알았던 소하는 한신을 데려오기 위해 그의 뒤를 쫓았다. 사진은 소하가 달아나는 한신을 쫓아갔던 곳이다.

은 소하에게 재능을 인정받았지만 그 소식이 유방에게는 좀처럼 전해지지 않았다. 기다리다 못해 지쳐버린 한신은 유방이 한중으로 들어갈 즈음 탈주를 감행했다.

이를 알고 '소하가 한신을 뒤쫓았다(소하추한신蕭何追韓信)'. 이 사실이 "소하가 달아났다"는 말로 유방에게 잘못 전달됐다. 유방은 격노했다. 얼마간 시간이 지난 뒤 소하가 돌아오자 유방은 고함을 치며 도망간 이유를 물었다. 소하가 도망간 사람을 쫓아간 것이라고 대답하니 유방이 "하루에도 몇 십 명이나 되는 장수가 도망친다. 그땐 가만히 있던 사람이 왜 한신만은 쫓아갔느냐"고 또다시 소리쳤다. 그러자 소하가 말했다.

"장수를 얻기란 쉬운 일입니다. 그러나 한신은 '나라 안에 비교할 만한 사람이 없는 뛰어난 인재(국사무쌍國士無雙)'입니다. 왕께서 한중의 왕으로 만족하실 것이라면 한신은 필요 없습니다. 그러나 천하를 다툴 결의를 갖고 계신다면 한신은 없어선 안 될 존재입니다."

▌유방이 한신을 대장군에 임명했던 배장단拜將壇의 모습이다.

이 말을 듣고 유방은 한신을 중용하기로 결심했다. 소하는 그저 장군 정도로는 지나치게 가벼운 대우라고 주장했다. 유방은 마침내 한신을 대장군으로 발탁했다. 유방의 두터운 신임을 보여주기 위해 특별히 높은 대를 쌓고 엄숙한 임명식을 거행했다.

식이 끝난 뒤 유방은 무릎을 맞대고 한신과 이야기를 나누었다. 한신은 항우의 단점과 유방의 장점을 헤아림과 동시에 앞으로 행할 전략을 구체적으로 제시했다. 유방은 크게 기뻐했다.

_ 이상 제92 「회음후열전」, 제8 「고조본기」, 제7 「항우본기」

필부의 용기 ·
부인네의 인자함

필부지용匹夫之勇 ·
부인지인婦人之仁

한신이 항우를 평하며 한 말이다. '필부의 용기'란 혈기만 왕성하고 도리를 분별하지 못하는 사나이가 제멋대로 행동하는 천박한 용기를 가리킨다. '부인네의 인자함'이란 어질기는 하지만 여자의 마음같이 나약하다는 뜻이다. 항우의 용기와 인자함이란 결국 보잘것없다는 한신의 평가다. 출전 제7 「항우본기」

사면초가에 빠진 항우

유방의 반격

항우의 논공행상에 불만을 품은 사람이 적지 않았다. 그 때문에 1년도 되지 않아 제와 조에서 반란이 일어났다. 이때 상황을 지켜보던 유방이 행동을 개시했다. 한신의 계책에 따라 옛길을 이용해 북쪽으로 군사를 내보냈다.

유방은 진창陳倉에서 장한을 깨뜨리고 옹雍 땅을 평정했다. 나아가 농서·북지·상군 등을 평정한 뒤 동쪽으로 진군하는 한편 항우에게 서신을 보내 자신의 목적은 오직 관중뿐이라고 말했다. 유방의 말을 믿은 항우는 제와 조를 평정하는 데 힘을 쏟으며 서쪽은 돌아보지 않았다. 이때 항우가 구강왕九江王 경포黥布에게 원군을 요청했지만 경포는 병을 평계로 출격하지 않고 부장을 시켜 겨우 수천 명의 병사만을 보내왔다.

한왕 2년인 기원전 205년, 유방은 한신을 선봉으로 삼고 빠르게 진격했다. 2월에는 진나라의 사직단을 허물고 한나라의 사직단을 세웠다. 3월에는 신성新城의 삼노三老(교화를 담당한 지방관)에게 의제의 최후에 대한 이야기를 상세히 전해 들었다. 유방은 의제를 위해 상을 발하고 사흘 동안 근신했다. 그리고 각 제후들에게 사신을 파견해 의제의 원수를 갚자고 선동했다.

4월, 유방은 항우가 제 땅에서 힘겹게 싸움을 벌이고 있는 틈을 타 56만 명의 대군을 이끌고 팽성으로 쳐들어갔다. 대군이라고는 하지만 대부분이 형세를 살피며 갑작스럽게 모인 오합지졸이었다. 따라서 성안에 들어서자마자 순식간에 질서가 무너졌다. 수많은 병사가 약탈자로 돌변해 재물과 부녀자를 탐내며 돌아다녔고, 매일같이 연회를 열며 법석을 떨었다.

한편 팽성이 함락됐다는 소식을 들은 항우는 싸움터를 부장에게 맡긴 뒤 정병 3만 명을 이끌고 팽성을 향해 지체 없이 달려갔다. 한창 들떠 있던 한군은 수적으로 엄청난 우위에 있었음에도 힘 한 번 제대로 써보지 못하고 연전연패했다. 유방은 초군에게 쫓겨 순식간에 위기일발의 상황에 빠졌다. 그때 갑자기 서북쪽에서 큰 모래바람이 불어왔다. 유방은 모래바람으로 주위가 온통 어둠에 휩싸인 틈을 타 수십 기만을 거느린 채 달아날 수 있었다.

초군은 집요하게 추격을 계속했다. 당시 유방은 수레를 타고 도망치고 있었는데, 수레를 가볍게 해 더 빨리 달아나려고 함께 타고 있던 자신의 아이들을 세 번이나 수레 밖으로 밀어냈다. 그때마다 하후영이 아이들을 끌어올려 다행히 별 탈 없이 도망칠 수 있었다. 유방은 형양滎陽까지 도망해온 뒤에야 겨우 평정심을 되찾았다. 관중을 지키고 있던 소하가 새로운 병사들을 모아 보내주었기 때문에 한군은 태세를 정비해 추격해온 초군을 격퇴할 수 있었다.

6월, 유방은 여부인이 낳은 아들(훗날 혜제)을 세워 태자로 삼고 그에게 형양을 지키게 했다. 그 후 유방은 수공 전략을 사용해 폐구廢丘를 함락시켰다. 이 전투에서 패배한 장한은 자살로 생을 마감했다.

_ 이상 제7 「항우본기」, 제8 「고조본기」, 제6 「진시황본기」

반간계에 걸려든 항우

한왕 3년(기원전 204년), 유방은 한신과 장이張耳에게 명해 조를 토벌하게 하는 한편, 자신은 형양에서 초군과 대치했다. 한군은 초군에 의해 식량 보급로가 차단당해 먹을 것이 부족한 상황이었다. 유방은 형양 이동은 초, 이서는 한의 영토로 삼아 휴전하자고 제안했다. 항우는 이를 받아들이려 했지만 범증이 반대했기 때문에 화의는 성립되지 않았다.

상황이 이렇게 되자 유방은 계략을 써 초군의 기세를 꺾는 수밖에 없다고 생각했다. 유방은 진평陳平의 계책에 따라 반간계를 시도해보기로 했다. 유방은 진평에게 황금 4만 근을 주고 계책을 실행하도록 했다. 진평은 금품을 마구 뿌려 초군 내부에 다음과 같은 소문이 퍼지게 만들었다.

"장군 종리매鍾離眛는 공적이 많음에도 영지를 받아 왕이 될 수 없다. 그래서 한과 손을 잡아 항씨를 멸망시키고 땅을 나눠 가진 뒤 왕이 되려 한다."

소문을 들은 항우는 종리매를 의심하며 믿지 않게 되었다. 진평은 다시 범증에 관한 나쁜 소문을 퍼뜨렸다. 우선 항우의 사신이 찾아왔을

■항우와 유방이 약 2년 반 동안 대치했던 정주 광무산의 한패이왕성漢覇二王城 모습이다.

때 아주 공을 들여 계략을 펼쳤다. 사신에게 대접할 음식을 최고급으로 준비해두었다가 사신의 얼굴을 본 순간 "아보亞父(범증을 말함)의 사신인 줄 알았더니 항우의 사신이 아닌가"라고 말하며 최고급 음식을 물리고 조잡한 음식으로 바꿔 내오게 했다. 사신이 돌아가 이 일을 보고하자 항우는 범증을 크게 의심하게 되었다. 범증은 형양을 급습하자고 진언했지만 항우는 범증에게 다른 꿍꿍이가 있다고 의심해 들으려 하지 않았다. 범증은 자신이 의심받고 있음을 알고는 화를 내며 말했다.

"천하의 일은 거의 결정되었소. 이제 나머지 일은 그대가 스스로 거두시오. 나는 물러가겠소이다."

항우는 이를 허락했다. 범증은 팽성으로 향했지만 도착하기 전에 등에 생긴 종기가 악화돼 숨을 거두고 말았다.

초군의 힘이 상당히 약해졌지만 그럼에도 한군이 열세인 상황은 바뀌지 않았다. 어느덧 식량이 바닥을 보일 즈음 부장인 기신紀信이 진언했다.

"사태가 심각합니다. 제가 왕 대신 한왕이라 칭하며 초군을 속이겠습니다. 왕께서는 몰래 포위망을 뚫고 도망가십시오."

유방은 밤이 되기를 기다려 여자와 병사 2천 명을 동문을 통해 내보냈다. 그러고는 "성안의 식량이 다 떨어져 한왕은 항복하기로 했다"는 말을 전하도록 했다. 그들은 노란 비단 장막이 쳐진 수레를 경호하는 것처럼 꾸몄다. 물론 수레 안에는 기신이 앉아 있었다. 초군이 이곳에 신경쓰고 있는 사이, 유방은 수십 기만을 거느리고 서문으로 탈출해 성고成皐로 도망쳤다. 기신이 속임수를 쓴 것임을 알게 된 초군은 그를 불태워 죽였다.

_ 이상 제57 「진승상세가」, 제7 「항우본기」, 제8 「고조본기」, 제6 「진시황본기」

한신, 대권의 향방을 결정하다

한왕 4년(기원전 203년), 항우가 군사를 진격시켜 성고를 에워쌌다. 유방은 하후영과 단둘이 수무修武로 빠져나가 한신에게서 군사를 거둬들였다. 그러고는 한신에게 다시 제를 공략하라고 명했다.

한군은 성고를 잃었지만, 공鞏이란 곳에서 초군의 침공을 저지했다. 그사이 팽월彭越이 동아東阿에서 배반해 초군의 배후를 위협했다. 항우는 대사마大司馬 조구趙咎 등에게 "성고를 사수하라. 한군이 싸움을 걸어오면 자중하되 결코 밖으로 나가지 말라. 한군을 붙들어두기만 하면 된다. 나는 팽월을 죽이고 15일 뒤에 반드시 돌아올 것이다"라는 당부의 말을 남기고 동쪽으로 향했다.

처음에 조구는 항우의 말을 잘 지켰다. 그러나 한군에게 닷새, 엿새 계속해서 모욕을 당하자 마침내 참지 못하고 성문을 열었다. 한군은 초군을 철저히 깨부수고 대승리를 거두었다. 패배한 조구는 자살했다. 이 무렵 한신이 제를 평정했다.

조구의 패배 소식을 들은 항우는 곧바로 성고로 돌아왔다. 초와 한 양군은 광무산廣武山 계곡을 사이에 두고 대치했다. 유방은 항우가 범한 12가지 죄악을 하나하나 헤아리며 비난했다. 항우는 유방의 아버지를 인질로 삼아 항복하라고 압박했다. 그러나 유방은 전혀 동요하지 않고 이렇게 말했다.

"나는 회왕의 신하가 되어 너와 함께 형제의 맹약을 맺었다. 그러니 내 아버지가 곧 네 아버지이기도 하다. 그래도 아비를 삶아 죽이겠거든 내게도 삶은 국 한 사발을 나눠달라!"

항우는 격노했지만 항백이 말리는 바람에 유방의 아버지를 죽이지는 않았다. 이에 항우는 1대 1 승부를 제안했다. 유방은 이 제안에 응하지 않고 "싸움은 힘으로 하는 것이 아니라 지혜를 겨루는 것이다"라고 말하며 항우를 조롱했다. 성이 난 항우가 쇠뇌를 쏘아 유방의 가슴에 명중시켰다. 그러나 유방은 "발가락에 맞았다"라고 말하며 짐짓 여유를 부

고사성어

자웅을 결이다

결일자웅次一雌雄

항우는 광무산에서 유방과 대치할 때 "바라건대 그대와 나 단둘이 싸워 자웅을 겨뤄보자. 그래야 천하 만민이 고통받지 않을 것 아닌가?"라고 말했다. 이 고사 이후 둘 사이의 우열을 따질 때 '자웅을 결하다'라고 말하게 되었다. **출전 제7 「항우본기」**

렸다. 뜻밖에 상처가 깊었지만 장량은 힘들더라도 태연한 척 해야 한다고 말했다. 유방이 고통을 참고 군영을 돌며 군사들에게 진정하라고 당부하니 모두 안도했다.

그때 동방에서는 한신이 항우의 부장인 용저龍且를 죽음으로 몰아넣고 있었다. 한신은 유방에게 다음과 같이 보고했다.

"제의 사람들은 거짓말이 많고 쉽사리 마음이 뒤바뀌어 배반하기를 밥 먹듯 해왔습니다. 남으로는 초와 경계를 접하고 있으므로 임시 왕이라도 세우지 않으면 안정되지 않을 것입니다. 통치를 안정시키기 위해 저를 임시 왕으로 임명해주십사 청원 드립니다."

임시이긴 했지만 자신과 같은 왕의 반열에 오르겠다는 한신의 보고를 받고 유방은 격노했다. 그때 장량과 진평이 유방의 발을 살짝 밟으며 귓가에 속삭였다.

"한은 지금 불리한 형세에 처해 있습니다. 이 기회에 한신을 왕으로 세우고 크게 대우해주는 것이 좋습니다. 그렇지 않으면 엉뚱한 사태가 벌어질지도 모릅니다."

유방은 퍼뜩 정신을 차리고 사신에게 이렇게 말했다.

"장사가 제후를 평정한 이상 진짜 왕이 되는 것이 마땅하다. 임시 왕 따위가 다 뭐란 말인가!"

물을 등지고 진을 치다
또는 배수지진背水之陣
배수진背水陣

한신은 조를 공격할 때 상식을 깬 병법을 사용했다. 강을 등 뒤에 두고 진을 쳤던 것이다. 도망칠 곳이 없었던 한군은 필사적으로 싸움에 임해 승리를 거두었다. 이 고사 이후 실패가 허용되지 않는 상황에서 전력을 기울여 노력할 때 '배수진을 친다' 혹은 '배수진으로 임한다'라는 말을 사용하게 되었다. **출전 제92「회음후열전」**

유방은 장량을 한신에게 보내 정식 제왕으로 삼았다. 한편 용저가 죽었다는 보고를 받은 항우는 무섭武涉이라는 자를 한신에게 보내 화의를 청했다. 그러면서 천하를 셋으로 나누어 차지하자는 '천하삼분天下三分'을 제안했다. 그러나 한신은 이를 거절했다.

제의 괴통蒯通이라는 사람도 한신에게 자립하라고 권했지만 한신은 자신에게 잘 대해준 유방의 은혜를 저버릴 수 없다며 받아들이지 않았다.

_ 이상 제7 「항우본기」, 제8 「고조본기」, 제92 「회음후열전」

마지막 결전, 해하 전투

한군은 식량이 넉넉했지만 초군은 양곡이 부족한 데다 병사들의 피로 또한 극에 달한 상태였다. 이때 유방이 "맹약을 맺고 천하를 양분해 홍구鴻口 이서를 한의 영토, 홍구 이동을 초의 영토로 삼자"는 제안을 해오자 항우는 이에 동의하고 인질로 잡고 있던 유방의 부모와 처자를 보내주었다.

맹약이 이뤄진 뒤 항우는 동쪽으로 이동했다. 유방 또한 서쪽으로 돌아가려 했는데 장량과 진평이 다음과 같이 진언했다.

"한은 지금 천하의 태반을 차지했고, 제후들도 모두 한의 편을 들고 있습니다. 반면 초는 병사들이 피곤에 지쳐 있고 식량도 바닥을 드러낸 상태입니다. 이는 하늘이 초를 멸망시키려는 징조입니다. 적의 굶주림을 틈타 천하를 취하는 것이 상책입니다. 지금 항우를 치지 않으면 호랑이를 길러 화근을 남기게 될 것입니다."

유방은 두 사람의 계책에 따랐다.

한왕 5년(기원전 202년), 유방은 제후들에게 기일을 정해 함께 초를 치자고 제안했다. 그러나 한신과 팽월 둘 다 움직이려 들지 않았다. 장량에게 상의하자 그가 이렇게 말했다.

"초군에게 승리했음에도 한신과 팽월에게 줄 땅을 정하지 않았습니다. 그들이 움직이지 않는 이유가 여기에 있습니다. 진陳에서 동쪽으로 바다에 이르는 모든 땅을 한신에게 주고, 수양睢陽에서 이북으로 곡성穀城에 이르는 땅을 팽월에게 주도록 하십시오. 그러면 두 사람은 반드시 움직일 것입니다."

유방은 "알겠다"고 답하고는 한신과 팽월에게 사신을 보냈다. 사신이 이 소식을 전하자 한신과 팽월은 곧바로 군을 움직였다. 이리하여 해하垓下에서 천하대세의 승패를 가르는 대전이 벌어졌고, 싸움은 한군의 승리로 끝났다. 밤에 초군은 한군에게 완전히 포위당했다. 이윽고 한군의 진영에서 초의 노래가 들려왔다. 그 노랫소리를 들은 항우는 "한이 벌써 초의 땅을 다 평정했단 말인가? 어찌 저리 초의 사람이 많은가"라고 말하며 놀라워했다('사면초가四面楚歌'라는 유명한 고사성어가 바로 여기서 탄생했다. '주위가 모두 적으로 둘러싸여 고립무원의 상태에 빠진 것'을 말한다*).

항우는 잠자리에 들지 못하고 장막 안에서 술을 마셨다. 항우는 전쟁에 나갈 때마다 늘 우虞라는 이름의 미인을 데리고 다녔다. 그가 즐겨 타는 준마의 이름은 추騅였다. 항우는 비분강개하며 스스로 시를 지어 노래했다.

힘은 산을 뽑고 기운은 세상을 덮는다.
때가 불리하니 추마저 달리려 하지 않는구나.
추가 달리려 하지 않으니 어찌한단 말이냐!
우여, 우여, 어찌한단 말이냐!

초한쟁패

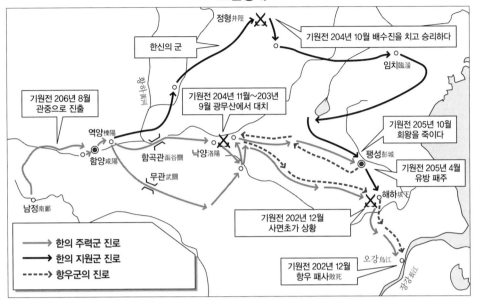

정형井陘

한신의 군

기원전 204년 10월 배수진을 치고 승리하다

임치臨淄

기원전 206년 8월 관중으로 진출

기원전 204년 11월~203년 9월 광무산에서 대치

기원전 205년 10월 회왕을 죽이다

역양櫟陽

함양咸陽

함곡관函谷關

낙양洛陽

팽성彭城

기원전 205년 4월 유방 패주

무관武關

남정南鄭

기원전 202년 12월 사면초가 상황

해하垓下

기원전 202년 12월 항우 패사敗死

오강烏江

→ 한의 주력군 진로
→ 한의 지원군 진로
---▶ 항우군의 진로

역발산기개세力拔山兮氣蓋世

시불리혜추불서時不利兮騅不逝

추불서혜가내하騅不逝兮可奈何

우혜우혜내약하虞兮虞兮奈若何

항우가 이 노래를 부르고 또 부르니 우 미인도 따라 불렀다. 항우의 뺨에는 눈물이 흘렀고, 좌우에 있던 부하들 모두 눈물을 뿌리며 누구 하나 얼굴을 들지 못했다.

_ 이상 제7 「항우본기」, 제8 「고조본기」

하늘이 나를 버린 것이다

항우는 남은 부하들 중 말을 탄 자 8백 명을 이끌고 한밤중에 남으로 달아났다. 한군은 날이 샌 뒤에야 포위망이 뚫린 사실을 알아챘다. 관영灌嬰은 5천 기를 이끌고 항우를 추격했다. 항우가 회수를 건넜을 때 그의 뒤를 따르는 부하는 백여 명으로 줄어 있었다. 항우가 동성東城까지 왔을 때는 그 수가 28명에 지나지 않았다. 추격해오는 한군은 수천 명이었다. 추격군을 따돌릴 수 없겠다고 판단한 항우는 따르는 병사들에게 이렇게 말했다.

"내가 군사를 일으킨 지 벌써 8년이 되었다. 70여 차례의 전투를 치르면서 맞서는 자들은 쳐부수고, 무찌른 자들은 복종시켜 지금까지 한 번도 패배한 적 없이 천하를 차지했다. 그러나 오늘 이렇게까지 내몰린 것은 하늘이 나를 멸망시키려는 것 때문이지 싸움을 잘못한 때문이 아니다. 나는 오늘 죽음을 각오한다. 바라건대 그대들을 위해 결전을 벌여 반드시 세 번 이겨 포위망을 뚫음으로써 하늘이 나를 멸망시키려는 것이지 싸움을 잘못한 때문이 아님을 증명하겠다."

항우는 따르는 기병을 네 개의 대열로 나누어 사방으로 돌격시켰다. 그들은 백 명 이상의 한군을 베어 죽인 뒤 다시 합류했다. 항우의 부하는 단 두 명만 전사했다. 항우가 "어떤가"라고 묻자 모두 "대왕께서 말씀하신 대로입니다"라고 대답했다.

이어 항우는 장강의 나루터인 오강烏江까지 달아났다. 오강의 정장이 배를 한 척 준비해두고 있었다. 정장이 말했다.

"강동은 좁은 곳이지만 그래도 사방 천 리에 수십만의 백성이 있습니다. 왕이 되기에는 충분한 땅입니다. 바라옵건대 대왕께서는 서둘러

장강을 건너십시오. 지금 배를 갖고 있는 이는 저뿐이므로 한군이 와도 건널 수 없습니다."

항우는 웃으며 이렇게 대답했다.

"하늘이 나를 멸망시키려는데 어떻게 나 혼자 건널 수 있는가. 내가 처음 군사를 일으켰을 때 강동의 자제 8천 명을 거느리고 장강을 건넜는데 지금은 한 사람도 살아 돌아오지 못했다. 이게 어찌 면목이 서는 일이 겠으며, 어찌 강동의 사람들을 만날 수 있단 말인가. 설령 그들이 허락해 준다 해도 나 스스로 부끄러워 견딜 수 없다."

항우는 그렇게 말하고 자신의 애마인 추만 태우고 가달라고 부탁했다. 항우는 남은 병사들에게 모두 말에서 내리라고 지시한 뒤 한군과 최후의 싸움을 벌였다. 항우 홀로 수백 명의 한군을 죽였지만 그 자신도 10여 군데에 상처를 입었다.

항우는 한나라 병사 가운데 낯이 익은 자를 발견했다. 항우는 "내 머리에는 천금과 만호의 식읍이 걸려 있다고 한다. 내가 네게 은혜를 베풀도록 하마"라고 말한 뒤 스스로 목을 찔러 목숨을 끊었다. 왕예王翳라는 자가 머리를 잘라 집어 들었고, 다른 병사들이 항우의 나머지 몸을 차지하기 위해 격렬한 쟁탈전을 벌였다. 이 쟁탈전으로 수십 명의 사상자가 나왔다. 결국 항우의 목 아래 몸은 네 명이 나눠 차지했다.

항우가 죽자 초 땅은 모두 한에 항복했다. 유방은 항우를 위해 상을 발하고 눈물을 흘리며 장례식에 참석했다. 항씨 일족들을 죽이지 않았으며, 많은 도움을 준 항우의 숙부 항백에게는 사양후射陽侯라는 작위를 내렸다.

_ 이상 제7 「항우본기」, 제8 「고조본기」

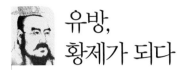

유방,
황제가 되다

황제를 만든 사람들

기원전 201년 정월, 제후 및 장상 일동이 유방에게 황제의 자리에 오르라고 권했다. 유방은 세 차례 사양한 뒤 승낙하고, 2월 갑오일에 범수泛水의 북쪽에서 황제의 자리에 올랐다. 그의 시호는 고조高祖다. 유방은 즉위하자마자 "의제가 죽은 뒤 초에 왕이 없었는데 한신이 초나라 풍습에 익숙하지 않은가"라고 말한 뒤 한신을 제왕에서 초왕으로 옮겼다. 그 뒤 고조는 낙양의 남궁에서 주연을 베풀며 군신들에게 물었다.

"내가 어떻게 천하를 얻었는지, 항우가 어째서 천하를 잃었는지 짐에게 솔직히 이야기해보라."

왕릉王陵이 말했다.

"폐하는 사람을 깔보고 능멸하며, 항우는 인자하고 사람을 사랑합니다. 다만 폐하는 성을 공격해 함락시켰을 때 공로를 세운 자에게 그곳을 맡기는 등 이익을 나누어주셨습니다. 항우는 현자를 의심하고 능력 있는 자를 미워했으며 공이 있는 자를 죽이고 싸움에 이겨도 상을 내리지 않고 토지를 얻어도 나눠주지 않았습니다. 이것이 천하를 잃은 까닭입니다."

고조는 "공은 하나만 알고 둘은 모른다"라며 이렇게 말했다.

"군막 안에서 책략을 짜 천 리 밖 승부를 결정짓는 능력에서는 내가 장량에 미치지 못한다(여기서 '운주유악運籌帷幄, 결승천리決勝千里'라는 고사성어가 나왔다•). 국가를 진정시키고 백성을 보듬으며 병사들에게 안정적으로 식량을 보급한다는 점에서는 내가 소하에 미치지 못한다. 백만의 군사를 조련해 싸우면 반드시 승리하고 공격하면 반드시 취한다는 점에서는 내가 한신에 미치지 못한다. 이 세 사람은 모두 걸출한 인재이고, 나는 이들을 잘 활용했다. 이것이 내가 천하를 얻을 수 있었던 이유다. 항우는 단 한 명 있었던 인재 범증조차 쓰지 못했다. 이것이 항우가 내게 패한 까닭이다."

_ 이상 제8 「고조본기」

장수 위의 장수

또는 장상지장將上之將

선장장善將將

한신이 유방과 편하게 대화하던 중 유방을 평하며 한 말이다. 당시 유방은 한신에게 자신이 장수라면 병사를 얼마나 거느릴 수 있겠느냐고 물었다. 한신은 20만이면 족하다고 대답했다. 이에 기분이 나빠진 유방이 다시 "한신 너는 얼마나 거느릴 수 있느냐"고 물었다. 이때 한신이 '다다익선多多益善'이란 유명한 사자성어를 남긴다. 더욱 기분이 상한 유방은 그렇게 잘난 네가 어째서 내 밑에 있느냐고 추궁했고, 당황한 한신은 폐하는 '장수를 잘 다루는 장수, 즉 '선장장'이라 답하며 상황을 모면하려 했다. 하지만 유방은 이 일 이후 한신을 경계하게 되었고, 결국 한신은 유방에게 토사구팽당하고 만다.

출전 제92 「회음후열전」

천하를 얻은 비결

고조는 낙양에 도읍을 두려 했지만, 유경劉敬과 장량 등이 관중에 도읍할 것을 건의했다. 고조는 그날로 어가를 몰아 관중으로 들어갔다. 그리고 6월, 대대적인 사면령을 내렸다.

고조는 유학자를 싫어했다. 유학자인 육고는 말솜씨만 뛰어난 자로 취급당하고 있었다. 고조가 천하통일을 달성하자 육고는 때때로 『시경』이나 『서경』을 인용하며 그 글들을 치켜세웠다. 그러던 어느 날 고조는 도저히 못 참겠다는 표정으로 육고를 노려보았다.

"나는 말 위에서 천하를 얻었다. 『시경』이나 『서경』이 무슨 역할을 했단 말인가?"

유방의 말에 육고는 이렇게 응수했다.

"말 위에서 천하를 얻었다고 말 위에서 천하를 다스릴 수 있습니까? 은의 탕왕이나 주의 무왕은 무력으로 천하를 취했지만 시대에 적합한 방법에 따랐기 때문에 천하를 유지할 수 있었습니다. 문과 무를 겸용하는 것이 천하를 오래도록 보존하는 비결입니다. 지난날 부차와 지백은 지나치게 무력에만 의존했기 때문에 멸망했고, 진나라는 형벌만을 중시했기 때문에 멸망했습니다. 진나라가 천하를 통일한 뒤 인의의 길을 실천하고 태고의 성스러운 천자들의 모습을 본떠 행동했더라면 어떻게 폐하께서 천하를 취하실 수 있었겠습니까?"

고조는 기분 나쁜 표정을 지었지만 곧 얼굴에 부끄러운 기색을 띠며 육고에게 다음과 같이 부탁했다.

"나를 위해 진나라가 천하를 잃은 원인과 내가 천하를 얻은 까닭, 더 나아가 지난날 여러 나라들의 흥망성쇠의 사정을 글로 적어줄 수 있겠는가?"

육고는 국가의 존립과 멸망의 조짐 등을 망라해 전부 12편의 책으로 정리했다. 한 편씩 완성해 바칠 때마다 고조는 크게 칭찬했고, 측근들은 모두 만세를 외쳤다.

_ 이상 제8 「고조본기」, 제97 「역생육고열전」

무뢰배 같은 동지들

고조는 진의 엄격한 의례와 규칙을 전부 폐지하고 무엇이든 간편하게 만들었다. 그런데 신하들은 조정에서 술을 마시면 온통 자기 자랑을 늘어놓거나 취중에 고래고래 소리를 지르거나 난데없이 칼을 뽑아들고는 기둥에 칼질을 해대곤 했다. 고조는 그런 모습에 넌더리를 냈다. 이에 유학자 숙손통叔孫樋이 진언했다.

"원래 유학을 공부하는 사람들은 소낙비처럼 쏟아지는 화살 속을 내달리며 천하를 다투는 일에는 힘을 못 쓰지만 한번 형성된 질서를 지키는 것에는 능합니다. 과거 노나라의 학자였던 이들을 불러들여 제 휘하의 제자들과 함께 조정의 예의범절을 제정하도록 윤허해주십시오."

여기에 등장하는 숙손통은 과거 진나라 2세 황제 밑에서 벼슬을 한 인물이었다. 그 당시 정론을 주장하는 일 따위 일절 하지 않고 오로지 조고의 마음에 들기 위해 노력했다. 그랬기 때문에 그를 비롯한 다른 유학자들이 숙청당하지 않고 살아남을 수 있었던 것이다.

고조 밑에서 일하게 되면서 숙손통은 자신의 제자들을 추천하는 것은 아직 시기상조라 보고 오로지 완력이 뛰어난 자들만 추천하며 고조의 환심을 샀다. 대단히 뛰어난 처세술을 익힌 인물이라고 할 수 있다.

숙손통의 진언을 들은 고조는 "그게 어려운 일은 아닌가"라고 물었다. 숙손통은 다음과 같이 대답했다.

"삼황이나 오제나 모두 저마다 음악이 달랐습니다. 예라는 것은 시대와 인정에 따라 달라지게 마련이라 어떤 때는 검소하고 어떤 때는 화려합니다. 저는 태곳적 예를 널리 받아들이고, 여기에 진나라의 의례를 결합시켜 새로운 예의범절을 만들어내고자 합니다."

고조는 그리하라고 허락한 뒤 이런 주문을 덧붙였다.

"누가 됐든 알기 쉽고, 내가 실행할 수 있도록 만들어야 한다는 점에 각별히 유의하라."

숙손통은 노나라의 학자 30명과 자신의 제자 백여 명을 데리고 야외에서 줄이나 대나무를 사용해가며 방책을 강구했다. 그때부터 한 달가량 실습을 거듭하며 그 나름대로 형식을 정비했다. 예행연습을 시찰한 고조는 "이런 정도라면 나도 할 수 있겠다"라고 말하고는 만족스런 표정을 지었다.

장락궁長樂宮의 낙성에 맞춰 새로운 의례가 본격적으로 펼쳐졌다. 정열부터 보행, 배알, 음주 등에 이르기까지 세세한 규칙이 정해졌고, 그 규칙을 위반한 자는 관원에 의해 즉각 퇴장당했다. 이른 아침부터 오전 내내 의식이 이어졌지만 도중에 소란을 떨거나 불평하는 사람은 아무도 없었다. 의식이 끝나자 고조는 "내가 오늘에야 비로소 황제가 얼마나 존귀한 존재인가를 알게 되었다"고 술회했다. 고조는 숙손통을 태상太常에 임명하고, 금 5백 근을 하사했다.

_ 이상 제8 「고조본기」, 제121 「유림열전」

혼란을 야기한 논공행상

한 고조 6년(기원전 201년), 고조는 공신들의 논공행상에 착수했다. 그는 소하의 공적을 으뜸으로 쳤다. 부장들 중에 이에 항의하는 사람이 많았다. 고조는 다음과 같은 비유를 들어 그들을 침묵시켰다.

"짐승을 쫓아가는 것은 개의 역할이지만 짐승이 있는 장소를 일러 주는 것은 사냥꾼의 역할이다. 소하는 사냥꾼에, 부장들은 개에 해당한다. 따라서 소하의 공적을 으뜸으로 쳐야 한다."(여기서 고조의 '구공狗功'과 '인공人功'의 논리가 나왔다.•)

장량은 싸움터에서 공적을 올리진 않았지만, 고조는 "계책을 장막 안에서 짜내 승리를 천 리 밖에서 결정한 것은 자방子房(장량의 호)의 공적이다"라고 평했다. 고조는 그에게 제의 땅 3만 호를 영지로 주고자 했다. 장량은 이 제안을 고사하며 자신은 유留의 땅이면 족하다고 말했다. 고조는 장량을 유후로 삼았다.

중요 공신 20여 명의 논공행상은 마쳤지만 나머지 사람들의 논공행상은 1년이 지나도록 결정 나지 않았다. 부장들이 뒤에서 쑥덕공론을 벌이는 것을 보고 고조는 장량에게 도대체 그들이 무슨 말들을 하는 것이냐고 물었다. 장량은 "폐하께서는 정말 모르십니까? 그들은 모반을 계획하고 있습니다"라고 말했다. 지체된 논공행상이 불온한 공기를 형성하고 있었던 것이다. 대책을 묻는 고조에게 장량은 군신들이 모두 고조가 가장 미워하는 사람이라는 것을 알고 있는 인물에게 가장 먼저 상을 베풀라고 간했다. 장량의 말에 따라 고조는 옹치雍齒라는 자를 십방후什方侯에 세웠다. 그러자 뭇 신하들은 "옹치도 후가 되었다. 우리는 걱정할 필요가 없다"고 말하며 마음을 놓았다(여기서 '옹치봉후雍齒封侯'라는 사자성어가 유래했다. 논공행상에 따른 불평불만의 해소 방법을 비유한다●).

고조 6년 12월, 한신에게 모반 혐의가 있다고 밀고하는 자가 있었다. 고조는 진평의 계략에 따라 '운몽雲夢으로 순시를 갈 터이니 제후들은 모두 진陳에 집결하라'는 통지문을 보냈다. 고조는 아무런 의심 없이 진에 도착한 한신을 붙잡아 초왕에서 회음후淮陰侯로 강등시켰다.

고조 7년(기원전 200년), 흉노가 산서로 공격해 들어왔다. 한왕 신信이 이에 호응해 모반을 일으켰다. 고조는 이를 토벌하기 위해 직접 정벌에 나섰다. 하지만 날이 너무 추웠다. 동상으로 손가락을 잃는 자가 열에 두세 명이나 되었다. 힘들게 산서 북부의 평성平城에 도착했지만 그곳에서 그만 흉노의 덫에 빠져 포위당하고 말았다. 고조는 진평의 계책에 따라 7일 만에 겨우 사지에서 벗어날 수 있었다(진평이 어떤 계책을 썼는지에 대해선 기록이 없다. 흉노 선우單于[왕]의 아내에게 은밀히 사람을 보내 '포위를 풀라고 선우를 설득하지 않으면 선우에게 한나라 미녀를 바쳐 총애를 잃게 만들겠다'는 말을 전했을 것이라는 설이 있다●).

고조 8년(기원전 199년), 장안長安으로 돌아온 고조는 새로 지은 미앙궁未央宮의 장대한 모습을 보고는 "천하가 통일된 지 얼마 지나지 않은 데다 불안정한 상태가 계속되고 있는 지금 이 마당에 이렇게 도가 넘친 궁전을 짓다니 도대체 무슨 생각인가?"라고 소하를 질책했다.

소하는 "천하가 아직 정돈되지 않았기 때문에 이런 궁전이 필요한 것입니다. 천자는 사해를 집으로 삼는 분이옵니다. 장엄하고 화려하지 않으면 위엄이 서지 않습니다. 후세의 자손들에게 이 이상의 것을 지을 수 없도록 해두는 것입니다"라고 답했다.

이 말을 듣고 고조는 고개를 끄덕이며 기뻐하는 표정을 지었다.

_ 이상 제8 「고조본기」

태자와 네 명의 장로

고조는 색을 밝히는 사람이었다. 여후 외에도 여러 명의 비가 있었다. 가장 총애한 여인이 척戚부인이었다. 고조는 황태자를 폐하고 척부인이 낳은 조왕趙王 여의如意를 태자로 세우고자 했다. 여후는 매우 걱정스러웠지만 어떻게 해야 할지 도무지 알 수가 없었다. 어떤 사람이 "유후(장량)는 지모가 출중한 분입니다. 그분에게 지혜를 빌려달라고 하시면 어떻겠습니까"라고 진언했다. 여후는 오빠 여택呂澤에게 장량에게 좋은 계책을 물어봐 달라고 부탁했다. 장량이 말했다.

"이걸 말로 설득하기란 어렵습니다. 폐하께는 곁으로 불러들일 수 없는 네 명의 장로(상산사호商山四皓)가 있습니다. 이 네 분은 폐하가 사람을 바보 취급한다고 생각합니다. 그래서 산중으로 숨어들어 가 절의를 지키며 한나라의 신하가 되려 하지 않았습니다. 폐하는 이 네 분을 대단히 존경하고 계십니다. 태자께 겸손한 말투로 편지를 쓰게 하십시오. 금은보화를 아끼지 말고 선물을 마련한 뒤, 앉을 자리가 갖추어진 수레를 준비해 말 잘하는 사람을 그 네 분께 보내십시오. 그 사람으로 하여금 간청하게 한다면 오실지도 모릅니다. 만일 그분들이 오시면 절대 손님으로 대하지 말고 태자께서 행동을 함께하십시오. 그렇게 하면 바라시는 바대로 이뤄질 것입니다."

여후는 장량이 일러준 대로 해, 네 명의 장로를 초빙했다. 과연 어느 주연 자리에서 고조는 태자와 거동을 함께하는 네 장로에게 눈길을 주었다. 성명을 물어본즉, 지난날 자기가 초빙하기를 바라마지 않았던 인물들임을 알게 되었다. 네 사람이 태자를 칭찬하니 고조가 그들에게 말했다.

"귀하께 폐를 끼치는 일이 될지 모르겠으나 아무쪼록 태자를 끝까지 잘 보살펴주시기 바랍니다."

　태자와 네 장로가 자리에서 물러난 뒤 고조가 척부인에게 말했다.

　"태자를 바꿀 생각이었지만 저 네 사람이 보좌하고 있으니 어떻게 할 도리가 없네. 날개가 이미 돋아버렸으니 움직이기 어렵네."

　척부인은 하염없이 눈물을 흘릴 따름이었다.

_ 이상 제8 「고조본기」

고조, 드디어 죽다

고조 10년(기원전 197년) 8월, 조趙의 상국인 진희陳豨가 모반을 일으켰다. 9월, 고조가 친정에 나섰다.

　고조 11년(기원전 196년) 봄, 한신이 모반을 일으킬 것 같다고 밀고하는 사람이 있었다. 여후는 소하의 계책에 따라 거짓 정보를 흘려 한신을 불러낸 뒤 사로잡았다. 그리고 3족을 멸했다. 여름에 양왕梁王 팽월이 모반을 일으켰다. 촉으로 유배를 보냈지만 그곳에서 다시 모반을 일으키려 했기 때문에 3족을 멸했다. 가을 7월, 회남왕淮南王 경포가 모반을 일으켰다.

　고조 12년(기원전 195년) 10월, 고조는 패 땅을 방문했다. 옛 친구와 일족들을 불러 격식을 차리지 않은 연회를 즐겼다. 이때 아이들 120명을 모아놓고 시를 가르쳤다. 술자리가 점점 무르익자 손수 축을 연주하며 '대풍大風'이라는 단어로 시작하는 시를 읊었다. 그리고는 아이들에게 따라 부르게 하며 모두 함께 춤을 추었다. 지난날들이 주마등처럼 머릿속을 스치자 고조는 자기도 모르게 눈물을 떨구었다. 고조는 사람들 앞에서 패를 황제의 직할지로 삼고 영구히 부역을 면제해줄 것을 약속했다. 또한 고조는 부형父兄들의 희망에 따라 풍읍에도 같은 특전을 베풀었다. 이해에 경포와 진희가 모반에 실패하고 목숨을 잃었다.

같은 해 11월, 고조와 한날한시에 태어난 연왕燕王 노관盧綰이 모반을 일으켰다. 고조는 번쾌와 주발周勃에게 토벌을 명했다.

경포를 토벌하러 나섰을 때 화살에 맞아 생긴 상처가 악화되어 고조가 중태에 빠졌다. 여후가 명의를 불러왔다. 의사는 자신 있게 치료할 수 있다고 말했지만 고조는 "나는 서민의 몸으로 태어나 세 자짜리 검을 들고 천하를 누볐다. 이것은 천명이 아닌가! 명은 하늘에 있는 바, 명이 없다면 편작 같은 신의가 온다 해도 절대로 나을 수 없다"라고 버럭 화를 냈다. 고조는 치료를 받지 않고 사례금만을 쥐어준 뒤 의원을 돌려보냈다. 여후가 고조에게 물었다.

"소하가 죽으면 누구를 대신 세울까요?"

고조가 조참의 이름을 거론하자 여후는 그다음은 누구냐고 물었다. 고조가 말했다.

"왕릉이 좋을 게야. 하지만 왕릉은 조금 우직한 데가 있으니 진평에게 보좌를 시키는 게 좋겠지. 진평은 지혜가 넘치지만 그에게 모든 걸 맡

패배한 장수는 군사에 관해 말하지 않는다

불가이언용不可以言勇

패군지장敗軍之將

조趙는 군사軍師인 이좌거李左車의 계책을 무시하다 한신에게 멸망당했다. 승리한 한신은 이좌거를 우대했다. 한신이 이좌거에게 여러 가지로 의견을 묻자 이좌거가 "패배한 장수는 용기를 말하지 않고, 망국의 대부는 살아남기를 꾀하지 않는다"고 말했다. 이 고사에서 '패배한 장수는 군사에 대해 말하지 않는다'는 말이 나왔다. 전쟁에서 진 장군에겐 의견을 피력할 자격이 없다는 의미로 쓰인다.

출전 제92 「회음후열전」

겨두기엔 불안한 구석이 있어. 주발은 너무 중후해서 부드러움이 결여되어 있어. 그러나 유씨 천하를 지킬 이는 틀림없이 주발일 거야. 주발을 태위太尉로 삼으면 좋겠지."

여후는 그다음은 누가 좋겠냐고 물었지만 고조는 "그 뒤는 이제 당신이 알 바가 아닐세"라고 답했다.

4월 갑진일에 고조가 죽었다. 향년 62세. 정미일에 상을 발했다. 대사면령을 내렸다. 고조를 직접 만나 해명할 기회를 엿보고 있던 노관은 고조가 죽었다는 소식을 듣고는 다시 도망가 흉노로 망명했다.

태자가 뒤를 이어 황제가 되었다. 그가 바로 혜제다. 한 혜제 5년(기원전 190년)에 패의 이궁을 고조의 원묘原廟로 삼고 고조에게 시를 배운 아동 120명을 악인樂人으로 삼아 나중에 결원이 생기면 곧바로 보충하도록 했다.

_ 이상 제8 「고조본기」

천려일실 千慮一失,
천려일득 千慮一得

아무리 지혜로운 사람도
천 번을 생각하다 보면
한 번은 실수할 때가 있고,
아무리 못난 사람도
천 번을 생각하다 보면
한 번은 얻는 바가 있다

지혜로운 자도 반드시 잘못을 범하며, 어리석은 자도 때로는 올바른 일을 하는 법이라는 뜻이다. 한신이 연과 제를 칠 방책을 물었을 때 이좌거가 전제로 삼아 했던 말이다. 출전 제92 「회음후열전」

『사기』문답 史記問答

◈ 항우의 패인은 무엇이었나?

유방은 셀 수 없을 만큼 패전을 거듭했다. 이에 비해 항우는 싸움에서 진 적이 별로 없었다. 그런데 어째서 항우가 패했던 것일까?

유방이 분석했던 것처럼 인재 활용 방법에서 그 해답을 찾을 수 있다. 유방의 휘하에는 장량, 소하, 진평이란 문신과 한신이란 무신이 있었다. 이에 비해 항우의 휘하에는 지혜를 갖춘 인재라 할 만한 이가 범증 정도밖에 없었다. 게다가 항우는 반간계에 말려 범증마저 내치고 말았다. 항우에게는 간언을 받아들이고, 다양한 인재를 채용하는 아량이 부족했다. 이것이 항우가 패한 가장 큰 원인일 것이다.

◈ 고조는 왜 공신들을 숙청했나?

항우를 멸망시킬 때까지 유방은 넓은 도량을 보여주었다. 그러나 천하통일을 달성하자 의심 많은 통치자가 되어 한신, 팽월 등 유씨 성이 아닌 제후나 왕들을 차례차례 숙청했다. 성이 다른 제후 중에는 오병吳丙이 다스리는 장사국밖에 남지 않았다. 장사국은 그로부터 5대째까지 이어졌으나 왕위를 물려줄 아들이 없어 단절되고 말았다. 2천 년이 지났음에도 여전히 피부에 탄력이 남아 있어 세상을 놀라게 했던 마왕퇴馬王堆 미라는 장사국을 섬긴 승상의 무덤에서 나온 여성이다.

❖ 장량은 신선이 되었는가?

장량이라는 인물은 신비로운 색채를 띠고 있다. 병서를 준 노인만 해도 그렇다. 노인은 "13년이 지나면 그대는 나를 다시 만나게 될 것이다. 제북 곡성산 기슭에 있는 노란 돌이 바로 나다"라는 말을 남겼다. 과연 그로부터 13년 뒤 장량은 제북을 지나다 곡성산 기슭에서 노란 돌을 발견했다. 장량은 그 돌을 갖고 돌아와 보물 다루듯 했다고 한다. 장량은 유후로 봉해진 뒤 툭하면 "이제 이 세상에 미련은 없다. 신선 적송자赤松子를 따라 놀고 싶을 따름이다"라고 말하며 자기최면을 걸었다. 아울러 일절 곡식을 먹지 않고 특별한 호흡법을 취해 몸을 가볍게 하는 비술을 익혔다고 한다.

죽은 뒤 장량은 노란 돌과 함께 묻혔다고 전해진다. 묘는 하남성 난고현蘭考縣에 있다. 그러나 지방에는 장량이 속세를 버리고 신선이 되었다는 이야기가 여러 형태로 남아 있다. 예를 들어 섬서성 유패현留壩縣에는 장량이 신선이 되어 하늘로 올라갔다는 전설이 있고, 그것을 기념하는 사당이 상당한 규모로 지어져 있다.

6장

문경지치를 이루다,

문제와 경제의 시대

여태후,
왕조 탈취의 야망을 드러내다

여태후의 암약

고조에게는 여덟 명의 아들이 있었다. 장남이자 혜제의 이복형인 비肥는
제왕齊王이 되었다. 비를 제외하고는 모두 혜제의 동생이었다. 척부인의
아들 여의는 조왕, 박薄부인의 아들 항恒은 대왕代王이 되었다. 그 밖의 부
인들에게서 얻은 아들인 회恢는 양왕, 우友는 회양왕淮陽王, 장長은 회남
왕, 건建은 연왕이 되었다. 고조의 동생인 교交는 초왕, 형의 아들 비濞는
오왕이 되었다.

　　여태후는 척부인과 그 아들 여의를 대단히 미워했기 때문에 실권을
쥐자마자 척부인을 옥에 가두는 한편 여의에게 소환령을 내렸다. 그러나
고조의 부탁으로 여의의 후견인이 된 주창周昌이 여의를 장안으로 보내
지 않았다. 여태후는 우선 주창을 장안으로 불러들인 뒤 여의에게 다시

소환령을 내렸다.

여태후는 재빨리 여의를 죽여버리려 했으나 마음씨 착한 혜제가 여의를 감싸고돌며 먹고 자기를 함께했다. 그 바람에 여태후는 살해 기회를 좀처럼 잡을 수 없었다. 혜제 원년(기원전 194년) 12월, 이른 아침부터 여의를 깨우기 안쓰러웠던 혜제는 동생을 놔둔 채 홀로 외출했다. 여태후는 이 틈을 놓치지 않고 여의를 독살했다. 여의가 죽음으로써 조왕의 자리가 비게 되자 회양왕 우를 옮겨 조왕으로 삼았다.

이어 여태후는 척부인 요리에 나섰다. 그녀는 척부인을 쉽게 죽이지 않았다. 척부인의 수족을 절단하고 눈을 도려냈으며, 귀를 불사르고 입을 부숴 말을 못 하게 만들었다. 그러고는 돼지우리에 가둬 사람돼지(인체人彘)라고 불렀다. 며칠 뒤 태후는 혜제를 불러 사람돼지를 보여주었다. 그것이 척부인임을 안 혜제는 크게 울음을 터뜨렸다. 혜제는 태후에게 사람을 보내 "이것은 인간이 행할 도리가 아닙니다. 저는 태후의 아들로서 더는 천하를 다스릴 자신이 없습니다"라는 말을 전했다. 그 뒤 혜제는 주색에 빠져 정치를 돌보지 않았다. 건강이 나빠지는 건 당연한 일이었다.

혜제 2년(기원전 193년), 모든 제후왕이 인사차 장안에 들렀다. 소하가 죽었다.

같은 해 10월, 혜제와 제왕齊王이 함께 술을 마셨다. 혜제는 가족의 예에 따라 형인 제왕에게 윗자리를 양보했다. 이를 본 여태후가 몹시 분노했다. 여태후는 두 개의 잔에 독을 타 제왕 앞에 내놓았다. 제왕이 그중 하나를 쥐고 건배하려 할 때 공교롭게도 혜제가 독을 넣은 또 다른 잔을 들고 말았다. 이를 본 여태후가 당황한 나머지 벌떡 일어나 혜제의 잔을 쳐 바닥에 떨어뜨렸다. 이상하다고 생각한 제왕은 술을 마시지 않은 채 취한 척 그 자리를 빠져나갔다. 나중에 그것이 독주였다는 것을

유씨·여씨 계도

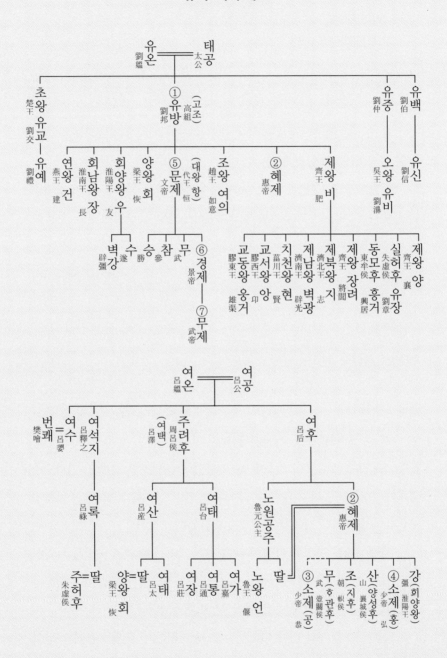

알고는 과연 살아서 장안을 빠져나갈 수 있을까 불안해했다. 이때 측근 중 한 명이 계책을 올렸다.

"태후에게는 자식이 혜제와 노원공주 이 두 명밖에 없습니다. 지금 왕께서는 70여 개의 성을 소유하고 계신 데 비해 공주는 몇 개의 성밖에 지니지 못하고 있습니다. 만약 왕께서 태후에게 군郡 하나를 헌상해 공주의 소유로 해주십사 부탁하면 태후는 필시 기뻐할 것입니다. 그러면 왕의 근심도 덜 수 있을 것입니다."

이 말에 따라 제왕은 성양城陽의 군을 헌상하고 공주를 높여 왕태후라 불렀다. 여태후는 매우 기뻐했고, 덕분에 제왕은 살아서 영지로 돌아갈 수 있었다.

_ 이상 제9 「여태후본기」

여씨 일족의 전횡

혜제 7년(기원전 188년) 가을 무인일, 혜제가 죽었다. 태후는 상을 발하고 곡례哭禮를 행했지만, 눈물은 흘리지 않았다. 당시 열다섯 살이던 장벽강張辟疆(장량의 아들)이 시중을 맡고 있었다. 장벽강은 승상인 진평에게 태후가 눈물을 흘리지 않은 까닭이 무엇인지 아느냐고 물었다. 진평이 모른다며 반문하자 장벽강은 이렇게 대답했다.

"황제에게는 장성한 아들이 없습니다. 그래서 태후는 당신을 두려워하고 있는 것입니다. 여씨 일족을 요직에 앉히자고 진언하면 태후께서는 안심할 것이고, 당신은 액운을 면할 수 있을 것입니다."

진평이 이 말대로 하자 여태후는 크게 기뻐하며 곡례를 올림과 동시에 마음으로부터 눈물을 흘렸다. 이때부터 여씨 일족의 권력이 강화되기 시작했다.

9월에 혜제의 장례식이 거행되고 태자가 즉위해 황제 자리에 올랐다. 이즈음부터 천하에 내리는 호령은 여태후에게서 비롯되었으며, 여태후는 그것을 황제가 하는 것과 같이 '제制'라 칭했다.

여태후는 여씨 일족의 인물을 왕으로 세우고 싶어 우승상 왕릉과 상의했다. 왕릉은 "일찍이 고조께서 백마를 잡아 그 피를 마시며 맹서하시기를 '유씨가 아닌 왕이 나온다면 천하가 모두 나서 이를 쳐라'라고 하셨습니다. 지금 여씨 일족을 왕으로 삼는 것은 고조의 맹서를 저버리는 것이 됩니다"라고 말하며 반대했다.

왕릉의 대답이 마음에 들지 않았던 여태후는 진평과 주발에게 다시 상담했다. 두 사람은 여태후가 흡족해할 만한 답을 주었다. 왕릉이 진평과 주발을 책망하자 두 사람은 이렇게 말했다.

"조정에서 대놓고 옳고 그름을 따진다는 점에서 우리는 당신에게 미치지 못하오. 하지만 국가를 편안하게 만들고 유씨 혈족을 안전하게 지킨다는 점에서는 당신이 우리에게 미치지 못하오."

이 말을 듣고 왕릉은 더 이상 아무 말 하지 않았다.

11월, 여태후는 왕릉을 내쫓기 위해 그를 황제의 태부太傅로 삼았다. 여태후의 의도를 알아차린 왕릉은 병을 핑계로 자리를 내놓고 향리로 돌아갔다. 여태후는 좌승상 진평을 우승상으로 삼고, 이전부터 총애해온 심이기審食其를 좌승상으로 삼았다. 좌승상에게는 낭중령처럼 오로지 궁중의 감독만을 시켰다.

여후 원년(기원전 187년) 4월, 여태후는 고조의 공신을 후로 봉했다. 나아가 여씨 일족 몇몇을 왕과 후에 봉했다.

여후 4년(기원전 184년), 여씨 일족 인물 네 명을 후로 삼았다.

혜제의 황후에게는 아들이 없었다. 그래서 황후가 임신한 것처럼 속이고는 후궁 가운데 한 사람이 낳은 아이를 취해 아들이라 했다. 친모를 죽이고 그 아이를 태자로 삼으니, 혜제가 죽고 즉위한 인물이 바로 이 태자였다.

성장한 황제는 자신의 출생에 의문을 품고 친모의 복수를 생각하게 되었다. 이를 안 여태후가 황제를 좁은 방에 가둬버렸다. 그러고는 사람들에게 "황제가 중병에 걸렸다"고 둘러댔다. 여태후는 황제를 폐위한 뒤 살해했다.

5월 병진일에 상산왕常山王 의義를 세워 황제로 삼았다. 지후조軹侯朝를 상산왕으로 삼고, 태위의 관직을 신설해 주발을 그 자리에 앉혔다.

여후 7년(기원전 181년) 정월 정축일에 조왕 우가 옥사했다. 여씨 일족의 여인을 후로 삼았던 우는 그 여인이 아닌 다른 여인을 총애했다. 그 때문에 여태후의 미움을 사 결국에는 비참한 최후를 맞고 말았던 것이다.

같은 달 기축일, 일식이 일어나 온종일 어두웠다. 태후는 이것을 좋지 않게 여겨 좌우 사람들에게 "이것은 내 탓이리오"라고 말했다.

여후 8년(기원전 180년) 3월, 여태후가 걸어가는데 푸른 개(창견蒼犬)처럼 생긴 것이 나타나 여태후의 옆구리 밑을 끌어당기고는 곧바로 사라졌다. 점을 쳐보니 "조왕 여의의 현신이다"라는 점괘가 나왔다. 얼마 뒤 여태후의 옆구리에 탈이 났다.

7월이 되어 여태후의 용태가 악화되었다. 최후의 순간이 다가왔다고 직감한 여태후는 여씨 일족 인물들을 요직에 앉힘으로써 만일의 상황에 대비토록 했다.

_ 이상 제9 「여태후본기」

▌유방이 죽은 뒤 그의 아내 여태후가 실질적인 권력을 차지했다. 이로부터 여씨 일족의 전횡이 시작되었다.
사진은 섬서성 함양시에 있는 여태후릉의 모습이다.

여씨 일족, 주살당하다

신축일에 여태후가 죽었다. 여산呂産을 상국, 심이기를 황제의 태부로 삼
았다. 여씨 일족은 권력을 완전히 장악하기 위해 난을 일으키려 했지만
고조 때의 중신인 주발과 관영을 두려워해 선뜻 행동으로 옮기지 못했다.

8월, 제왕齊王 양襄(비의 아들)이 여씨 타도를 외치며 군사를 일으켰
다. 상국인 여산 등은 관영에게 제왕을 치라고 명했다. 형양에 도착한 관
영은 "여씨 일족은 군사를 관중에 모아놓고 유씨를 위태롭게 해 왕조를
빼앗으려 한다. 지금 내가 제왕을 깨뜨리고 귀환한다 해도 이는 여씨를
유리하게 할 뿐이다"라고 말하고는 제왕과 제후들에게 사신을 보내 함께
힘을 합쳐 여씨 일족을 주살하자고 역설했다.

한편 수도에서는 주발과 진평이 행동에 나섰다. 두 사람은 상장군
여록呂祿의 두터운 신임을 받고 있던 역상酈商을 위협해 "수도 치안을 맡

▎주발(왼쪽)과 진평(오른쪽)은 조용히 때를 기다리다 여태후가 죽고 기회가 찾아오자 마침내 여씨 일족을 궁에서 몰아냈다.

은 북군의 병권을 주발에게 넘기도록 여록을 설득하라"고 말했다. 주발은 병권을 장악하자 곧바로 군문으로 들어가 "여씨 일족을 위해 싸우고자 하는 사람은 오른쪽 어깨를 드러내고, 유씨를 위해 싸우고자 하는 사람은 왼쪽 어깨를 드러내라"라고 외쳤다. 군중의 병사들은 모두 왼쪽 어깨를 드러내며 유씨에게 충성하겠다는 의사를 표명했다.

진평은 제왕의 아들인 주허후朱虛侯 유장劉章을 불러 주발을 보좌토록 했다. 주발은 유장에게 병사 천여 명을 주면서 바로 궁중으로 공격해 들어가라고 명했다.

궁중에 진입한 유장은 상국 여산을 발견하고 즉시 달려들었다. 이때 갑자기 큰 바람이 몰아쳐 주변이 혼란스러워졌다. 이 때문에 여산의 시종들은 맞서 싸워보지도 못하고 제압당하고 말았다. 여산은 변소로 도망쳤지만 바로 발각되어 목숨을 잃었다.

유장의 보고를 받은 주발은 크게 기뻐하며 "염려스러웠던 것은 여산뿐이었는데, 이로써 천하는 안정되었다"라고 말하고는 곧바로 사람들을 보내 여씨 일족을 모조리 제거했다.

임술일에 심이기를 다시 승상으로 삼았다. 또한 유장을 파견해 제왕에게 군사를 거둬들여도 좋다는 소식을 전했다. 관영도 군사를 추슬러 귀도에 올랐다. 이리하여 여러 대신들이 모인 회의가 열렸다.

"소제少帝와 양왕, 회양왕, 상산왕은 모두 혜제의 친아들이 아니다. 여태후가 여씨 세력을 강화하기 위해 다른 사람의 아이를 데려와 친아들이라 속이고는 그 자리에 앉힌 것이다. 이제 여씨 일족은 멸망했다. 여씨가 세운 황제와 제왕을 그대로 놔두면 그들이 커서 다시 보복할 것임에 틀림없다. 그러니 고조의 피를 이어받은 여러 왕들 가운데 가장 현명한 분을 뽑아 황제의 자리에 앉히는 것이 바람직하다."

어떤 사람이 제왕齊王을 추천했다. 그러나 외척의 전횡에 지칠 대로 지친 중신들은 난색을 표했다. 제왕의 어머니 쪽 일족의 평판이 매우 나빴기 때문이다.

다음으로 회남왕을 세우자는 사람이 있었다. 그러나 회남왕은 아직 나이가 어린 데다 그쪽 외척의 평판 역시 나빴기 때문에 이 또한 기각되고 말았다.

왼쪽 어깨를 드러내다
좌단左袒

한쪽에 가담하겠다는 의사를 드러낼 때 취하는 행위를 나타내는 단어다. 주발이 여씨를 토벌할 당시 사용한 말에서 유래했다. 반면 오른쪽 어깨를 드러내는 우단右袒은 대개 사과의 뜻을 나타낸다. 출전 제9 「여태후본기」

결국 모든 신하들의 찬성을 얻은 인물이 바로 대왕代王이었다. 고조의 친아들로서 연령도 적당한 데다 자애롭고 덕이 두터우며 어머니 박부인 또한 선량하다고 알려져 있었다. 이리하여 대왕에게 사자가 파견되었다.

_ 이상 제9 「여태후본기」

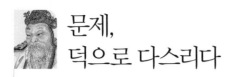

문제,
덕으로 다스리다

새로운 황제의 새로운 시대

생각지도 못했던 엄청난 요청을 받은 대왕은 곤혹스러웠다. 측근들과 논의했지만 의견이 분분했다. 어머니인 박부인과도 상의했으나 쉬이 결론이 나지 않았다. 결국 거북 뼈 점을 쳐봤더니 '천왕이 될 것이다'라는 점괘가 나왔다.

대왕은 더더욱 신중을 기했다. 외숙부인 박소薄昭를 주발에게 보내상세한 경위를 들어보도록 했다. 그러고도 두 번이나 사양한 뒤 마침내황제의 자리에 오르겠다는 뜻을 전했다.

윤9월 그믐날, 대왕은 장안에 있는 자신의 저택으로 들어갔다. 대왕은 여기서 다시 신하들의 추대를 받고는 두 번 더 사양한 뒤 황제 자리에 오르겠다고 승낙했다. 이가 바로 문제文帝(재위 기원전 180~157년)다.

문제 원년(기원전 179년) 10월, 문제는 진평을 좌승상, 주발을 우승상, 관영을 태위로 삼고 여씨 일족이 빼앗은 제와 초의 옛 땅을 모두 원래의 왕들에게 넘겨주었다.

한번은 문제가 우승상 주발에게 재판 건수에 대해 물은 적이 있었다. 주발이 모른다고 대답하자 이번에는 화폐와 곡물에 대해 물었다. 주발은 그 질문에도 만족할 만한 대답을 하지 못한 채 식은땀을 흘리며 어쩔 줄 몰라 했다. 문제는 진평에게 같은 질문을 했다. 진평은 "각각 담당자가 있으니 그 사람에게 물어보시지요"라고 대답했다. 문제가 "그렇다면 그대들이 하는 일이 무엇이냐"고 다그치듯 묻자 진평이 이렇게 말했다.

"승상이란 위로는 천자를 도와 음양의 기운을 조화롭게 만들고 춘하추동 사계절에 순응토록 조율하며, 아래로는 조수초목鳥獸草木과 만물이 가장 잘 자라도록 하고, 밖으로는 사방의 오랑캐와 제후들을 위무하며 안으로는 인민을 편안케 하는 한편 경대부들이 저마다 제대로 일할 수 있도록 감독하는 것입니다."

진평의 대답을 들은 문제는 크게 만족스러워했다. 황제 앞에서 물러난 후 주발은 어째서 대답하는 방법을 가르쳐주지 않았느냐고 진평을 책망했다. 진평은 "그만한 지위에 있으면서 그것을 모른단 말인가. 만약 폐하께서 수도의 도적 숫자를 물어보신다면 어떻게 해서든 조사해서 답할 생각이란 말인가"라고 말하며 놀려댈 뿐이었다. 이때 주발은 자신의 재능이 진평에게 훨씬 못 미친다는 사실을 깨달았다.

11월, 주발에게 다음과 같이 충고하는 사람이 있었다.

"당신은 여씨 일족을 제거하고 대왕을 옹립한 후 위광을 천하에 떨치고 계십니다. 게다가 큰 상을 받아 존귀한 지위에 오르고 천자의 총

▌문제는 제위에 있던 23년 동안 소박하고 검소하게 생활했다. 제후와 백성을 덕으로 다스리니 온 나라가 풍요로워지고 예의범절이 널리 퍼졌다. 사진은 문제가 묻힌 패릉의 모습이다.

애마저 받고 계십니다. 이것이 오래가면 언젠가 재앙으로 변해버릴 것입니다."

그 말이 옳다고 생각한 주발은 병을 핑계 대고 사직했다.

12월, 문제는 연좌죄에 대해 논의하라는 명을 내렸다. 그 결과 연좌죄를 폐지하기로 결정했다.

문제 2년(기원전 178년) 정월, 중신들의 진언에 따라 태자를 세웠다.

3월, 중신들의 진언에 따라 두씨竇氏를 황후로 세웠다.

10월, 진평이 죽자 다시 주발을 승상으로 삼았다.

11월 그믐날과 12월 5일에 일식이 있었다. 문제는 신하들에게 황제에게 과실이 있는 것은 아닌지 생각해보고, 혹 떠오르는 것이 있으면 상주토록 하라는 명을 내렸다.

문제 3년(기원전 177년) 11월, 지방의 땅을 받아 후에 봉해졌음에도 수도에 남아 있는 이들을 각기 그들의 봉지로 돌려보냈다. 이에 따라 주발이 승상의 직을 내놓았고 뒤이어 관영이 승상이 되었다. 5월, 흉노가 북지군北地郡에 쳐들어와 약탈을 자행했다.

6월, 문제는 관영을 파견해 흉노를 치게 했다. 흉노가 퇴각하자 문제는 태원에 다녀왔다. 이 소식을 듣고 제북왕濟北王이 반란을 일으켰지만, 8월에 평정됐다.

문제 6년(기원전 174년), 회남왕이 법을 어기자 왕의 지위를 삭탈하고 촉으로 유배를 보냈다.

_ 이상 제10 「효문본기」, 제56 「장승상세가」, 제57 「강후주발세가」

악형을 폐지하다

문제 13년(기원전 167년) 5월, 제의 태창령太倉令인 순우공淳于公이 죄를 지어 투옥되었다. 그에게는 아들이 없고 딸만 다섯이 있었다. 체포되었을 때 순우공은 딸들을 욕했다.

"계집애들은 도대체 쓸모가 없어."

딸 제영緹縈은 매우 슬퍼하며 끌려가는 아버지의 뒤를 따라 장안까지 왔다. 그러고는 글을 올려 이렇게 호소했다.

"아무쪼록 저를 관청의 노예로 삼아 아버지의 죄를 속죄할 수 있게 해 주십시오. 그래서 아버지께 새로운 인생을 살 수 있는 기회를 주십시오."

제영이 올린 글은 문제에게까지 전달되었다. 문제는 그 마음 씀씀이를 가상히 여겨 문신이나 코 베기 같은 육형을 없애라고 명했다.

문제 14년(기원전 166년) 겨울, 흉노가 변경을 침범해 조나朝那를 지키는 북지도위北地都尉를 죽였다. 문제는 세 명의 장군에게 10만의 군사를 주어 농서군, 북지군, 상군에 주둔하도록 명했다. 문제는 전선으로 위문을 가고, 직접 군을 이끌고 출전하려고도 했지만 황태후가 말려 그만두었다. 대신 장상여張相如를 대장군, 난포欒布를 장군으로 삼아 출격시켰다. 흉노는 패하여 도망갔다.

당시 노의 공손신公孫臣이라는 인물이 글을 올려 시종일관 5덕에 대해 설파했다.

"지금은 토덕의 때이옵니다. 토덕이 되면 황룡이 나타나게 마련입니다. 역법, 복색, 제도 등을 바꿔야만 하옵니다."

문제가 중신들에게 의견을 물었더니, 승상 장창張蒼이 나서 말했다.

"지금은 수덕이 뚜렷하게 드러나기 시작했으므로 10월을 한 해의 시작으로 삼고 흑색을 숭상해야 하옵니다."

이 말을 듣고 문제는 공손신의 진언을 받아들이지 않았다.

문제 15년(기원전 165년), 천체를 관찰하는데 옹 땅에서 28수 가운데 하나인 성기成紀의 별자리에 황룡이 나타났다. 문제는 공손신을 불러들여 박사로 삼고, 옹 땅에서 오제에게 제사를 드렸다.

문제 16년(기원전 164년), 문제는 위양渭陽에서 오제의 제사를 행하고, 붉은색을 숭상했다.

문제 17년(기원전 163년), '인주연수人主延壽'라는 글자가 새겨진 옥배를 얻자 문제 17년을 원년元年으로 바꾸고, 천하에 성대한 축하 연회를 열도록 했다.

_ 이상 제10 「효문본기」

진정한 장수

후원後元 6년(기원전 158년) 겨울, 흉노가 상군과 운중군雲中郡을 침공했다. 영면令勉을 거기장군車騎將軍으로 삼아 비고飛弧에, 소의蘇衣를 장군으로 삼아 구주句注에, 장무張武를 북지군에 파견하는 한편 유례劉禮를 패상에, 서려徐厲를 극문棘門에, 주아부周亞夫(주발의 아들)를 장군으로 삼아 세류細柳에 주둔시켰다.

문제는 군을 위로하기 위해 패상과 극문을 찾았다. 이곳에서는 문제의 수레를 그대로 군영 안으로 모셨다. 장군 이하 당사자들 모두 말을 탄 채 이동했다.

다음으로 문제는 세류를 찾았다. 앞서 기별하러 간 이가 문제의 도착을 알렸지만 군영을 지키는 병졸들은 엄정한 경계태세를 풀지 않았다. 더구나 군문도위軍門都尉는 "장군께서 '장수가 군영에 있으면 군주의 명이라도 따르지 않는다'고 말씀하셨습니다"라고 말하며 기별자를 군영 안으로 들여보내 주지 않았다. 잠시 후 문제가 도착했다. 하지만 문제도 군영 안으로 들어가지 못했다. 문제는 사신에게 부절을 주고는 주아부에게 "내가 진중으로 들어가 군병을 위무하고자 한다"라는 말을 전하도록 했다. 주아부는 전령을 띄워 문을 열라 명했다. 문을 지키는 병사들과 군리軍吏는 문제를 수행하는 자들에게 주의를 주었다.

"장군이 세운 규칙에 따라 군중에서는 말을 타고 다닐 수 없습니다."

문제는 말고삐를 잡고 천천히 걸어 본영에 도착했다. 주아부는 무기를 손에 든 채 목례만으로 문제를 영접했다.

"갑옷을 입고 투구를 쓴 장수는 큰절을 하지 않게 되어 있습니다. 군례만으로 뵈옵는 것을 용서하십시오."

문제는 감동을 금할 수 없었다. 위로를 마치고 귀로에 올랐을 때 신하들은 곤혹스런 표정을 감추지 못했지만 문제는 지극히 만족스런 표정으로 "아아, 이 인물이야말로 진정한 장수로다. 앞서 패상과 극문은 아이들의 장난에 지나지 않는다. 이 장수가 있어서 비로소 임무를 온전히 수행할 수 있을 것이다. 이 장수가 있는 곳이라면 적이 결코 침공해 오지 못할 것이다"라며 찬탄해 마지 않았다.

주아부는 주발의 아들이다. 경제 때 일어난 오초 7국의 난을 평정하는 데 큰 공을 세웠다.

문제는 대국에서 나와 제위에 오른 뒤 23년 동안 솔선수범하며 소박하고 검약하게 지내기 위해 힘썼다. 한번은 노대露臺를 만들자고 진언하는 사람이 있었다. 문제는 "노대를 지으려면 백 금이 필요하다고 들었다. 백 금이라 하면 중류 가정 열 집의 전 재산에 해당한다. 짐은 선제의 궁실을 받들고, 항상 이를 손상시키지는 않을까 염려하며 지낸다. 어째서 노대 따위를 지을 필요가 있겠는가"라며 받아들이지 않았다.

문제는 항상 검소한 옷을 입었다. 총애하는 신愼부인에게도 검소한 의상을 권하며 천하의 모범이 되도록 노력했다. 패릉霸陵(문제의 능묘)을 조성할 때도 제기를 모두 흙으로 만들게 하고 금은 따위로 장식하는 것을 허용하지 않았다. 봉분 또한 만들지 말라고 명했다. 백성을 번거롭게 하지 않기 위해 배려한 것이다.

문제는 남월왕南越王 위타尉佗가 자립해 무제武帝라 칭했을 때도 나무라지 않고 덕으로 대했다. 그러자 위타는 스스로 제호를 버리고 신하라 칭했다. 또한 흉노가 종종 변경을 침공해올 때에도 굳게 지키기만 할 뿐 이쪽에서 군사를 내 흉노의 땅 깊숙이까지 치고 들어가진 않았다. 군사들이 죽거나 다칠까 염려했기 때문이다.

뭇 왕들 가운데 불손한 자들이 있고, 신하들 가운데 부정을 저지르는 자들이 있었다. 문제는 이들에게도 가급적 형벌을 내리지 않았다. 그 대신 가지고 있는 금품을 하사해 스스로 잘못을 깨닫고 회개할 기회를 주고자 노력했다. 이처럼 덕으로써 인민을 교화하기 위해 애쓴 보람이 있어 온 나라가 풍요로워지고 예의범절이 널리 퍼지게 되었다.

기원전 157년 6월 기해일에 문제는 미앙궁에서 세상을 떠났다. 향년 46세였다.

_ 이상 제10 「효문본기」, 제57 「강후주발세가」

경제,
오초 7국의 난을 제압하다

모반의 상을 꿰뚫어보다

문제의 뒤를 계啓가 이으니 이가 바로 경제景帝(재위 기원전 157~141년)다.

경제 2년(기원전 155년) 8월, 혜성이 동북방에 나타났다. 가을에 형산衡山에 우박이 내렸는데, 알갱이가 큰 것은 5촌 정도 되어 땅 밑으로 두 자나 파고드는 일이 있었다. 이상 기후 현상이 자주 나타났다.

경제 3년(기원전 154년) 정월, 또다시 이상 기후 현상이 나타났다. 낙양 동궁의 대전과 성벽 등이 화재로 소실됐다. 오왕 비濞, 초왕 무戊, 조왕 수遂, 교서왕膠西王 앙卬, 제남왕濟南王 벽광辟光, 치천왕菑川王 현賢, 교동왕膠東王 웅거雄渠가 반란을 일으켰다. 주모자는 오왕 비였다.

오왕 비는 고조의 형 유중劉仲의 아들이다. 오와 회계의 백성은 경망스럽고 무모한 기질을 갖고 있었다. 따라서 그들은 강건한 왕이 필요하다는 이유를 대며 비에게 세 개 군과 53개 성의 통치를 맡겼다.

비를 오왕의 자리에 임명할 즈음 고조는 비의 얼굴에서 모반의 기운을 읽어냈다. 고조는 절대 모반을 일으켜선 안 된다는 다짐을 받은 뒤에야 비에게 인수를 내주었다.

오 땅은 구리와 소금이 풍부했다. 그 덕분에 인두세人頭稅를 거두지 않아도 윤택한 생활을 누릴 수 있었다. 일찍이 문제 때 오의 왕자가 수도에서 황태자(훗날의 경제)와 쌍륙이라는 주사위 놀이를 한 적이 있었다. 그러다 주사위 숫자를 두고 말싸움이 벌어졌다. 참다못한 황태자가 오의 왕자를 쳐 죽이고 말았다. 이 일로 인해 오왕 비는 조정을 뼛속 깊이 증오하게 되었다. 비는 병을 핑계 대며 수도에 올라가지 않았다. 그는 한나라의 법을 무시하려 들었다. 범죄를 저지른 자가 영내로 도망쳐 오면 그대로 숨겨주고 건네주기를 거부했다.

경제가 즉위하자 황태자의 가령家令이었던 조조鼂錯가 내사內史에 이어 어사대부가 되었다. 조조는 일찍부터 왕들의 영지를 삭감해야 한다고 주장했고, 특히 오왕 비에게는 강한 경계심을 품고 있었다. 이 때문에 어사대부가 되자마자 바로 다음과 같이 진언했다.

"지금은 영지를 줄여도, 줄이지 않아도 모반이 일어날 상황입니다. 영지를 줄이면 모반이 일어날 시기가 앞당겨질 것이고, 그로 인한 피해도 적을 것입니다. 만약 영지를 줄이지 않으면 모반 시기가 늦어질 것이고, 피해 또한 커지고 말 것입니다."

기원전 154년에 초왕이 박태후의 상중임에도 여자를 가까이한 사실이 발각되었다. 그 벌로 군 하나를 삭감하는 조치가 내려졌다. 조왕과 교서왕 또한 죄를 범해 초왕처럼 영지가 삭감되는 벌을 받았다. 이에 오왕도 두 개의 군을 삭감당하게 되었다.

상황이 이렇게 되자 오왕 비는 교서왕 앙과 모의해 모반을 일으키기로 결정했다. 그리고 이들처럼 조정에 불만을 품고 있던 다섯 왕이 여기에 호응하기로 약속했다.

_ 이상 제11 「효경본기」, 제101 「원앙조조열전」

반란군을 무릎 꿇리다

그해 정월 갑자일에 오왕 비는 광릉廣陵에서 군사를 일으킨 뒤 서진했다. 회수를 건넌 비는 그곳에서 초의 군대와 합류했다. 오·초 양군은 우선 양을 공략했다. 제남, 치천, 교동의 세 왕이 힘을 합쳐 제의 수도인 임치를 포위했고, 조왕은 몰래 흉노와 결탁했다.

반란 소식을 들은 경제는 태위 주아부에게 36명의 장군을 통솔해 오·초를 토벌하라고 명했다. 곡주후曲周侯 역기酈寄에게는 조를 토벌하게 하고, 장군 난포에게는 제를 구원토록 했다. 아울러 대장군 두영을 형양에 주둔시켜 반란군의 서진을 막도록 했다.

한편 경제는 지난날 오의 승상이었던 원앙袁盎을 불러 의견을 물었다. 조조를 미워하고 있던 원앙은 사람을 물리게 한 다음 경제에게 조조

고사성어

쌀에다다르다 거를핥아 지강급미 舐糠及米

오왕의 사자가 교서왕을 반란에 가담시키기 위해 내뱉은 말에서 유래했다. 작은 요구를 들어주기 시작하면 나중에는 전부를 빼앗겨버리게 된다는 의미로 사용한다. 출전 제106 「오왕비열전」

를 처형하라고 진언했다. 반란군이 조조의 처벌을 원하고 있으니 조조를 처벌하면 반란은 저절로 수그러들 것이라는 이유에서였다. 경제는 이 진언에 따라 조조를 처형했지만 반란군은 물러나지 않았다.

주아부는 형양에서 군사들과 합류하기 위해 행군을 서두르고 있었다. 그러다가 도중에 대협객인 극맹劇孟을 만났다. 주아부는 크게 기뻐하며 말했다.

"나라에 등을 돌린 자들이 극맹을 끌어들이지 않을까 심히 염려했는데 정작 극맹은 조금도 동요하지 않고 있었다. 내가 형양을 근거지로 삼으면 형양 동쪽으로는 아무 문제가 없겠구나."

회양까지 왔을 때 주아부는 주발의 식객이었던 등도위鄧都尉를 만나 의견을 구했다. 등도위는 다음과 같이 말했다.

"지금 오군의 기세가 매우 거세니 정면에서 전투를 벌이는 것은 바람직하지 않습니다. 초의 군사는 경솔하기 때문에 장기전에는 견디지 못할 것입니다. 이제 장군을 위해 계략을 말씀드리겠습니다. 군사를 거느리고 동북쪽으로 향해 창읍昌邑에 성채를 쌓고, 오가 하는 대로 양을 내버려두는 것이 상책입니다. 오는 반드시 전력을 다해 양을 공격할 것입니다. 장군은 해자를 깊이 파고 성벽을 높인 뒤 수비를 단단히 취하십시오. 그리고 별도로 경장비를 갖춘 부대를 내보내 회수와 사수의 합류점을 누르며 오군에게로 가는 식량 보급로를 차단하십시오. 오와 초가 싸움에 지치고 굶주림에 시달릴 때를 기다려 충분한 전력을 갖춘 군사들을 보내 습격해 들어가는 것입니다. 그렇게 하면 틀림없이 승리할 수 있습니다."

주아부는 이 계책에 따라 작전을 지휘했다. 오의 공격으로 곤경에 처한 양왕 무武(경제의 동생)가 매일같이 구원을 요청하는 사신을 보내왔

전한 초기의 왕국(기원전 202년)

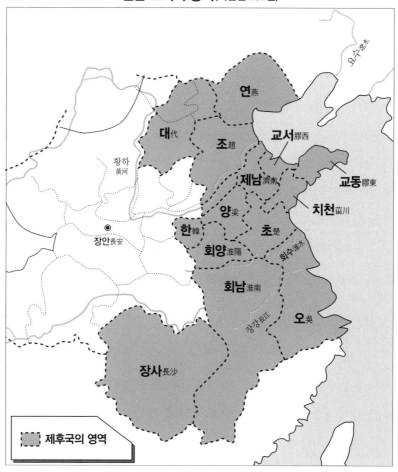

연燕

대代

조趙

교서膠西

황하
黃河

제남濟南

교동膠東

치천菑川

양梁

한韓

초楚

회양淮陽

회수淮水

장안長安

회남淮南

오吳

창강長江

장사長沙

제후국의 영역

지만 주아부는 그에 응해주지 않았다. 하다 못한 양왕은 경제에게 글을 올렸고, 장안에서 황제의 명령을 가진 사신이 도착했다. 그러나 주아부는 움직이지 않았다. 오·초 양군이 도전을 해와도 마찬가지였다. 오군이 성채 동남쪽을 공격하려는 낌새를 보이자 주아부는 그들이 실제로는 서북쪽을 공격할 것이라고 예상해 서북의 수비를 강화했다. 아나나 다를까 오군은 정예병을 동원해 서북쪽을 급습했지만 대비하고 있던 주아부의 수비군에게 막혀 소득을 올리지 못했다.

마침내 식량이 떨어지자 오·초 양군은 철수를 시작했다. 이를 본 주아부는 비로소 공격 명령을 내렸다. 충분한 휴식을 취한 병사들이 피곤에 지친 병사들을 공격하는 상황이었다. 승부는 자명했다. 오·초 양군은 철저히 무너졌다. 오왕은 동월東越로 달아났지만 그곳 현지인에게 속아 목숨을 잃었다. 반란에 가담한 다른 왕들은 모두 자살했다.

_ 이상 제11 「효경본기」, 제57 「강후주발세가」, 제101 「원앙조조열전」, 제106 「오왕비열전」

양왕 무와 원앙의 다툼

양왕 무는 두태후의 총애를 받았다. 경제 또한 술자리에서 장난삼아 다음번 제위는 양왕에게 넘기겠다고 말하곤 했다. 그러다 보니 양왕은 불손한 태도를 취하는 경우가 잦았다.

원앙은 양왕의 야심을 비판했다. 그 때문에 양왕은 원앙에게 원한을 품고 자객을 보냈다. 양왕이 보낸 자객은 관중에 들어와 꼼꼼하게 정보를 수집했다. 그런데 원왕을 칭찬하는 말밖에 들리지 않았다. 심지어 아무리 칭찬해도 모자랄 지경이라고 말하는 사람이 많았다. 자객은 원

▌경제는 오초 7국이 일으킨 난을 제압하고 중앙집권을 강화했다. 경제의 무덤인 양릉의 사진이다.

앙을 찾아가 이렇게 고했다.

"저는 양왕에게 돈을 받고 당신을 죽이기 위해 이곳에 왔습니다. 그런데 당신이 두터운 덕을 쌓아온 정의로운 분이심을 알게 되었습니다. 저는 도저히 마음이 내키지 않아 이대로 떠날 것이옵니다. 그러나 제가 떠난 후에도 반드시 다른 자객이 찾아올 것입니다. 부디 주의를 기울이십사 당부드리옵니다."

이런 말을 들은 원앙은 마음이 영 편치 않았다. 그래서 유명한 점쟁이를 찾아가 점을 쳤는데, 점을 치고 돌아오던 길에 다른 자객에 의해 목숨을 잃고 말았다.

그 후 원앙의 의견에 동조하던 10여 명이 암살당했다. 암살범은 양승羊勝과 공손궤公孫詭 두 사람이라고 알려졌는데 이들의 행방은 묘연하기만 했다.

조정에서 열 차례나 양 땅으로 사신을 파견해 총수색을 벌였으나 살인자에 대한 이렇다 할 단서조차 잡지 못했다. 이들이 양왕의 후궁에 숨어 있었기 때문이었다.

양의 내사인 한안국韓安國이 이 사실을 알고는 다양한 방법을 동원해 양왕을 설득했다. 양왕은 자신의 잘못을 시인하고 두 사람을 자결하게 했다.

이 일로 경제와 양왕의 사이가 틀어질 뻔했지만 두태후가 설득에 나서고 양왕 또한 몸소 경제를 찾아와 사죄하는 태도를 보였기 때문에 두 사람 사이의 감정적 응어리가 잘 정리되었다.

기원전 141년 10월, 해와 달에 붉은 기운이 나타나 닷새간이나 지속되었다. 12월 그믐날에 천둥 번개가 심했다. 기상에 다양한 이상 현상이 나타났다.

정월 갑자일에 경제가 죽었다.

_ 이상 제11 「효경본기」, 제58 「양효왕세가」, 제101 「원앙조조열전」, 제108 「한장유열전」

『사기』문답 史記問答

❖ 여태후는 정말 잔학했나?

앞서 살펴본 대로 고조가 죽은 뒤 척부인은 비참한 운명을 맞이했다. 하지만 손발이 잘리고도 과연 사람이 살아남을 수 있을까? 여태후가 척부인을 박해한 것은 사실일 테지만 그 구체적인 조치에 대해서는 의문이 남는다. 여태후의 잔학함을 드러내기 위해 과장했을 가능성이 높다.

❖ 서한의 중앙관제는 어떻게 구성되었나?

서한 초기의 중앙관제는 진나라의 것을 따라 승상·태위·어사대부의 삼공을 최고위직으로 삼았다. 승상은 천자를 도와 전체적인 상황을 조율하는 으뜸 문관이다. 태위는 무관의 장이며, 어사대부는 감찰관 및 부승상의 역할을 맡았다. 승상은 기원전 196년에 좌승상과 우승상으로 나뉘었지만 기원전 178년에 다시 하나로 합쳐졌다.

삼공 아래에는 봉상奉常, 종정宗正, 낭중령, 위위衛尉, 정위, 전객典客, 치속내사治粟內史, 전속국典屬國, 소부, 수형도위水衡都尉, 중위中尉, 장작소부將作少府 등의 제경諸卿이 있었다.

정위는 최고사법관, 치속내사는 국가재정 전반을 감독하는 책임자, 소부는 황제 일족의 재정을 책임지는 사람이었다.

무관은 필요에 따라 대장군이라는 직책이 삼공 위에 놓였다. 그 뒤로 표기장군驃騎將軍, 위장군衛將軍, 거기장군의 직책이 있었다.

7장

태평성대의 빛과 그림자,

무제의 시대

한나라의 골칫거리
묵돌, 선우의 자리에 오르다 | 동호와 흉노의 싸움 | 명임없이 북방을 위협하다

명장 열전
바람길이 열리다 | 한의 비장군이라 불린 사나이 | 명장의 최후 | 위청과 곽거병

방술에 빠진 황제
대외로 팽창하다 | 귀신 숭배 | 방술과 무제 | 신선을 찾아서

『사기』 문답

한나라의 골칫거리

묵돌, 선우의 자리에 오르다

기록에 따르면 흉노는 하후씨의 자손으로 순유淳維를 조상으로 삼는다고 한다. 북방의 미개한 땅에서 가축을 방목하며 이동생활을 해왔다. 물과 풀을 찾아 이동하며, 성곽과 같은 고정적인 주거는 마련하지 않고 경작도 하지 않았다. 그러나 부족마다 그 나름의 영역을 형성하고 있었다. 문자가 없었기 때문에 결정된 명령은 구두로 전달되었다. 아이들은 양을 탈 무렵부터 활쏘기를 익혀 먼저 새나 쥐를 쏘았다. 좀 더 크면 여우나 토끼를 대상으로 삼았다. 활을 당길 만한 힘이 갖추어진 뒤 전쟁이 일어나면 자연스럽게 기병이 되는 것으로 알았다.

평상시엔 가축과 함께 이동하지만 틈틈이 수렵으로 양식을 마련했다. 위기가 닥치면 무기를 집어 들고 싸우는 것을 당연하게 여겼다. 병기

한나라가 흉노 통치자에게 내린 도장의
모습이다.

로는 날아가는 것인 활, 백병전에서 사용하는 칼과 창이 있었다. 형세가 유리하면 진격하고 불리하면 물러났다. 그런 까닭에 달아나는 것을 조금도 수치로 여기지 않았다. 개인적인 이익에만 관심을 기울이고 예의나 도덕에는 흥미를 보이지 않았다.

족장을 비롯해 모두 가축에서 나온 고기를 먹고, 가죽으로 만든 옷을 입으며, 손으로 짠 상의를 걸쳤다. 젊은이가 맛있고 영양가가 높은 것을 먹는 데 반해 노인은 그 나머지 음식을 먹었다. 젊음과 건강을 존중한 반면 늙음과 병약함을 비천하게 여겼다. 아버지가 죽으면 아들이 남은 부인들을 아내로 삼았고, 형제가 죽으면 모든 것을 자기 것으로 삼았다. 이름 부르는 것을 꺼리지 않았으며, 성이나 자는 없었다.

진나라의 시황제가 살아 있을 때 흉노에는 두만頭曼이라는 선우가 있었다. 두만에게는 묵돌冒頓이라는 태자가 있었는데, 총애하던 아씨(선우의 아내)가 막내아들을 낳자 묵돌을 내치고 막내아들을 태자로 세우려 했다. 그리하여 묵돌을 월지月氏(서북방의 유목민족)에 인질로 보낸 뒤 그곳을 공격했다. 이렇게 하면 월지에서 묵돌을 죽일 것이라 생각했기 때문이었다. 하지만 묵돌은 좋은 말을 훔쳐 달아나 귀국하는 데 성공했다. 두만은 그 용기를 칭찬하고 묵돌에게 2만 명의 기병을 주어 통솔하게 했다.

그러나 묵돌의 응어리진 마음이 그런 조치로 풀릴 리 없었다. 그때부터 묵돌은 소리 나는 화살인 명적鳴鏑을 만들어 부하 기병들에게 사격 훈련을 시켰다. 더불어 "명적이 목표로 하는 곳을 향해 모두 화살을 쏘라. 그렇게 하지 않는 자는 베어버릴 것이다"라는 명을 내렸다. 기병들은 이동하면서 새나 짐승을 노렸는데, 명적이 목표로 하는 곳에 활을 쏘지 않는 자는 용서 없이 베어 죽였다. 그러던 중 묵돌이 자신의 애마를 향해 명적을 당겼다. 부하 가운데 차마 묵돌의 애마를 향해 화살을 당기지 못하는 자가 있었다. 묵돌은 그 자리에서 그자를 베어 죽였다. 얼마 뒤 묵돌은 자신의 애첩에게 명적을 날렸다. 이번에도 차마 화살을 당기지 못하는 자들이 있었다. 묵돌은 모두 예외 없이 베어 죽였다. 그로부터 얼마 뒤 묵돌은 아버지의 애마에게 명적을 쐈다. 부하들이 모두 화살을 날렸다. 그제야 묵돌은 부하들이 쓸 만하게 되었다고 확신했다.

하루는 묵돌이 두만을 따라 사냥에 나갔다. 묵돌은 때를 놓치지 않고 아버지 두만에게 명적을 날렸다. 부하들은 한 명도 빠짐없이 두만에게 화살을 날렸다. 이어 묵돌은 계모와 동생들, 나아가 자신을 따르지 않는 신하들을 남김없이 처형했다. 묵돌은 스스로 선우의 자리에 올랐다.

_ **이상 제110 「흉노열전」**

동호와 흉노의 싸움

당시 흉노의 동쪽에서는 동호라는 종족이 세력을 떨치고 있었다. 동호는 흉노에서 정변이 일어났음을 알고 곧바로 사자를 보내와 묵돌이 가지고 있는 천리마를 넘기라고 요구했다. 중신들에게 물어보니 "천리마는 흉노의 보물입니다. 주어서는 안 됩니다"라는 의견이 압도적이었다. 묵돌은 "말 한 마리를 가지고 무얼 그러느냐"며 동호에게 천리마를 넘겨주었다.

동호는 묵돌이 자신들을 두려워한다고 생각했는지 그다음엔 아씨 한 명을 내달라고 요구해왔다. 중신들이 모두 화를 내며 반대했지만 묵돌은 "여자 한 사람을 가지고 무얼 그러느냐"며 총애하던 아씨를 넘겨주었다.

그러자 동호는 아무 거리낌 없이 서쪽으로 군사를 보내 일방적으로 동호와 흉노의 중간 지점에 있는 무인지대를 병합하겠다고 통보해왔다. 이번에도 중신들에게 물으니 "그곳은 버려진 땅입니다. 동호에게 주어버려도 아무 상관이 없습니다"라는 의견이 대다수를 차지했다. 그러나 묵돌은 "토지란 국가의 근본이다. 어떻게 양보할 수 있단 말인가"라고 말하며 토지를 포기하자고 한 자들을 모두 베어 죽였다.

묵돌은 온 나라에 명령을 내려 동호와의 싸움에 나섰다. 묵돌을 가벼이 보고 방비를 소홀히 했던 동호는 왕까지 전사하는 등 무참한 패배를 당했다.

많은 백성과 가축을 빼앗아 개선한 묵돌은 군사를 서쪽으로 돌려 월지를 패주시켰다. 이어 남쪽으로도 군사를 보내 누번과 백양白羊을 병합하고 연과 대의 땅을 침공했다.

이에 한 고조 유방은 흉노를 토벌하기 위해 몸소 군사를 일으켰다. 묵돌은 정예부대를 숨겨둔 채 허약해 보이는 유인부대를 이용해 한나라 군사를 북으로 끌어들였다. 고조가 추격에 나서자 기병과 보병 사이가 크게 벌어지고 말았다. 묵돌은 정예부대를 내보내 한나라 군을 둘로 갈라지게 만들었다. 그리고 고조를 백등산白登山에 가두어 포위했다.

나아가지도 물러나지도 못할 상황에 빠진 고조는 계략을 쓰기로 했다. 흉노의 아씨에게 융숭한 선물을 잔뜩 안기며 어떻게든 살 길을 찾아달라고 부탁했다. 아씨는 묵돌에게 이렇게 말했다.

"군주끼리는 서로 괴롭히지 않는 법이라고 합니다. 한나라의 영지를 손에 넣어봤자 아무런 도움이 안 됩니다. 그곳에 살 것도 아니잖습니까.

▌흉노는 끊임없이 한나라의 북쪽 국경을 위협했다. 사진은 흉노 땅을 달리는 말의 상이다.

더구나 한왕에게는 신의 가호가 드리워져 있을지 모릅니다. 선우님, 부디 잘 헤아려주십시오."

당시 묵돌은 공동 작전을 펼치기로 약속한 한왕 신의 부장 왕황王黃 과 조리趙利가 기일에 맞춰 나타나지 않아 불안해하던 상태였다. 왕황과 조리가 한나라 군과 내통하고 있을지도 모른다고 생각한 묵돌은 아씨의 충고에 따르기로 했다. 이리하여 묵돌은 포위의 강도를 느슨하게 풀었고, 고조는 포위된 지 이레 만에 간신히 보병과 합류할 수 있었다.

고조는 유경을 사신으로 삼아 흉노와 강화조약을 체결했다. 일족의 딸 한 사람을 공주로 꾸며 묵돌에게 보냄과 동시에 면과 비단 같은 직물·술·쌀·식료품 따위를 매년 일정량 보내기로 합의했다. 또 한나라는 흉노의 아우가 되기로 약속하는 굴욕적인 화친을 맺었다. 이로써 한나라는 묵돌의 공격에서 간신히 한숨 돌릴 수 있었다.

_ 이상 제110 「흉노열전」, 제8 「고조본기」

끊임없이 북방을 위협하다

고조가 죽자 묵돌은 여태후에게 무례한 편지를 보내왔다(과부가 되었으니 자신에게 시집오지 않겠느냐는 내용이었다*). 화가 난 여태후는 흉노를 토벌하려 했다. 그러나 장군들이 모두 "고조의 현명함과 용기를 가지고도 괴로운 지경에 빠지셨사옵니다"라고 말하며 반대했다. 여태후는 굴욕을 참으며 다시 흉노와 강화조약을 체결했다.

문제 때도 강화조약은 유효했으나 흉노는 종종 국경을 넘어와 침공을 반복했다. 흉노의 계속되는 도발에도 문제는 오로지 수비 전략을 견지했다.

묵돌이 죽고 그 아들이 뒤를 이었다. 기록에선 그를 노상선우老上單于라 한다. 문제는 황족의 딸을 공주로 내세워 선우에게 시집보냈다. 그때 환관 중항열中行說에게 동행을 명했는데 중항열은 흉노에 가기를 원하지 않았다. 억지로 흉노에 가게 된 중항열은 "어떻게든 나를 보낸다면 한나라에 재앙이 될 것이다"라는 험한 말을 남긴 채 흉노로 떠났다. 중항열은 현지에 도착하자마자 선우에게 항복했다. 선우는 중항열을 매우 마음에 들어 했다. 그 후 중항열은 오직 흉노를 위해 행동했다. 예를 들어 한나라에서 사신이 오면 중항열은 다음과 같이 말했다.

"한나라가 흉노로 가져오는 비단과 무명, 쌀과 누룩의 수량이 똑바르고 품질이 좋으면 문제가 없다. 그러나 만일 수량이 모자라고 품질이 떨어지면 가을 수확 시기 때 기병을 보내 너희들의 작물을 모조리 빼앗아 올 것이다."

흉노는 중항열의 진언에 따라 방어태세가 허술한 곳을 노려 종종 한나라를 침공하곤 했다.

노상선우가 죽고 아들 군신軍臣이 뒤를 이었다. 같은 무렵, 한나라에서는 경제가 즉위했다. 경제는 다시 흉노와 우호관계를 맺고 국경에서의 교역을 허용했다. 그리고 과거의 정책을 그대로 이어받아 다양한 물자를 보내는 한편, 선우에게 공주를 시집보냈다. 그 때문에 경제 시대에는 간혹 적은 수로 변경 지역에 침입해 약탈하는 일은 있었어도 대규모 전쟁은 없었다.

_ 이상 제110 「흉노열전」, 제8 「고조본기」, 제9 「여태후본기」, 제10 「효경본기」

명장 열전

비단길이 열리다

이처럼 한나라는 고조 이래로 줄곧 흉노에 대해 화친 정책을 취해왔다. 그러나 경제의 뒤를 이은 무제 시대가 되면 상황이 일변한다. 무력으로 흉노를 공격하는 쪽으로 정책을 전환한 것이다. 그런 가운데 역사적으로 이름을 남긴 장건·이광·위청·곽거병 같은 명장들이 출현한다.

장건은 원래 낭郎 자리에 있었다. 마침 무제가 항복해온 흉노인에게 캐물어 흥미로운 정보를 얻어냈다.

"흉노는 월지를 공격해 왕을 죽이고 그 두개골로 술잔을 만들어버렸습니다. 월지는 살던 땅을 버리고 달아났지만 지금도 흉노에게 복수하기를 꿈꾸며 이를 도와줄 상대를 찾고 있습니다."

그리하여 무제는 월지에 사자를 보내기로 했다. 하지만 월지에 가려면 흉노 지역을 통과해야만 했다. 이는 위험천만한 일이 아닐 수 없었다. 따라서 무제는 이 일을 맡을 만한 사람을 모집했는데 여기에 응한 이가 바로 장건이었다.

장건은 시종 백여 명과 함께 출발했다. 그 가운데에는 감보甘父라는 활을 잘 다루는 흉노인도 포함되어 있었다.

일행은 농서를 나서 흉노 지역을 지나다 그들에게 발각되고 말았다. 흉노의 선우는 장건에게 의기양양하게 말했다.

"월지는 우리나라 북쪽에 있다. 한이 그곳에 사신을 보내겠다니 말이 되는가? 내가 월에 사신을 보내겠다고 하면 너희 한은 조용히 통과시켜주겠는가?"

▌장건은 우리에게 비단길로 잘 알려진 서역 교통로를 개척한 인물이다. 장건의 서역 개척 이후 한의 판도가 크게 확장되었다.

흉노에 억류당한 장건은 그곳에서 아내를 얻고 아이까지 낳았다. 그러나 장건은 무제에게 받은 한의 부절을 꼭 지닌 채 감시가 허술해지기만을 기다렸다. 10여 년 뒤 드디어 기회가 찾아왔다. 장건은 시종들과 함께 도망쳐 수십여 일 동안 서역으로 행군한 끝에 마침내 대완大宛에 도착했다.

한나라와 통상하기를 원하고 있었던 대완은 장건 일행을 따뜻하게 맞이했다. 장건이 내방한 목적을 말하자 대완에서는 길 안내를 붙여 강거康居까지 전송해주었다. 강거에서도 일행을 환영하며 대월지大月氏까지 이끌어주었다.

대월지는 흉노에 의해 왕이 살해당한 아픔을 겪은 나라였다. 살해당한 왕의 뒤를 태자가 이은 뒤 대하大夏의 땅으로 이주해 살고 있었다. 땅이 비옥하고 이렇다 할 외적이 없었기 때문에 대월지는 평화로운 생활을 이어가고 있었다. 이미 흉노에게 보복해야겠다는 마음 따위는 버린 지 오래였다.

장건은 1년 정도 대월지에 머문 뒤 천산산맥을 따라 귀로에 올랐다. 일행은 강족羌族의 영역을 통과하려다 다시 흉노에게 사로잡히고 말았다. 약 1년 뒤 흉노에서 내란이 일어났다. 장건은 이 틈을 타 탈주를 감행했다. 그리하여 무려 13년 만에 한나라로 돌아올 수 있었다. 끝까지 장건을 따라온 사람은 아내와 감보 두 명뿐이었다.

장건이 직접 다녀온 곳은 네 나라였지만 그 주위에 있는 대여섯 나라에 대한 정보도 얻을 수 있었다. 무제는 장건의 보고를 듣고 크게 기뻐했다.

그 뒤 장건은 기회를 봐 무제에게 오손烏孫에 다녀오겠다고 진언했다. 결국 장건은 중랑장中郎長이라는 직책을 달고 오손을 방문하게 되었다. 3백 명의 종자에, 한 사람당 두 필에 해당하는 말, 수만 마리의 소와 양, 수십만에 달하는 황금과 견직물을 지닌 대사절단이었다.

오손에 도착하자 장건은 안식安息·신독身毒·우전于闐·대완·강거·대월지·대하 및 그 주변 나라로 부사副使들을 파견했다. 장건은 그들이

요령을 얻지 못하다

부득요령 不得要領

장건의 사명은 월지와 군사동맹을 맺는 것이었지만 그것은 실패로 끝나고 말았다. 『사기』에는 '드디어 월지의 요령을 얻지 못하고'라고 기록되어 있다. 이후 어떤 일을 할 때 가장 중요한 것을 놓치는 상황을 '요령을 얻지 못하다'라고 표현하게 되었다. 출전 제123 「대완열전」

돌아오기를 기다리며 오손의 답방 사절과 함께 먼저 귀로에 올랐다.

오손의 사절들은 번성한 한나라의 모습을 직접 목격하고는 놀라움을 금치 못했다. 그들은 귀국한 뒤 본 그대로 보고를 올렸다. 이후 오손은 더더욱 한나라를 대단한 나라로 여기게 되었다.

1년 정도 지난 뒤 부사들이 저마다 답방 사절과 함께 귀국했다. 이를 계기로 서북의 여러 나라들이 한나라와 교역을 시작하게 되었다.

장건이 죽은 뒤 흉노가 오손을 협박해왔다. 오손은 한나라의 원조를 얻고자 사신을 보냈다. 귀한 말을 헌상하며 한의 공주를 얻어 형제의 나라가 되고 싶다고 요청했다. 무제가 점술 책을 꺼내 들고 살펴보니 '신마가 서북에서 오리라'라는 글귀가 눈에 들어왔다. 오손이 바친 말이 정말 뛰어났기에 '천마天馬'라고 이름 붙였다. 나아가 대완의 한혈마汗血馬(흘리는 땀이 피 색깔이라 해서 이런 이름이 붙었다. 하루에 천 리를 달린다고 하는 명마다•)를 수입해 보았더니 이는 더 훌륭했다. 이에 오손의 말을 '서극西極'이라 바꿔 부르고 대완의 말을 '천마'라 부르게 했다.

장건의 서역 탐방을 계기로 한나라는 주천군酒泉郡을 설치해 서역 국가들과의 통교를 도모했다. 외국에 사절을 보낼 경우 많을 때는 수백 명, 적을 때는 백여 명 정도로 조직했다. 그 뒤 교통로가 잘 닦이면서 사절의

야랑이 스스로를 크다고 여기다
야랑자대夜郎自大

한의 서남 지역에 자리 잡고 있던 야랑의 군주는 한나라에 비해 야랑이 얼마나 작은지 알지 못했다. 그래서 자기 나라가 천하에서 가장 크다고 큰소리쳤다. 여기서 '우물 안 개구리'와 같은 의미를 지닌 '야랑자대'라는 말이 나왔다. 출전 제123「대완열전」

전한 시대의 중국

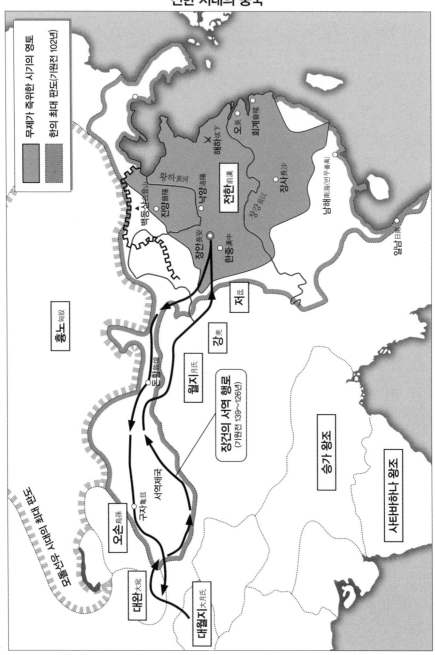

범례:
- 무제가 즉위한 시기의 영토
- 한의 최대 판도(기원전 102년)

흉노匈奴

월지月氏

강羌

저氐

전한前漢

백등산白登山
장안長安
한중漢中
진양晉陽
낙양洛陽
황하黃河
해하垓下
오吳
회계會稽
장강長江
장사長沙
남해南海(번우番禺)
일남日南

장건의 서역 행로
(기원전 139~126년)

오손烏孫

구자龜玆
서역제국
돈황敦煌

대원大宛

대월지大月氏

묵돌선우 시대의 최대 판도

승가 왕조

샤타바하나 왕조

숫자는 점점 줄어들었다. 한나라는 1년 동안 많을 경우 10여 차례, 적을 경우 대여섯 차례의 사절단을 파견했다. 사절단은 거리가 먼 나라의 경우에는 8, 9년, 가까운 나라의 경우에도 몇 년에 걸쳐 다녀왔다.

한나라는 서남쪽으로도 사절을 파견했다. 촉의 서남쪽에 사는 만족蠻族은 두려움에 떨며 한나라에 관리의 파견과 입조 허락을 요청했다. 그리하여 익주益州 등 여러 개의 군이 설치되어 한의 판도가 크게 확대되었다. 한나라는 장차 대하까지 길을 연결할 생각이었다. 이를 염두에 두고 새로이 설치한 군을 통해 대하에 사절단을 파견했지만 곤명昆明에서 더 이상 나아가지 못하고 사절단이 모두 살해당하는 사건이 벌어졌다.

이에 한은 수도 주변 지역의 죄인들을 보급군으로 삼고 파와 촉의 정규군을 본대로 삼아 곤명에 원정군을 파견했다. 그들은 충분한 전과를 올리고 개선했다. 그 뒤 다시 대하로 사절단을 파견했지만 또다시 곤명에서 습격받아 결국 그곳을 통과하지 못했다. 결국은 대하로 가고자 할 경우 서남 도로가 아닌 주천에서 나아가야 했다.

_ 이상 제123 「대완열전」, 제12 「효무본기」

'한의 비장군'이라 불린 사나이

이광은 한의 문제부터 경제, 무제에 이르기까지 3대 황제를 섬겼다. 문제 때 이광이 황제와 함께 사냥에 나선 적이 있었다. 그때 이광은 구덩이에 빠진 짐승에게 달려들어 처절한 격투를 벌였다. 그리고 결국 그 짐승의 숨통을 끊어놓았다. 그걸 보고 문제가 말했다.

"아쉽구나! 그대는 시대를 잘못 타고났다. 만약 고조 시대에 태어났다면 만호의 제후가 되기에 조금도 모자람이 없었을 텐데!"

경제 시대에 이광은 능력을 펼칠 기회를 맞이했다. 흉노의 침공을 저지하기 위해 상군에 주둔하고 있을 때였다. 겨우 백 수십여 기의 수하밖에 거느리고 있지 않았던 이광은 흉노군 수천 기와 맞닥뜨렸다. 부하 기병들은 모두 두려움에 휩싸여 곧바로 도망치려 했다. 이광이 그들을 말리며 말했다.

"우리의 우군은 수십 리나 떨어진 곳에 있다. 우리가 지금 달아나면 저들은 곧바로 추격해와 화살 세례를 퍼부을 것이다. 여기서 움직이지 않고 있으면 저들은 우리가 미끼라고 생각해 공격해오지 않을 것이다."

이광이 말안장을 벗기며 여유로운 모습을 보이자 과연 흉노는 가까이에 대군이 잠복해 있을 것이라 보고 습격해오지 않았다. 그러고는 야간에 기습을 당할까 두려워 군대를 철수시켰다.

무제 시대에 이광은 표기장군에 임명되었다. 이광이 우북평右北平의 태수로 부임하자 흉노는 그를 '한의 비장군飛將軍'이라 부르며 두려워했다. 이때부터 흉노는 수년 동안 우북평을 침공하지 않았다.

한번은 사냥에 나갔던 이광이 풀더미 속에 있는 돌을 호랑이로 잘못 보고 그곳에 화살을 쏘았다. 명중한 화살은 돌에 박혀 있었다. 돌이었음을 알고 다시 화살을 쏘았으나 두 번 다시 돌

■이광은 그 이름만으로도 흉노를 벌벌 떨게 할 정도로 뛰어난 무장이었으나 말년에 무제의 신임을 잃고 불운한 최후를 맞고 만다.

을 파고들지 못했다(여기서 '호랑이라 생각하고 화살을 쏜다'는 뜻을 가진 '이광사석李廣射石'이란 고사성어가 나왔다. 신념을 가지고 행하면 어떤 어려운 일이라도 이룰 수 있다는 의미로 사용된다●).

이광은 청렴결백해 상이나 하사품을 받으면 언제나 부하들에게 나누어주었다. 병사들과 늘 똑같은 것을 먹고 같은 곳에서 잠을 잤다. 2천 석 벼슬을 40년 넘게 지냈지만 집안에 재물을 쌓아놓지 않았으며 살림살이에 신경 쓰지 않았다.

이광은 말이 어눌하고 말수가 적었다. 좋아하는 것이라면 그저 활쏘기뿐으로, 이것은 죽을 때까지 변함이 없었다. 싸움터에서 군사를 거느릴 때에는 병사가 식사를 끝내기 전에 먼저 수저를 드는 법이 없었다. 관대하며 사소한 것에는 신경 쓰지 않았다. 그 때문에 부하들은 그를 존경했고, 명령을 내리면 기꺼이 목숨을 걸었다.

_ 이상 제109 「이장군열전」

활시위를 팽팽하게 당겨 놓되 쏘지 말라

지만무발 持滿無發

이광은 흉노의 대군에게 포위당했을 때 전군에 "신호할 때까지 공격하지 말라"고 명령한 뒤 모두들 활시위를 당겨 언제든 발사할 수 있도록 대기하라고 말했다. 그러고는 큰 활로 흉노군의 부대장을 쏘아 맞혔다. 부대장이 쓰러지자 흉노군은 큰 혼란에 빠져 군사를 뒤로 물렸다. 이 고사에서 나온 지만무발은 준비를 충분히 하고 때를 기다리라는 의미로 사용된다. 출전 제109 「이장군열전」

명장의 최후

이광은 흉노와 전쟁을 치르며 수많은 공적을 올렸다. 은퇴할 나이가 되었지만 그는 여전히 출진하기를 희망했다. 기원전 119년, 대장군 위청과 표기장군 곽거병이 흉노를 토벌하기 위해 출진할 때도 무리해가며 전장군前將軍으로 종군했다.

　이때 위청은 무제에게 "이광은 나이가 들고 운이 따르지 않는 사람이니 주요 전투에 내보내서는 안 된다. 아마도 본인이 생각하는 만큼의 전과를 올리지 못할 것이다"라는 말을 들은 터였기 때문에 이광에게 본대와 떨어져 별도의 우회로를 맡으라고 지시했다. 이광은 "나의 임무는 전장군입니다. 그럼에도 대장군은 나에게 동쪽 길로 우회하라고 지시하셨습니다. 나는 군대에 들어와서 지금까지 흉노와 수도 없이 싸워왔습니다. 이번에야말로 선우의 목을 칠 절호의 기회입니다. 나는 선봉을 맡아 가장 먼저 선우와 싸우다 죽을 각오입니다"라고 말하며 명령을 거두어주기를 희망했다. 하지만 위청은 무제에게 직접 명령받은 바가 있어 이광의 청을 들어주지 않았다.

고사성어

복숭아나무와 오얏나무는
말이 없지만 그 아래로
절로 길이 난다

**도리불언桃李不言,
하자성혜下自成蹊**

복숭아나무와 오얏나무는 아름다운 꽃을 피우고 열매를 맺는다. 누가 말하지 않아도 사람들이 모여들어 그 밑으로 자연스럽게 길이 만들어진다. 이와 마찬가지로 덕이 있는 인물은 가만히 있어도 주변으로 사람들이 모여든다는 뜻이다. 사마천은 속담을 인용해 이광에게 최고의 찬사를 보냈다. 출전 제109 「이장군열전」

이광은 불만을 품은 채 우회로로 나아갔다. 그런데 길을 안내하는 사람이 없어 본대와의 합류에 그만 늦고 말았다. 이 때문에 본대는 승리를 거두지 못하고 선우 또한 놓치는 사태가 벌어졌다.

위청은 무제에게 상세히 보고하기 위해 군의 감독관에 해당하는 장사를 이광에게 보내 전후 사정을 듣고자 했다. 이광은 진술을 거부했다. 위청이 거듭 장사를 파견해 보고서 제출을 재촉하자 이광은 "교위들에게는 죄가 없다. 내가 길을 잘못 들어섰을 뿐이다. 내가 곧 보고토록 하겠다"고 답했다. 이광은 직속 부하들을 모아놓고 말했다.

"내가 군대에 들어온 이래 흉노와 크고 작은 싸움을 70여 차례나 벌였다. 이번에 운 좋게도 대장군을 따라 출진해 선우의 목을 칠 수 있으리라 생각했다. 그런데 대장군은 나의 임무를 바꿔 우회로를 맡겼다. 그 때문에 길을 헤매고 전기를 놓치고 말았다. 이것은 천명이 주어지지 않았기 때문인가? 내가 벌써 60년 넘게 살아왔다. 이제 와서 문서나 끼적거리는 자와 상대한다는 건 못 견딜 일이다."

말을 마친 이광은 칼을 뽑아 스스로 목을 찔렀다. 직속 부하들은 모두 소리 내어 울었다. 이 이야기가 전해지자 이광을 직접 알고 있던 사람이나 그렇지 못한 사람이나, 나이 든 사람이나 젊은 사람이나 그를 위해 눈물을 흘리지 않는 이가 없었다.

_ 이상 제109 「이장군열전」, 제110 「흉노열전」

위청과 곽거병

위청은 어린 시절을 어렵게 보냈다. 그런데 누나가 무제의 총애를 받게

▌흉노 정벌에 공을 세워 마침내 대장군의 자리에까지 오른 위청의 묘이다.

되면서 단번에 운명이 바뀌었다. 시중으로 시작해 점점 출세가도를 달리더니 무제 11년(기원전 130년)에는 거기장군이 되었다. 그 뒤 흉노와의 전쟁에서 거듭 큰 공을 세워 마침내 대장군의 자리에까지 올랐다.

위청의 또 다른 누나의 아들이 곽거병이다. 곽거병은 18세에 무제의 시중이 된 것을 계기로 무관의 길을 밟았다. 위청과 마찬가지로 흉노와의 전쟁에서 공을 많이 세워 마침내 표기장군에 임명되었다.

곽거병이 출진할 때에는 항상 정예부대가 주어졌다. 말과 병기의 정비 또한 제대로 이루어졌다. 이런 조건이 갖춰지자 곽거병은 더욱 용감무쌍해졌다. 몸소 적진 깊이 들어가는 경우가 많았는데 단 한 번도 궁지에 몰린 적이 없었다. 그야말로 천운을 타고났다고 할 만했다.

새로이 대사마란 관위가 설치되었을 때 위청과 곽거병 두 사람이 여

┃곽거병은 위청과 마찬가지로 흉노와의 전쟁에서 공을 세워 출세한 인물이다. 곽거병이 병사하자 그의 죽음
 을 안타까워한 무제가 기련산의 모습을 닮은 분묘를 만들라 명하기도 했다.

기에 임명되어 위계와 녹봉이 동등하게 결정되었다. 그 뒤 곽거병에 대한
무제의 은총은 날이 갈수록 도타워졌다. 그 때문에 위청의 옛 친구나 추
종자들 대부분이 그의 곁을 떠나 곽거병에게로 달려갔다.

　곽거병은 말수가 적고 쓸데없는 말은 하지 않았다. 성격이 과감해
무제가 손자나 오자의 병법을 배우라고 권할 때도 "싸움터에서 문제가
되는 것은 오로지 전략을 어떻게 짤 것인가입니다. 옛날 병법을 배울 것
까지도 없습니다"라고 대답했다. 생활에 대한 문제는 신경 쓰지 않는 성
격으로 무제가 호화로운 저택을 지어 보여주려 해도 "흉노가 멸망하기
전에는 집 따위 생각할 겨를이 없습니다"라고 답할 정도였다.

　그러나 젊어서 시중이 된 뒤로 순조롭게 출세한 탓인지 곽거병은 병
졸들의 일에 주의를 기울이지 않았다. 무제는 그의 부대에 지급되는 물

품과 식량에 대해 늘 염려했다. 곽거병의 부대에서는 쌀과 고기가 남아 돌면서도 병졸들은 기아 상태에 빠지는 일이 종종 벌어졌다. 국경 밖에서 병졸들은 굶주림을 견디고 있는데, 곽거병은 지면을 평평하게 만든 뒤 축국蹴鞠(축구)을 하며 노는 경우까지 있었다. 반면에 위청은 곽거병과 달리 자애롭고 겸손한 성격이었다.

기원전 117년에 곽거병이 병사했다. 이를 안타깝게 여긴 무제가 일부러 외지에서 병사들을 불러들여 장안에서 무릉武陵까지 정렬시키고, 기련산祈連山의 모습을 닮은 분묘를 만들게 했다.

그로부터 11년 뒤인 기원전 106년에 위청마저 죽었다.

_ 이상 권111 「위장군표기열전」, 제110 「흉노열전」

고사성어

소적지견小敵之堅,
대적지금야大敵之禽也

굳건한 소부대도
대적에겐
포로가 될 뿐이다

위청의 부하들이 패전의 책임에 대해 논의할 때 나온 말이다. 아무리 강한 소부대라 할지라도 대군에게는 당할 수 없다는 의미다. 원래의 출전은 『손자』다.

방술에 빠진 황제

대완을 침략하다

앞서 대완의 말에 대해 언급했는데, 이 말을 얻기가 여간 어려운 것이 아니었다. 대완의 말에 관한 소문을 들은 무제는 어떻게든 그것을 손에 넣고 싶었다. 무제는 우선 대완에 사신을 보냈다. 황금으로 세공한 말과 천금을 사신 편에 보내 대완의 말과 교환하자고 요청할 생각이었다. 그런데 대완에서 그 요청을 거절했다. 게다가 사신이 대완의 동부 국경인 욱성郁城에서 살해당하고 재물마저 모두 빼앗기는 사건이 벌어지고 말았다.

　무제는 격노했다. 전에 대완에 사신으로 간 적이 있던 자가 "대완의 군은 허약합니다. 우리 한의 병사가 3천 명 정도만 진격하면 곧바로 제압할 수 있을 것입니다"라고 말했다. 이 말에 따라 무제는 총애하던 측실 이부인의 오라비 이광리를 이사장군貳師將軍에 임명하고, 기병 5천과 각 지역에서 징발한 무뢰배 수만 명을 동원해 대완 토벌에 나서도록 했다.

처음에는 파견만 하면 낙승할 것으로 예상했다. 그런데 도중에 메뚜기 떼를 만나 많은 식량을 잃고 말았다. 욱성까지 살아서 도착한 수는 겨우 수천 명에 지나지 않았다. 게다가 욱성군과의 싸움에서 패해 많은 사상자가 나왔다. 이래서는 대완 공략이 불가능하다고 판단한 이광리는 진격해갔던 길을 통해 되돌아왔다. 이렇게 왕복하는 데 2년이 걸렸고, 돈황敦煌까지 되돌아온 사람은 열에 한둘 정도밖에 되지 않았다.

보고를 받은 무제는 격노했다. 곧바로 옥문관玉門關을 막고 이광리와 그 부하들의 입국을 금지했다. 그러면서 무제는 다시 원정군을 조직하기 시작했다. 병졸은 6만 명이나 되었고, 그 밖에 자기 식량을 짊어지고 종군하는 자들 또한 적지 않았다. 나아가 소 10만 두, 말 3만 필 외에 당나귀, 노새, 낙타 등도 만 단위를 헤아렸다고 한다. 앞선 원정군의 실패를 고려해 대군단을 구성했던 것이다.

앞선 원정군이 갔을 땐 도중의 성들이 모두 문을 굳게 닫아걸고 열어주지 않았지만 이번에는 군사의 수가 워낙 많았기 때문에 어떤 성이든 순순히 문을 열고 식량을 제공해주었다. 덕분에 대완에 도착했을 때 한군의 병사는 3만 명에 이르렀다.

대완은 농성 작전을 취했지만 외성이 파괴되자 귀족들이 담합해 국왕인 무과毋寡를 죽이고, 좋은 말을 제공하는 것을 조건으로 화의를 요청해왔다. 한군도 전쟁의 조기 종결을 희망했기 때문에 그 제안에 동의했다.

한군은 최상급 말 수십 필, 중등급 말 3천 필 정도를 골랐다. 그리고 귀족 가운데 미채昧蔡라는 자를 새로운 왕으로 세웠다.

돌아오는 길에 한군은 욱성을 공격했다. 욱성왕은 강거로 패주했다.

강거는 대완이 한에 패배했다는 소식을 이미 들어 알고 있었기 때문에 왕을 한군에게 넘겨주었다. 한군의 대장은 욱성왕이 다시 달아날 위험이 있다고 보고 그를 죽여버렸다.

그리하여 사람 만 명, 군마 천 두 정도가 살아서 옥문관으로 개선했다. 이때의 공적에 따라 이광리는 해서후海西侯에 봉해졌다(옥문관 폐쇄 후 이광리가 어떻게 원정군에 합류했는지에 대한 언급은 없다●).

그 뒤 대완에서 정변이 일어나 미채가 죽임을 당하고 무과의 형제가 왕이 되었다. 대완의 새로운 왕이 인질을 보내왔기 때문에 한은 현상을 추인하고 통교를 유지했다.

이때부터 한은 돈황에 주천도위酒泉都尉를 두고, 서쪽의 염수鹽水에 이르기까지 요소요소에 감시대를 설치해 감시병을 두었다. 윤두侖頭에는 수백 명의 둔전병을 두었고, 그곳에서 식량을 자체 생산하며 외국으로 향하는 사절들에게 숙식을 제공토록 했다.

_ 이상 제123 「대완열전」, 제111 「위장군표기열전」, 제12 「효무본기」

귀신 숭배

즉위 초 무제는 귀신에게 드리는 제사를 몹시 중시했다. 고위 관료들을 다 동원해 봉선의식을 거행하고, 달력과 제도를 고치고자 했다. 그리하여 무제는 유학에 관심을 쏟으며, 박학다식한 선비들을 불러 모았다. 그중 조관趙綰과 왕장王臧의 학문이 내단히 뛰어나다는 이야기가 들려왔다. 무제는 그들에게 공경의 작위를 내렸다. 과거 사례를 조사해 순수巡狩와 봉선, 달력 및 복색의 개정에 대해 심의하라 명했지만 좀처럼 결론이 나

▌기원전 100년, 무제가 봉선의식을 치를 때 심었다고 전해지는 대묘代廟의 한백漢柏.

질 않았다. 그러는 사이 두태후가 황로黃老(전설 속 황제와 노자를 숭배)사상에 빠져들어 유학을 싫어하게 되었다. 두태후는 사람들에게 몰래 조관 등의 부정을 조사하라고 명했다. 그 때문에 조관과 왕장은 자살로 내몰렸고, 유학을 중심으로 한 개혁 시도는 백지로 돌아가고 말았다.

　무제 7년(기원전 134년) 무렵 이소군李少君이라는 자가 부엌신에게 치성을 드려 복을 구하는 법, 오곡을 먹지 않고 신선이 되는 술법, 나아가 불로장생의 술법에 정통하다는 이유로 무제의 총애를 받았다. 이소군은 나이와 경력을 숨긴 채 자신이 70세라고 떠들고 다녔다. 사람들은 그가 귀신을 잘 다루며, 불로장생의 술법을 행한다는 말을 듣고 번갈아 재물을 보내왔다. 그 때문에 이소군은 언제나 돈을 풍족하게 쓰며 지냈다. 사람들은 그가 생업에 종사하지 않으면서도 풍요로운 생활을 누리는 이유가 신비한 술법 때문이라고 착각해 그를 더욱더 신뢰하며 경쟁적으로 재물을 내놓았다.

이소군은 방술에 의지해 신비로운 말을 쏟아냈고, 그것이 잘 들어맞았다. 어느 주연 자리에 참석했을 때 그곳에 90세가 넘은 노인이 있었다. 이소군은 그 노인의 아버지가 어느 곳에서 벌어진 활쏘기 경기에 나간 적이 있다고 말했다. 노인은 아버지에 대한 일인지라 그 장소를 기억하고 있었고, 동석한 사람들은 모두 놀라움을 금치 못했다.

이소군이 무제를 알현하자 무제는 옛날에 만들어진 동기銅器를 보여주며 그것이 언제 적 물건이냐고 물었다. 이소군은 "이 그릇은 제 환공 10년(기원전 676년), 백침柏寢의 문갑 위에 놓여 있던 것입니다"라고 대답했다. 그릇에 새겨진 글을 살펴보니 과연 제 환공 시대의 것이었다. 그 자리에 있던 사람들이 모두 놀랐다. 그 후 이소군은 수백 살 먹은 사람이라는 소문이 떠돌았다.

이소군은 무제에게 다양한 신비술에 대해 다음과 같이 설명했다.

"부엌신에게 제사를 드리면 귀신이 내려오고, 귀신이 내려오면 단사丹砂를 황금으로 바꿀 수가 있습니다. 그 황금으로 그릇을 만들면 오래 살 수 있습니다. 오래 살게 되면 봉래산에 사는 신선을 만날 수 있습니다. 신선을 만나 봉선 제사를 올리면 불사의 몸이 될 수 있습니다. 바로 황제黃帝가 그랬습니다. 저는 일찍이 바다로 놀러 나가 안기생安期生을 만났는데, 그가 저에게 참외만 한 크기의 대추를 먹으라고 말했습니다. 안기생은 봉래산에 사는 신선으로 마음이 동하면 사람을 만납니다만 마음이 동하지 않으면 숨어버립니다."

무제는 부엌신에게 제사를 올리고, 방사를 시켜 봉래산을 찾게 하는 한편 황금 만들기에 정력을 쏟았다.

이렇게 세월이 가는 동안 이소군이 병으로 죽었다. 무제는 그가 죽은 것이 아니라 승천했다고 생각했다. 관리들에게는 계속 안기생을 찾아보라고 명했다. 그 뒤 의심스러운 술법을 행하는 연과 제 출신의 무리가 번갈아 찾아와 귀신에게 제사를 올려야 한다고 획책했다.

_ 이상 제12 「효무본기」

방술과 무제

박亳의 유기謬忌라는 사람이 태일太一(북극성)에 제사 지내는 방술을 상주했다. 무제는 태축太祝이라는 관직에 있는 자에게 명해 장안의 동남쪽 교외에 태일 사당을 짓고, 유기가 말하는 방식대로 제사를 치르도록 했다.

그 뒤 황제 등 여러 신들의 제사에 대해 상주하는 자가 있었다. 무제는 태일 사당 한편에서 여러 신들에게 제사를 올렸다.

그 뒤 황제 전용 정원에 하얀 사슴이 나타났다. 무제는 이를 상서로운 일이라고 말하며 그 가죽으로 화폐를 만들도록 했다. 그다음 해 옹의 교외에서 제사를 올린 뒤 외뿔 달린 짐승을 포획했다.

그즈음 제북왕이 태산과 그 주변의 읍을 헌상했다. 또한 상산왕이 죄를 지어 영지를 몰수하고 군을 설치했다. 이런 과정 끝에 오악五嶽은 모두 황제의 직할지가 되었다.

기원전 120년, 제에 사는 소옹少翁이라는 자가 방술을 써 금전을 갈취하려고 무제를 찾아왔다. 소옹은 이미 죽은 왕王부인과 부엌신의 모습을 보여준다며, 장막을 쳐두고 무제에게 조금 떨어진 거리에서 바라보라고 말했다. 무제는 많은 보상금을 주며 그를 귀한 손님처럼 대했다. 또한

▌봉선의식을 치르기 위해 행차하는 황제의 모습을 묘사한 그림이다.

소옹이 "신을 만났으면 궁실과 피복을 모두 신처럼 해야 합니다"라고 말하니 그대로 따랐다. 그러나 1년이 지나도 아무런 효험이 나타나지 않았다. 그러자 소옹은 문자를 죽 이어 써넣은 천 조각을 소에게 먹인 뒤 그 소의 배 속에 신기한 조짐이 들어 있다고 말했다. 소를 죽여 배 속을 살펴보니 과연 천 조각이 나왔다. 무제는 그 필적이 왠지 낯이 익다고 생각했다. 심문한 결과 조작임이 드러났으므로 무제는 소옹을 처형했다.

소옹을 처형한 이듬해(기원전 118년), 무제는 질병에 걸려 좀처럼 회복되지 않았다. 신군神君이라는 신에게 물어본 결과 "천자는 걱정할 필요가 없다. 조금 나아지면 나와 삼천궁甘泉宮에서 만나자"라는 신탁을 얻었다.

질병이 조금 나아져 감천궁으로 가니 거짓말처럼 질병이 나았다. 그러자 무제는 전국적으로 대사면령을 내리고 신군을 수궁壽宮에 모셨다. 하지만 신군의 모습은 누구에게도 보이지 않았다. 무당을 통해 소리를 들을 수 있을 뿐이었다.

_ 이상 제12 「효무본기」

신선을 찾아서

기원전 113년, 무제는 옹의 교외에서 치성을 드렸다. 이때 무제는 후토(지신)를 모셔야 한다고 생각해 분음汾陰의 땅에서 제사를 행했다. 그해에 무제는 처음으로 군현을 돌고, 마침내 태산에 올라갔다.

그해 봄 낙성후樂成侯가 난대欒大라는 방사를 추천했다. 난대는 잘생기고 키가 큰 남자로서 말을 잘했다. 그는 자신이 안기생 등 신선을 만났다고 말했다. 마침 소옹을 처형하지 말았어야 했다고 후회하고 있던 무제는 난대를 중용했다.

그해 여름 분음의 땅에서 정鼎이 출토되었다. 무제는 이를 중대한 조짐이라 생각해 감천궁으로 가져오라 명했다.

앞서 봉래산을 찾기 위해 바다로 나갔던 방사들이 "봉래는 멀지 않습니다만 섬 주변에 이상한 기운이 끼어 있어 접근할 수가 없습니다"라고 보고했다. 무제는 그 기운을 살필 수 있는 능력자들을 파견해 방사들을 돕게 했다.

그 뒤 제 출신의 공손경公孫卿이라는 자가 방술로 한몫 잡아보려고 무제를 찾아왔다. 무제는 그를 중용했다.

스승을 찾는다고 말한 뒤 출타한 난대가 바다가 아닌 태산으로 갔다. 무제는 몰래 사람을 파견해 그를 감시토록 했다. 그리하여 난대가 말하는 것이 모두 거짓임을 알게 되었다. 무제는 난대를 처형했다.

그해 겨울 공손경이 신선의 발자취를 목격했다고 보고했다. 무제는 직접 확인하기 위해 신선의 발자취가 발견됐다는 지역까지 찾아갔다.

기원전 110년 겨울, "옛날에는 먼저 군대를 사열·정돈하고 무장을 해제한 다음 봉선을 행했습니다"라고 상주하는 자가 있었다. 무제는 이 말에 따라 10만이 넘는 병력을 과시하며 북방을 순시한 다음 돌아오는 길에 무장을 해제했다. 그 뒤 봉선을 행하려 했지만 구체적인 의례에 관한 기록이 없어 학자들이 제각각 다른 주장을 늘어놓았다.

그해 3월, 무제는 중악中岳(숭산)의 태실에 올라갔다. 이어서 동쪽으로 나아가 태산에 올랐다. 거기서 더 동쪽으로 나아가 해안지대를 돌았는데, 그곳으로 공손경이 찾아와 말했다.

"밤에 키가 엄청나게 큰 거인을 보았습니다. 말을 걸려 했더니 홀연히 사라지고 말았습니다. 그 발자국이 대단히 크고, 모습이 꼭 짐승의 것과 같았습니다."

신하들 가운데에도 "개를 끌고 가는 노인을 한 명 보았습니다. 폐하를 뵙고 싶다고 말하더니 곧바로 모습을 감췄습니다"라고 보고하는 자가 있었다. 무제는 신선임에 틀림없다고 생각해 잠시 동안 그곳에 머무르며 수색 작전을 펼쳤다. 이 작업에만 천여 명이 동원되었다.

4월, 되돌아오는 길에 봉고奉高에 들렀다. 우선 양보梁父에서 지신에게 제사를 올리고, 이어서 시중 봉거자후奉車子侯(곽거병의 아들)만을 동반한 채 태산에 올라 봉선의식을 거행했다. 하신한 지 얼마 지나지 않아 봉거자후가 갑자기 병이 나 하루 만에 죽어버렸다.

5월, 무제는 감천궁으로 갔다.

이듬해(기원전 109년) 봄, 공손경이 "동래산東萊山에서 신인을 목격했는데, 폐하를 뵙고 싶다고 말하는 것 같았습니다"라고 보고했다. 무제가 동래산으로 걸음을 옮겼으나 신인을 만날 수 없었다. 그러자 공손경이 말했다.

"신선을 볼 수 있습니다. 다만 주상께서 늘 급하셨기 때문에 보지 못한 것입니다. 지금 폐하께서 구지성緱氏城과 같은 대관을 짓고 말린 고기와 대추 등을 올리시면 신인이 올 것입니다. 신선은 높은 건물을 좋아합니다."

이에 무제는 장안에 비렴관蜚廉觀과 계관桂觀을, 감천에 익연수관益延壽觀을 짓게 했다.

이듬해인 기원전 108년에 조선을 침공했다. 여름에 가뭄이 발생했다. 공손경이 "황제 때 봉선을 거행했더니 계속 가뭄이 들었습니다. 그것은 부풀어 오른 흙을 말리기 위해서였습니다"라고 말했다. 무제는 바로 조칙을 내려 "하늘이 가뭄을 내리는 것은 생각건대 부푼 흙을 말리기 위해서일 것이다. 천하에 명하노니 영성靈星을 받들어 제사 지내도록 하라"라고 지시했다.

이듬해인 기원전 107년에 무제는 옹의 교외에서 제사를 지냈다. 그 이듬해 무제는 남쪽의 천주산天柱山에 가서 제사를 지냈다.

기원전 106년에 무제는 다시 태산에서 제사를 올렸다. 그 2년 뒤인 기원전 104년 5월에 역법을 바꿔 정월을 한 해의 시작으로 삼고, 색은 황색을 높였다. 관인은 모두 다섯 글자를 쓰도록 하고, 연호를 태초太初로 정했다. 그 뒤 무제는 다시 해안지대로 가 신선을 찾았지만 아무런 성과도 올리지 못했다. 11월 을유일에 백량대에서 화재가 발생했다.

그해 서방의 대완을 쳤다. 정丁부인과 낙양의 우초虞初 등이 방술로 흉노와 대완을 저주하는 제사를 올렸다.

태초 3년(기원전 102년), 무제는 해안지대에 가 신선을 찾았지만 아무런 성과도 올리지 못했다. 무제는 태산으로 나아가 봉선의식을 거행하고 그로부터 12년 동안 오악사독五嶽四瀆을 빠짐없이 순행했다.

봉래산을 찾으러 갔던 방사들 중 그곳에 도착했다는 사람은 한 명도 없었다. 그렇지만 무제는 방사들과의 관계를 끊지 않았다. 따라서 이후로도 귀신과 제사를 이야기하는 사람이 줄줄이 이어졌다.

_ 이상 제12 「효무본기」, 제28 「봉선서」

『사기』문답 史記問答

◈ 연호는 어떻게 등장하게 되었는가?

연호는 무제 시대에 시작되었다. 기원전 113년, 분음에서 청동으로 만들어진 아름다운 정鼎이 출토되었다는 보고를 받자 무제는 이를 하늘이 내린 상서로운 징조라 보고 이해를 원정元鼎 4년으로 삼았다. 즉 기원전 116년을 원정 원년으로 삼은 것이다. 나아가 무제는 자신의 즉위 연도까지 거슬러 올라가 한 연호의 기간을 6년으로 잡고 건원建元, 원광元光, 원삭元朔, 원수元狩 등의 연호를 제정했다.

◈ 무제가 방술에 탐닉했던 까닭은?

「무제본기」를 읽은 독자는 위화감을 떨쳐내기 어려울 것이다. 처음부터 끝까지 제사에 관한 기록으로만 채워져 있기 때문이다. 게다가 그 내용은 「봉선서」와 거의 동일하다. 이것은 도대체 어떻게 된 연유일까? 사마천은 무제 시대의 사람이기 때문에 「무제본기」는 사마천이 살아 있던 당대의 기록이다. 그렇다면 당시 상황에 대해 기록할 수 있는 여지가 많았을 것이다. 그런데 왜 이렇게 해놓았을까?

먼저 무제가 동시대의 권력자였기 때문에 쓸 수 없었다는 해석이 가능하다. 여러 가지 장애가 있었을 것이기 때문이다. 또는 암암리에 사마천의 주장을 담고 있다는 설도 있다. 방사들에게 혹했다는 점에서 무제는 진의 시황제와 닮아 있다. 즉 에둘러서 무제를 비판하고 있다는 설이다.

그렇다면 사마천이 무제를 비판한 이유는 무엇일까? 그것은 원한이다. 사마천은 무제에게 이중의 원한을 품고 있었다. 하나는 아버지 사마담의 원한이었다. 사마담은 봉선의식에 참가를 허락받지 못해 그점을 원통히 여기다 죽고 말았다. 말하자면 분사憤死했던 것이다. 또하나는 사마천 자신의 원한이었다. 사마천은 무고죄誣告罪에 의해 궁형을 당했다. 남성을 거세당해 환관이 되고 말았던 것이다. 자손을 낳을수 없게 되는 형벌이었기 때문에 남자들에게 이 이상 가는 굴욕은 없었다. 따라서 사마천의 붓끝에 어떤 식으로든 원통해하는 마음이 담겨 있었으리라고 여겨진다.

『사기』는 왜 널리 읽히는가?

중국의 역사서는 『사기』만 있는 것이 아니다. 『한서』, 『삼국지三國志』, 『구당서舊唐書』 등 왕조가 바뀔 때마다 역사서가 편찬됐다. 또한 통사를 다룬 것으로는 『십팔사략』, 『자치통감資治通鑑』 등이 꼽힌다. 그런 많은 책 가운데 어째서 『사기』만 특별한 존재로 부각되는 것일까?

그것은 『사기』의 필치가 빼어나게 우수하기 때문이다. 만일 『사기』가 '공公'과 '사私' 가운데 어느 쪽에 놓이느냐고 묻는다면, 적어도 그 내용에 관한 한 '사'의 성격이 강하다 할 것이다. 사실을 객관적으로 전달하기보다는 독자의 흥미를 끄는 쪽에 중심이 놓여 있기 때문이다. 시대와 지역의 벽을 뛰어넘어 상통하는 인간 드라마로서의 재미가 있다. 그렇기 때문에 오래도록 사람들에게 널리 읽혀왔을 것이다.

ㅅ

ㅇ

새우와 고래가 함께 숨 쉬는 바다

단숨에 읽는 사기

지은이 | 시마자키 스스무
옮긴이 | 전형배
감수 | 김영수

펴낸이 | 전형배
펴낸곳 | 도서출판 창해
출판등록 | 제9-281호(1993년 11월 17일)

1판1쇄 인쇄 | 2014년 1월 10일
1판1쇄 발행 | 2014년 1월 20일

주소 | 121-869 서울시 마포구 연남동 509-16 동서빌딩 2층
전화 | 070-7165-7500, 02-333-5678
팩스 | 02-322-3333
E-mail | chpco@chol.com

ISBN 978-89-7919-997-0 03910

ⓒCHANGHAE, 2014, Printed in Korea

이 도서의 국립중앙도서관 출판시도서목록(CIP)은 서지정보유통지원시스템 홈페이지(http://seoji.nl.go.kr)와
국가자료공동목록시스템(http://www.nl.go.kr/kolisnet)에서 이용하실 수 있습니다.
CIP제어번호: CIP2013028942